ALESSANDRO LATTORE

El Misterio de Baphomet

Símbolo Hermético de la Alta Magia

MAC DUIR
PUBLISHING

Primera edición: Enero de 2026
ISBN: 979-12-82373-24-1
Copyright © 2025 Mac Duir Publishing
Editado por Editorial Mac Duir Publishing
www.macduir.com info@macduir.com

Todos los derechos reservados. Bajo las sanciones establecidas en el ordenamiento jurídico, queda rigurosamente prohibida, sin autorización escrita de los titulares del copyright, la reproducción total o parcial de esta obra por cualquier medio o procedimiento, comprendidos la reprografía y el tratamiento informático.

A los Hermanos del Silencio,

guardianes del fuego interior.

A los Caballeros del Templo invisible,

que luchan sin espada y vencen en sí mismos.

Que el Baphomet les recuerde la antigua consigna:

la Luz surge de las tinieblas,

y la Verdad sólo habita en el equilibrio.

INDICE

11 Prefacio por Edgar Mendoza Viniegra

15 Introducción del Autor

23 Prólogo

El Baphomet como jeroglífico universal.
La incomprensión histórica y la condena templaria.
Eliphas Lévi y la reivindicación del símbolo.
El propósito de este libro.
Invitación al lector: del temor al conocimiento.

47 **I. El nombre y la sombra del mito**

Etimologías del término *Baphomet*.
El eco del islam y de Mahoma.
El supuesto ídolo templario.
La confusión con la idolatría.
El mito demoníaco moderno.

69 **II. El contexto templario**

La Orden del Temple y su misión oculta.
El proceso inquisitorial.
El Baphomet en las confesiones forzadas.
Símbolo velado o arma política.
El secreto hermético de los templarios.

91   III. El Baphomet de Lévi

La figura del sabio francés.
La lámina del "Dogma y Ritual de la Alta Magia".
Diferencias con las concepciones populares.
El Baphomet como clave hermética.
El símbolo como libro abierto de magia.

113   IV. La cabeza de cabra

Pan y la naturaleza salvaje.
El chivo expiatorio bíblico.
El instinto y la fuerza vital.
El rostro del misterio: terror y atracción.
El animal como máscara de lo divino.

133   V. El cuerpo hermafrodita

Pechos femeninos: la matriz universal.
El falo y el caduceo: energía creadora.
Andrógino alquímico y equilibrio primordial.
El "Rebis" de los alquimistas.
La síntesis del masculino y del femenino.

155   VI. La antorcha de la iluminación

El fuego de Prometeo.
El tercer ojo encendido.
Luz intelectual y luz espiritual.
El fuego serpentino y la Kundalini.
La iluminación como victoria sobre las tinieblas.

175   VII. Las manos del Baphomet

Una mano arriba, otra abajo.
La ley hermética de correspondencia.
Signo de bendición y maldición.
El equilibrio dinámico de las fuerzas.
El gesto como enseñanza silenciosa.

195   VIII. El pentagrama y el Verbo

El pentagrama derecho e invertido.
El Hombre como microcosmos.
El Verbo y el poder creador.
El pentáculo en la frente del Baphomet.
El dominio del espíritu sobre la materia.

217   IX. El Baphomet y la Cábala

Relación con el Árbol de la Vida.
Los tres pilares del equilibrio.
Binah y Chokmah: madre y padre.
Tiferet como reconciliación.
El misterio de Daath y el conocimiento oculto.

237   X. El Baphomet en la alquimia

Solve et Coagula.
El Andrógino alquímico.
El mercurio y el azufre.
La sal como punto de unión.
El Baphomet como atanor universal.

259 XI. El malentendido y la redención del símbolo

El diablo y el imaginario cristiano.
De demonio a maestro oculto.
El miedo como velo de la verdad.
El símbolo como espejo del alma.
Reconciliación del iniciado con su sombra.

279 XII. El Baphomet en la Alta Magia moderna

La figura en las corrientes esotéricas posteriores.
Influencia en el ocultismo contemporáneo.
Uso meditativo del símbolo.
Baphomet como arquetipo iniciático.
La clave final: la luz en las tinieblas.

299 Epílogo

El Baphomet como mandala hermético.
El fin de la superstición y el comienzo de la gnosis.
El símbolo como puente entre la materia y el espíritu.
La misión del Adepto en el mundo.
"La luz surge de las tinieblas": conclusión del camino.

Prefacio

Baphomet, el Umbral del Misterio

Desde los albores del pensamiento esotérico occidental, ciertos símbolos han actuado como llaves cifradas que abren portales a realidades ocultas. Entre ellos, pocos han generado más controversia, fascinación y malinterpretación que la figura del Baphomet. El presente estudio no pretende repetir las explicaciones históricas ni rebatir los prejuicios comunes; en cambio, se propone una lectura iniciática, mística y hermética que restituya el sentido profundo de este símbolo ancestral como instrumento de transmutación espiritual.

Baphomet, más que una imagen demonizada por la ignorancia o el fanatismo religioso, representa un compendio arquetípico del conocimiento oculto. Su forma, a primera vista paradójica y transgresora, revela a quien posee el ojo interno una codificación precisa de los procesos alquímicos, gnósticos y psicológicos que rigen la realización del Ser. En él coinciden los contrarios, no como opuestos irreconciliables, sino como principios complementarios que deben ser integrados para acceder a una comprensión más elevada de la realidad.

Este texto, por tanto, no es una apología, sino una exégesis simbólica. Al contemplar el Baphomet, nos enfrentamos a un espejo hermético: lo que vemos depende de nuestro grado de conciencia. El necio ve un monstruo; el profano, un enigma; el iniciado, una puerta. Y esta puerta no conduce a un mundo externo, sino a las profundidades de nuestra propia psique. En este sentido, el Baphomet opera como lo que Carl Gustav Jung denominaría un "arquetipo del Sí-mismo", una imagen viva que contiene la totalidad de lo que somos y podríamos llegar a ser si superamos la fragmentación interior.

Desde una perspectiva hermética, cada elemento en la anatomía del Baphomet cumple una función precisa. No hay un solo detalle arbitrario: los senos femeninos, los brazos musculosos, el caduceo en la región genital, la antorcha entre los cuernos, el pentagrama sobre la frente, las alas y los signos lunares; todos ellos componen un lenguaje simbólico que alude a la integración de los opuestos, a la circulación de energías sutiles y a la iluminación como resultado del equilibrio interior. Este lenguaje, sin embargo, no se aprende por mera lectura intelectual, sino por vivencia iniciática, por encarnación progresiva del conocimiento en la carne y en el espíritu.

En la tradición alquímica, la máxima "Solve et Coagula" resume el proceso de disolución de las formas limitantes y la posterior fijación de una nueva identidad espiritual. Este binomio está inscrito literalmente en los brazos del Baphomet, indicando su rol como catalizador de la Gran Obra. "Solve" (disolver) apunta a la necesidad de romper con estructuras mentales, emocionales y culturales que limitan la percepción; "Coagula" (coagular) remite a la tarea de reconstruir el ser sobre nuevas bases de armonía entre lo espiritual y lo material. En términos psicológicos, este proceso equivale a la individuación: el recorrido hacia la unificación de todos los aspectos de la personalidad.

Asimismo, Baphomet es también la imagen de la "coincidentia oppositorum", la coincidencia de los opuestos. Aquello que las doctrinas dualistas fragmentan, el pensamiento hermético lo reconstituye en una totalidad dinámica. Esta visión no niega el conflicto, sino que lo trasciende al entenderlo como necesario para la generación de conciencia. En este sentido, el Baphomet enseña la sabiduría de lo intermedio, del tercer término que surge cuando se supera la polaridad estéril. Esta tercera vía es la Vía del medio, la Vía real del adepto.

No podemos ignorar tampoco la relación que esta figura guarda con las corrientes gnósticas y telémicas. En el sistema de Aleister Crowley, Baphomet es el "Niño Mágico", el producto de la unificación alquímica entre el falo y el útero, entre el Logos y la Sabiduría, entre el impulso caótico y la forma ordenadora. Esta es la energía de la nueva era, el Aeon de Horus, en el que el ser humano debe asumir su rol como co-creador del cosmos. Y si, como se ha sostenido, al aplicar el cifrado Atbash a "Baphomet" obtenemos la palabra "Sophia", no es descabellado pensar que en su rostro se oculta el principio de la Sabiduría divina, exiliada en la materia y redimible por la conciencia.

Este libro no pretende revelar un dogma, sino ofrecer una cartografía del alma a través del símbolo. El lector está invitado a sumergirse en estas páginas no como quien busca respuestas prefabricadas, sino como quien desea enfrentarse a los enigmas fundamentales de la existencia con el coraje de un alquimista. Baphomet no exige adoración, sino comprensión; no pide sumisión, sino integración. Es espejo, es umbral, es crisol.

Que cada quien atraviese su propia noche oscura y encienda, entre sus cuernos invisibles, la antorcha de la inteligencia despierta. Solo así la bestia revelará su rostro de Sabiduría, y el caos se transfigurará en orden y equilibrio.

I∴ P∴ H∴ Edgar Mendoza Viniegra 33° M.A.

Introducción del Autor

Hay libros que se escriben con tinta y hay otros que se revelan con fuego. *El Misterio del Baphomet* pertenece a los segundos. No fue concebido como un tratado para la mente curiosa, sino como un espejo para el alma que recuerda. No enseña: despierta. No explica: evoca. No propone dogmas, sino caminos que se abren solo a quien camina sin miedo a la noche interior.

Desde tiempos inmemoriales, el nombre de Baphomet ha resonado como una palabra prohibida, un eco de lo inefable. Los siglos lo vistieron de máscaras: ídolo herético, demonio, símbolo templario, emblema de los ocultistas. Pero en el corazón del misterio, más allá de los juicios de la historia y de las supersticiones del vulgo, Baphomet no es un ser: es un estado. No una figura tallada en piedra, sino una imagen esculpida en el alma del Iniciado. Es el rostro doble del Absoluto, donde la luz y la sombra se reconcilian en un solo fuego.

El buscador que se adentra en este libro no entra en un museo de símbolos antiguos, sino en un santuario donde cada palabra es un umbral. Aquí no se trata de estudiar al Baphomet, sino de recordar lo que representa: el equilibrio perfecto entre los opuestos, la ciencia del mediador, la alquimia de la unión. Y quien lo comprende no solo lo contempla: lo encarna.

El misterio del Baphomet comienza con una pregunta que ningún sabio ha podido responder del todo: ¿qué es lo sagrado cuando el velo se ha roto? Durante siglos, la humanidad ha buscado a Dios en el cielo, al Diablo en la sombra y la verdad en los libros. Pero el verdadero iniciado sabe que el secreto no habita en ninguno de esos lugares, sino en el punto donde los contrarios se tocan. Ese punto, invisible a los ojos profanos, es el corazón del símbolo. Y ese corazón late con nombre de Baphomet.

Quien contempla su figura, mitad humana, mitad bestial, mitad hombre y mitad mujer, sentado entre las estrellas y la tierra, cree enfrentarse a un enigma oscuro. Pero el sabio reconoce en él el reflejo de la Unidad, el espejo del cosmos donde lo alto y lo bajo se funden, donde la vida y la muerte son dos respiraciones de un mismo ser. Baphomet es la imagen del Todo reconciliado. Su gesto no invita al temor, sino a la comprensión: la luz no puede conocerse sin la noche, ni el espíritu sin la carne, ni la divinidad sin la materia que la expresa.

Así, este libro no busca explicar al Baphomet desde la historia, sino desde la iniciación. Porque el misterio no se lee: se vive. Y vivirlo implica descender a las raíces de la contradicción humana, allí donde el alma se divide entre su ansia de pureza y su hambre de experiencia. El iniciado aprende, a través de este símbolo, que no hay ascenso sin descenso, ni redención sin confrontación. Quien quiera elevarse sin mirar su sombra, caerá. Quien abrace su sombra con conciencia, será luz.

En las escuelas de los antiguos misterios, el adepto era llevado primero al silencio. Antes de hablar del Uno, debía conocer la dualidad. Antes de pronunciar el nombre de la Luz, debía abrazar la oscuridad de su propio ser. El Baphomet es ese umbral, la puerta que separa la apariencia del conocimiento. Por eso, su misterio no pertenece al demonio ni al ángel, sino al centro donde ambos se reconcilian.

El autor de esta obra, el peregrino que escribe con manos humanas pero bajo inspiración de fuego, no pretende redimir el símbolo de sus interpretaciones erróneas, sino devolverlo a su trono original: el del alma. Porque el Baphomet no es una figura exterior, sino una operación interior, un arte del equilibrio que todo verdadero iniciado debe ejecutar dentro de sí. En su pecho arden las dos serpientes del Caduceo, ascendiendo en espiral hasta encontrarse en la frente iluminada. Allí donde otros vieron una bestia, los sabios han visto la Síntesis de los Mundos.

El misterio comienza cuando cesa el juicio. Baphomet no pide ser comprendido, sino escuchado. Su enseñanza no es discursiva: es vibración. En su mirada, mitad ternura, mitad abismo, se esconden los secretos de la creación. Porque todo lo que existe surge del matrimonio de opuestos: el fuego necesita del agua para templarse, el espíritu del cuerpo para expresarse, el alma del tiempo para realizarse. El Baphomet es el testimonio de esa alianza eterna.

En su frente brilla una estrella de cinco puntas, símbolo del hombre reconciliado. No es la estrella de la soberbia humana, sino la del microcosmos que ha encontrado su orden. En su regazo reposa la antorcha de la iluminación, y sobre sus brazos, las palabras inscritas por los sabios: *Solve* y *Coagula*. Disolver y coagular, destruir para recomponer, morir para renacer. En estas dos palabras se encierra toda la alquimia del ser. Lo que el vulgo teme, el iniciado bendice; lo que el mundo llama pecado, la sabiduría lo llama experiencia; lo que los ignorantes destruyen, el sabio transforma.

Por eso, *El Misterio del Baphomet* no es un tratado de idolatría, sino una cartografía de la integración. En él se revela que toda oposición es aparente, que el bien y el mal no son enemigos eternos sino fases de un mismo proceso, y que el ser humano es el taller donde el universo continúa su creación. La Alta Magia, la Cábala y la Alquimia coinciden en esta verdad: el iniciado es el sacerdote de la reconciliación cósmica, el mediador entre lo visible y lo invisible, entre el cielo que imagina y la tierra que pisa.

El lector que se acerque a este libro con mente profana encontrará símbolos que le desconcierten, palabras que le desafíen y silencios que le incomoden. Pero aquel que lea con el corazón encendido descubrirá que cada capítulo es un espejo, y que en ese espejo no verá al demonio ni al ángel, sino a sí mismo. Porque el verdadero misterio del Baphomet no está en la imagen, sino en el observador. Es el reflejo de lo que somos cuando dejamos de temernos.

La tradición enseña que ningún hombre puede mirar al Sol sin quedar cegado, ni mirar al abismo sin ser transformado. El Baphomet es ambos: Sol y abismo, luz que abrasa y oscuridad que purifica. Mirarlo es un acto de coraje. Comprenderlo, un acto de amor. Encarnarlo, la meta de toda iniciación.

En el silencio de los templos antiguos, los maestros decían que toda sabiduría verdadera nace del equilibrio de tres fuerzas: la Sabiduría, la Fuerza y la Belleza. El Baphomet representa la unión de estas tres columnas. Es Sabiduría porque revela la verdad escondida en el error, es Fuerza porque sostiene el mundo con su dualidad reconciliada, es Belleza porque en su aparente contradicción resplandece la armonía secreta de la creación.

A lo largo de esta obra, el lector será conducido por un camino de símbolos que se desplegarán como las capas de una iniciación. No se le pedirá creer, sino recordar. No se le pedirá adorar, sino discernir. Porque el propósito último del arte iniciático no es construir templos exteriores, sino despertar el Templo interior donde mora el fuego sin nombre.

En el tiempo de los Templarios, los custodios del secreto sabían que el misterio no puede ser poseído, solo vivido. Por eso, el Baphomet no fue una idolatría, sino una clave de sabiduría velada bajo el signo de lo prohibido. Aquellos caballeros comprendían que el verdadero poder no proviene del dominio, sino de la comprensión de los opuestos. Su silencio no era temor, sino reverencia. Sabían que revelar el símbolo al vulgo sería arrojar perlas al fango. Hoy, el velo puede correrse un poco más, no porque el mundo haya cambiado, sino porque algunas almas han madurado.

El misterio, sin embargo, no se entrega entero. Cada lector tomará de este libro solo lo que su luz interior le permita asimilar. Para unos, el Baphomet será un símbolo de la naturaleza dual del hombre, para otros, la imagen de la inteligencia universal equilibrada en sí misma. Pero para unos pocos, aquellos que han sentido el toque del fuego invisible, será el espejo donde el alma se contempla sin máscara y recuerda su origen divino.

Porque el verdadero secreto del Baphomet no está en su forma, sino en su silencio. No grita, no impone, no amenaza. Se sienta, quieto, con los ojos abiertos y el gesto sereno. Quien lo mira con miedo, ve en él un monstruo. Quien lo mira con amor, ve al Maestro de la Unidad. En ese rostro ambiguo se esconde la más pura enseñanza del espíritu: que el bien y el mal son herramientas de una sola obra, que la oscuridad no es enemiga de la luz, sino su matriz, y que la divinidad no está en el cielo, sino en el corazón reconciliado del hombre.

Así lo entendieron los antiguos sabios cuando dijeron que el Universo entero está grabado en un solo ser: el hombre que ha despertado. Ese hombre, que une en sí los elementos, que equilibra la serpiente y el ángel, que domina el fuego y el agua, es el Baphomet. No un dios externo, sino el símbolo del ser humano divinizado por la conciencia. El verdadero Portador de Luz no es el que proclama una verdad, sino el que se convierte en ella.

Por eso, *El Misterio del Baphomet* no pretende resolver un enigma histórico, sino abrir una puerta metafísica. Cada página es una llave. Cada capítulo, un peldaño. Quien los recorra no hallará respuestas inmediatas, sino preguntas más hondas. Pero al final, si su corazón se mantiene encendido y su mente libre, comprenderá que el Baphomet no es una figura a la que se adora, sino un espejo que invita a despertar.

Cuando el velo se rasga, el iniciado descubre que no hay cielo ni infierno, sino grados de comprensión. Que la luz y la sombra bailan al compás de un mismo ritmo eterno. Que el bien y el mal son nombres que la mente pone al movimiento del Uno. Y en ese instante, silencioso y vasto, el alma comprende que ella misma es el misterio que buscaba.

Entonces, el Baphomet desaparece. Porque el símbolo ha cumplido su función: ha devuelto al ser humano a sí mismo. El fuego se apaga, pero la luz permanece. Y el iniciado, sin pronunciar palabra, sabe que el verdadero secreto del Baphomet era, y siempre será, el misterio de su propia conciencia despierta.

Alessandro Lattore

Prólogo

El Baphomet como jeroglífico universal

E l Baphomet no es un demonio ni una deidad profana, sino un jeroglífico universal, un signo cifrado en el lenguaje de la Alta Magia, una escritura de luz y sombra que contiene en sí la clave de la creación. En él convergen los contrarios, se reconcilian las potencias, y se revela el misterio del equilibrio cósmico. Comprenderlo no significa adorarlo, sino leerlo como se lee una página viva del libro del universo. Su figura, que desconcierta al profano, es para el iniciado un compendio simbólico de la Ciencia Sagrada.

Toda imagen hermética es un espejo del Todo, una condensación visible de principios invisibles. En la filosofía esotérica, nada se representa en vano: cada línea, cada gesto, cada proporción encierra una ley. El Baphomet, en su estructura aparentemente monstruosa, expresa las correspondencias que sostienen al cosmos. Su cuerpo, mitad humano y mitad animal, manifiesta la unión de la inteligencia con la naturaleza; sus alas, el poder del espíritu que domina la materia; su antorcha, el fuego de la conciencia que ilumina las tinieblas. El iniciado sabe que no hay desorden en lo que parece caos: hay un orden oculto, regido por la Ley del Uno en la diversidad.

El jeroglífico del Baphomet contiene la síntesis de las tres grandes ciencias de la tradición oculta: la Alquimia, la Cábala y la Magia. En él se encarna la unión de las tres vías: la del sabio que transmuta, la del teúrgo que invoca, y la del cabalista que contempla. Por eso su forma desconcierta, porque en ella coexisten símbolos que el vulgo considera opuestos: lo masculino y lo femenino, lo terrenal y lo celestial, la luz y la oscuridad. El Baphomet es la representación del universo equilibrado, el punto donde todas las dualidades se neutralizan sin anularse.

El sabio de espíritu hermético ve en el Baphomet el emblema del equilibrio universal. Su mano derecha apunta hacia el cielo, su mano izquierda hacia la tierra, expresando el axioma de Hermes Trismegisto: "Lo que está arriba es como lo que está abajo". Este gesto resume toda la filosofía del símbolo. Nada existe de manera aislada; todo se refleja en su opuesto, y el hombre, como microcosmos, es el mediador de ese reflejo. Así, el Baphomet no representa una divinidad extraña, sino la totalidad viva del cosmos que se contempla a sí mismo a través del hombre.

El lenguaje de los jeroglíficos no pertenece a la lógica del raciocinio, sino al arte de la analogía. En el plano hermético, conocer es relacionar. El Baphomet se convierte entonces en una figura de correspondencias, en un mandala occidental que reúne en un solo cuerpo los principios de la realidad. Su rostro cabruno representa la naturaleza instintiva y vital; sus pechos femeninos, la nutrición universal de la madre cósmica; su antorcha encendida, la inteligencia divina; su caduceo, el movimiento perpetuo de las energías que ascienden del cuerpo al espíritu. Nada en él es arbitrario, y todo en él es símbolo.

La figura se presenta como una síntesis de las fuerzas de la naturaleza y de las potencias del espíritu. No es un ídolo que se adore, sino una lección que se contempla. El Baphomet enseña que toda fuerza debe equilibrarse con su contraria, y que el poder sin sabiduría se convierte en destrucción. Es la imagen de la ley del medio, el punto de armonía entre las polaridades del universo. En la doctrina hermética, esta ley es la clave de la Obra: toda creación, toda regeneración y toda iluminación nacen de la unión de lo que la ignorancia humana ha separado.

Por eso, quienes lo miran con ojos profanos ven monstruo donde hay jeroglífico, blasfemia donde hay ciencia, idolatría donde hay sabiduría. El error de los siglos ha sido leer los símbolos con el alfabeto del miedo. Pero el Baphomet no puede ser comprendido por el dogma, porque pertenece a un orden más antiguo que toda religión. Es el testimonio de la verdad primordial que las tradiciones fragmentaron y que la Alta Magia busca restituir. En él, la religión, la filosofía y la ciencia se reúnen como reflejos de un mismo principio: la Unidad oculta tras toda forma.

El jeroglífico del Baphomet es también un espejo del ser humano. Cada uno de sus elementos corresponde a una función interior del alma. La antorcha representa la razón iluminada por el espíritu; el caduceo, las energías vitales ascendentes; las manos, la voluntad que une lo superior con lo inferior; los pechos, la capacidad de nutrir y crear; la cabeza animal, los instintos transfigurados en fuerza vital. El iniciado, al contemplarlo, no estudia una figura ajena, sino su propia constitución espiritual. El Baphomet le muestra el mapa del ser completo, donde el cuerpo, el alma y el espíritu se integran en un solo eje.

El símbolo, además, es una clave alquímica. Su lema, *Solve et Coagula*, indica los dos movimientos fundamentales del proceso universal: disolver y reunir, analizar y sintetizar, destruir las formas caducas para coagular la esencia purificada. El Baphomet encarna este ciclo perpetuo, en el que el universo mismo participa: el fuego destruye para renovar, el agua disuelve para fecundar, el aire dispersa para equilibrar, la tierra condensa para dar forma. En la alquimia interior del ser humano, este principio rige igualmente: solo quien se disuelve en el conocimiento de sí puede coagular una nueva conciencia.

Desde esta perspectiva, el Baphomet no es un ídolo ni una invención de sectas perdidas, sino una expresión de la Sabiduría eterna bajo forma simbólica. Es el lenguaje visual del hermetismo, el alfabeto de los sabios. Su figura es la escritura de una verdad que no puede ser dicha en palabras sin profanarse. La magia, como ciencia de las correspondencias, conserva estos jeroglíficos como custodios de su enseñanza. El Baphomet es, por tanto, una página del libro universal, escrita en la lengua del misterio, accesible solo a quien ha aprendido a leer con el espíritu.

El sentido último del jeroglífico se revela cuando se comprende que no existe contradicción en el universo. Lo que la mente humana percibe como oposición, en realidad son expresiones complementarias de una misma ley. En la dualidad aparente habita la unidad secreta. Así, el bien y el mal, la luz y la oscuridad, lo masculino y lo femenino, son los dos polos de una misma corriente divina. El Baphomet es el símbolo de esa reconciliación universal, el testigo de la unidad que todo lo abarca. En él, el sabio reconoce la imagen del Uno reflejándose en lo múltiple.

Por eso se le llama jeroglífico universal: porque contiene en sí la estructura simbólica de la totalidad. No pertenece a una cultura ni a una época; su verdad trasciende las lenguas, las religiones y las civilizaciones. En Egipto, su esencia vibraba en las esfinges; en la India, en la danza de Shiva; en Grecia, en el rostro de Pan; en la tradición cristiana, en el Cristo luminoso que reconcilia los mundos. Cada civilización lo ha nombrado con distintos rostros, pero su mensaje permanece: el universo es una unidad dinámica donde toda oposición se resuelve en armonía.

El estudio del Baphomet, entendido como jeroglífico universal, no es una tarea intelectual, sino una vía de contemplación. Meditar en su imagen equivale a penetrar en la estructura secreta del cosmos. Cada línea, cada símbolo, cada gesto abre una puerta interior. La verdadera iniciación no consiste en acumular conocimientos, sino en despertar la inteligencia simbólica que permite leer el mundo como un texto divino. Cuando el Adepto alcanza esa visión, comprende que el Baphomet no está fuera de él, sino en su centro.

El Baphomet es, en suma, la síntesis viva de la filosofía hermética. Es la expresión visible del misterio de la unidad en la dualidad, del espíritu encarnado en la materia, de la divinidad manifestada en la forma. Su contemplación invita al equilibrio, a la integración de las fuerzas, a la transmutación de la ignorancia en conocimiento. Es el espejo del universo y del alma, el jeroglífico donde lo finito toca lo infinito.
Comprenderlo es comenzar el viaje hacia la reconciliación interior. En su figura, la Alta Magia reconoce el sello de su

doctrina: que el hombre es el microcosmos del Todo, y que solo en el equilibrio de sus potencias alcanza la plenitud de su ser. Así, el Baphomet no pertenece al pasado ni al mito, sino al presente eterno del alma que busca. Su misterio es la ciencia del equilibrio, y su mensaje, la revelación de la unidad oculta en todas las cosas.

La incomprensión histórica y la condena templaria

La historia del Baphomet está velada por la incomprensión y el temor. En ella se refleja la eterna tensión entre el conocimiento esotérico y el poder de las instituciones que gobiernan las conciencias. Desde los primeros testimonios de su nombre, la figura fue malinterpretada, deformada por los ojos que solo saben ver ídolos donde hay símbolos. Lo que para el iniciado era un jeroglífico de la unidad, para los inquisidores fue una herejía. Así comenzó una de las páginas más oscuras de la historia espiritual de Occidente: la condena templaria.

La Orden del Temple, nacida bajo el signo de la Cruz y la Espada, fue una institución de doble naturaleza. Hacia afuera, caballería cristiana al servicio de los Santos Lugares; hacia adentro, escuela iniciática heredera de antiguas corrientes de sabiduría. En sus viajes a Oriente, los templarios entraron en contacto con el sufismo, la gnosis y la Cábala, comprendiendo que la verdad divina trasciende las formas religiosas. En ese encuentro de mundos nació su misterio, y con él la semilla de su condena. Quien descubre la unidad más allá de los dogmas, inevitablemente se convierte en amenaza para quienes viven de las divisiones.

Las acusaciones que llevaron a la ruina del Temple fueron reflejo de esta incomprensión. En los procesos inquisitoriales, el nombre de Baphomet fue mencionado como prueba de idolatría. Los caballeros, sometidos a tormentos y presiones, confesaron lo que sus verdugos querían oír: que habían adorado a un ídolo de cabeza de cabra, un demonio disfrazado de dios. Sin embargo, ningún testimonio fue coherente, ninguna descripción coincidente, ningún objeto probado. Todo lo que poseemos son fragmentos de declaraciones forzadas, ecos distorsionados de un secreto que nunca fue comprendido.

El error de los jueces fue creer que los templarios rendían culto a una imagen. Pero en la tradición hermética, el símbolo no se adora: se contempla. El iniciado no se postra ante una forma, sino que la emplea como espejo de una verdad invisible. Si los caballeros templarios conocían la figura del Baphomet, no era como un dios rival del cristianismo, sino como un emblema filosófico de la reconciliación universal. El Baphomet, en su visión, era la representación de la sabiduría que une los contrarios: espíritu y materia, luz y sombra, Oriente y Occidente. Era el emblema de una gnosis silenciosa que no podía explicarse a quienes no habían sido preparados.

La Iglesia medieval, sin embargo, no podía admitir la existencia de un saber que no dependiera de su autoridad. La libertad interior del iniciado era vista como insumisión. Así, lo que para los templarios era símbolo de equilibrio, se transformó en prueba de herejía. Los inquisidores, incapaces de leer el lenguaje hermético, interpretaron como idolatría lo que era contemplación, y como blasfemia lo que era ciencia sagrada. El resultado fue la destrucción de una de las órdenes más poderosas y luminosas de su tiempo, y con ella, la dispersión de un conocimiento que habría podido reconciliar las religiones en una sola comprensión del Uno.

En el proceso de 1307, el Baphomet se convirtió en el pretexto para la ruina del Temple. Felipe IV, movido por la ambición y la deuda, halló en la superstición de su época el instrumento perfecto para destruir aquello que no podía controlar. Bajo su mandato, la Inquisición construyó un relato de culto demoníaco, de ritos profanos y de secretos inconfesables. Pero tras la máscara política se escondía una verdad más profunda: la condena del Temple fue la condena de la libertad de pensamiento. La hoguera de Jacques de Molay no ardió solo para castigar una supuesta herejía, sino para advertir al mundo de que el conocimiento sin permiso sería castigado con fuego.

El Baphomet, en ese contexto, fue convertido en chivo expiatorio del miedo religioso. La cabeza de cabra que los inquisidores imaginaban era la caricatura de un símbolo que nunca comprendieron. En la visión hermética, la cabra representa la fuerza vital, la energía ascendente del fuego, el impulso que eleva la materia hacia el espíritu. La Iglesia, al demonizar lo natural, proyectó en el Baphomet sus propios temores hacia el poder de la naturaleza y del pensamiento libre. Así, lo que en el lenguaje de los sabios era una alegoría de la integración, se convirtió en el rostro del mal.

No hay mayor prueba de ignorancia que confundir el signo con la cosa, el símbolo con la idolatría. El pensamiento mágico y el pensamiento dogmático se separan precisamente en este punto. El mago contempla la imagen para penetrar su significado; el dogmático la teme, porque intuye en ella un poder que escapa a su control. Por eso el Baphomet fue condenado: no porque representara al demonio, sino porque representaba la independencia del espíritu. La figura era, en el fondo, una llave que abría la puerta del conocimiento, y la autoridad eclesiástica no podía permitir que esa llave circulara libremente.

La incomprensión histórica del Baphomet es, por tanto, una lección sobre los límites del lenguaje y del poder. La historia lo ha reducido a caricatura, pero el símbolo subsiste porque su verdad no depende de los juicios humanos. Los siglos pueden deformar su rostro, pero no su esencia. Como todo jeroglífico de la Alta Magia, el Baphomet sobrevive a las interpretaciones erróneas porque pertenece a una realidad que trasciende la historia. Los templarios fueron destruidos, pero su espíritu continúa en quienes comprenden que la verdadera caballería no es la de las armas, sino la de la conciencia.

Cuando el último Gran Maestre, Jacques de Molay, fue conducido a la hoguera, no renegó de su fe ni del secreto que custodiaba. Su silencio fue más elocuente que todas las confesiones arrancadas bajo tormento. En ese instante, el fuego que devoraba su cuerpo se convirtió en símbolo del fuego interior del conocimiento, el mismo que arde en la frente del Baphomet. La historia quiso apagarlo, pero el misterio sobrevivió, esperando el tiempo en que pudiera ser comprendido sin temor.

La condena templaria fue, en esencia, la condena del lenguaje simbólico. Donde el sabio ve metáfora, el ignorante ve amenaza. Donde el iniciado ve unión, el dogma ve rebelión. El Baphomet fue crucificado por representar la libertad de pensamiento, y en su martirio simbólico se refleja el destino de toda sabiduría oculta: ser perseguida por los guardianes de la forma hasta que el alma humana esté lista para recibir su verdad.
Hoy, al estudiar su figura sin miedo ni prejuicio, comprendemos que la incomprensión histórica fue

necesaria. El símbolo debía ser enterrado para proteger su secreto. Como la semilla que necesita de la oscuridad para germinar, el Baphomet se ocultó bajo los escombros del tiempo, esperando el renacimiento de una humanidad capaz de leer sin miedo. Su condena fue su resurrección. Allí donde el fuego consumió el cuerpo del Temple, el espíritu de la gnosis encendió una antorcha más duradera que los reinos y las iglesias.

Así, la historia del Baphomet no es solo la historia de una persecución, sino también la del triunfo del símbolo sobre el olvido. Los inquisidores murieron, los reyes pasaron, los dogmas cambiaron, pero el jeroglífico permanece. Su rostro, incomprendido por los siglos, vuelve hoy a los ojos del hombre libre como un recordatorio de su destino espiritual: aprender a reconciliar lo que la ignorancia separó.

Comprender esta lección es redimir la memoria templaria y restituir el sentido del símbolo. El Baphomet no fue un demonio, sino un espejo. Y aquel que se atreve a mirarlo sin miedo, ve en él la imagen del alma humana, suspendida entre el cielo y la tierra, custodiando en su interior la llama que ningún fuego puede apagar.

Eliphas Lévi y la reivindicación del símbolo

En el siglo XIX, cuando la razón pretendía erigirse en nuevo dogma y la ciencia materialista creía haber desterrado al espíritu, una voz se alzó desde el silencio de los antiguos templos para restaurar la dignidad del misterio. Esa voz fue la de Eliphas Lévi, el mago filósofo que devolvió al Baphomet su sentido sagrado. En él confluyeron las tradiciones dispersas, la Cábala, la alquimia, el cristianismo esotérico y la magia hermética, unidas bajo una misma aspiración: reconciliar la fe con la razón, la ciencia con la revelación, el hombre con el Absoluto.

Lévi comprendió que el verdadero poder del símbolo reside en su ambigüedad. Lo que el vulgo llama contradicción, el sabio lo reconoce como complemento. Por eso, en su célebre representación del Baphomet, el maestro plasmó la imagen del equilibrio universal, la síntesis de los opuestos que constituyen la realidad. Su figura, mitad humana y mitad animal, con senos maternos y antorcha encendida, fue su respuesta a siglos de incomprensión. Donde la Iglesia vio idolatría, Lévi vio enseñanza. Donde la historia vio herejía, él descubrió un principio eterno.

Para Lévi, el Baphomet era la encarnación simbólica del gran misterio de la Magia: la unión de la fuerza y la sabiduría, del bien y del mal, de la luz y de la sombra. Representaba el principio mediador entre el cielo y la tierra, entre lo visible y lo invisible. En su frente resplandecía la estrella flamígera, emblema de la inteligencia humana iluminada por la chispa divina. En su gesto de equilibrio se resumía toda la doctrina hermética: "Nada está separado; todo es uno". Así, el Baphomet de Lévi no era una provocación, sino un tratado visual sobre la naturaleza del universo.

Eliphas Lévi se propuso redimir el lenguaje simbólico del desprecio moderno. En su tiempo, la razón positivista había reducido el mundo a materia y número, olvidando que los antiguos sabían leer en los números las proporciones del alma del cosmos. El símbolo, desterrado por la lógica, debía ser reivindicado como vehículo del conocimiento superior. Para Lévi, comprender un símbolo no era interpretarlo, sino entrar en comunión con su espíritu. El Baphomet, en esa visión, no era un objeto de estudio, sino un maestro silencioso.

Lévi devolvió al pensamiento occidental la idea de que el universo es un texto cifrado, una escritura viva en la que cada forma, cada energía, cada ser manifiesta un arquetipo del espíritu. Su trabajo sobre el Baphomet no fue una mera reconstrucción histórica, sino una restauración metafísica. Comprendió que la figura no pertenecía a los templarios ni a una época concreta, sino a la tradición perenne que atraviesa los siglos bajo distintos nombres. Su mérito fue reintroducir en el mundo moderno la conciencia del símbolo como puente entre la ciencia y la fe, entre el intelecto y el alma.

En la enseñanza de Lévi, el Baphomet no era un ídolo, sino la imagen del hombre completo. Lo que el místico oriental llama "realización del Ser" y el alquimista "Obra al Rojo", él lo expresó en esta figura que reúne los contrarios. En ella, la razón se arrodilla ante el misterio sin perder su lucidez, y la fe asciende hacia la inteligencia sin perder su devoción. El verdadero iniciado, decía Lévi, no teme ni la luz ni la sombra, porque sabe que ambas proceden del mismo Sol. El Baphomet es, por tanto, el retrato de la conciencia reconciliada, la representación del equilibrio perfecto que el hombre busca en sí mismo y en el cosmos.

La sociedad de su tiempo, sin embargo, no estaba preparada para tal visión. Los sabios positivistas lo tacharon de visionario, los religiosos de blasfemo. Pero Lévi sabía que la verdad simbólica no necesita aprobación. Su obra fue semilla más que fruto, fuego más que palabra. Y ese fuego encendió generaciones enteras de ocultistas, teósofos, cabalistas y masones que, inspirados por su enseñanza, comprendieron que el símbolo no está muerto, sino dormido en el corazón del hombre moderno.

La reivindicación de Lévi consistió en devolver al símbolo su función original: ser el lenguaje de la síntesis. En un mundo que divide y clasifica, el símbolo une. En una época que mide y diseca, el símbolo revela. El Baphomet, para él, era la manifestación visible del principio que anima todas las ciencias herméticas: la correspondencia entre los planos. Así como la llama de su antorcha ilumina tanto la tierra como el cielo, el conocimiento verdadero debe abrazar lo espiritual y lo material en una sola comprensión del Todo.

Eliphas Lévi comprendió además que el malentendido histórico del Baphomet tenía una causa profunda: el miedo del hombre a reconocerse en el símbolo. El monstruo que los siglos imaginaron no era sino el reflejo de las contradicciones humanas. La figura con cabeza de cabra no representaba el pecado, sino la energía natural que el ascetismo había reprimido. En la alquimia del espíritu, esa energía debe ser sublimada, no negada. El Baphomet enseña que lo que se teme debe ser comprendido, y que solo integrando la sombra se alcanza la luz.

En esta doctrina se revela la verdadera intención de Lévi: enseñar al hombre moderno que la redención no se alcanza por la negación, sino por la transmutación. El Baphomet no destruye los valores espirituales; los reinterpreta. Su mirada, mitad abismo y mitad claridad, muestra que toda verdad es doble, y que solo en el punto medio habita la sabiduría. El mago, como el alquimista, no huye del fuego: lo alimenta hasta que la materia se vuelve espíritu.

La figura concebida por Lévi, con su serenidad majestuosa y su antorcha ardiente, no fue un desafío a la religión, sino una restitución del misterio al centro del pensamiento humano. Representaba el alma del mundo en equilibrio, la conjunción de los cuatro elementos bajo la luz del quinto, el éter espiritual. En ella, la alquimia, la magia y la teología se encuentran, no como disciplinas separadas, sino como lenguajes de una misma realidad.

La reivindicación del símbolo, en la obra de Lévi, fue también una advertencia: sin el lenguaje del misterio, la humanidad se vuelve ciega ante lo invisible. La ciencia sin símbolo es conocimiento sin alma, y la fe sin símbolo es devoción sin comprensión. Solo el símbolo, comprendido en su sentido iniciático, puede unir el pensamiento y la intuición, el intelecto y el corazón. Por eso Lévi, al rescatar el Baphomet, no pretendía escandalizar, sino curar. Su magisterio fue una medicina espiritual para una civilización enferma de racionalismo.

Hoy, al mirar su obra desde la distancia, comprendemos que Eliphas Lévi no inventó el Baphomet: lo despertó. Le devolvió su voz, su equilibrio y su dignidad. Su figura, lejos de ser un ídolo de rebelión, se erige como el maestro silencioso del equilibrio. Gracias a él, el Baphomet dejó de ser el monstruo del miedo para convertirse en el ángel del conocimiento. La oscuridad se reconcilió con la luz, y el símbolo volvió a ocupar su lugar como puente entre el hombre y lo divino.

La reivindicación de Lévi fue, en última instancia, la reivindicación del alma humana. Porque rescatar el símbolo es rescatar la capacidad del hombre para contemplar lo invisible. Al reconciliar la razón y el misterio, devolvió a la humanidad el arte de pensar con el espíritu y de creer con inteligencia. Su Baphomet es, por tanto, la restauración del equilibrio perdido, la imagen del conocimiento reconciliado con la fe, y la promesa de una sabiduría que, aunque antigua, sigue esperando ser comprendida en toda su plenitud.

El propósito de este libro

Este libro no ha sido escrito para explicar un misterio, sino para abrirlo. Su propósito no es imponer una verdad, sino guiar al lector hacia el lugar donde la verdad se revela por sí misma: el interior de su conciencia. Cada palabra aquí trazada tiene la función de una llave, y cada capítulo, la de una puerta. Quien espere encontrar en estas páginas un tratado académico sobre un símbolo histórico se equivocará de sendero; quien las lea con el alma abierta y el intelecto en silencio hallará en cambio un mapa del espíritu.

El propósito de este libro es restituir al Baphomet su sentido original, liberarlo de los velos del miedo y de la ignorancia que durante siglos lo cubrieron. No busca justificarlo ante la historia ni defenderlo de sus detractores, sino devolverlo al lugar que le corresponde: el del símbolo que une la luz y la sombra, el del jeroglífico que enseña al hombre la ciencia del equilibrio. El Baphomet no pertenece al pasado, sino a la conciencia humana que lo contempla. Su imagen es un espejo que, al ser comprendido, deja de reflejar el terror para revelar la sabiduría.

Este libro nace de una convicción profunda: que el símbolo tiene una vida propia, una respiración sagrada que se apaga cuando se le reduce a superstición o a simple curiosidad histórica. El Baphomet, como todos los emblemas de la Alta Magia, exige ser comprendido en tres planos simultáneamente: el filosófico, el psicológico y el espiritual. Cada capítulo buscará iluminar uno de estos aspectos, de modo que el lector pueda recorrerlos como quien asciende una escala de conocimiento, hasta alcanzar la síntesis que es la meta de toda iniciación.

El camino que este libro propone no es el de la fe ciega ni el del racionalismo árido. Es el sendero del pensamiento simbólico, que reconcilia la razón con la intuición, el análisis con la contemplación. A lo largo de sus páginas, el lector será invitado a pensar con el corazón y a sentir con la inteligencia. Esa es la actitud del verdadero adepto, para quien el símbolo no es un objeto de estudio, sino un interlocutor vivo. El Baphomet, en esta perspectiva, deja de ser un ídolo de piedra o una imagen temida para convertirse en una presencia interior, en una fuerza que enseña a equilibrar los opuestos dentro del propio ser.

No es casual que esta obra comience bajo el signo del Baphomet, porque él encarna la esencia de la tradición hermética: "Nada está separado, todo está unido". La humanidad contemporánea, fragmentada por la dualidad de su pensamiento, necesita recuperar la visión unitaria que los antiguos poseían. Este libro pretende contribuir a ese renacimiento interior, recordando al lector que el bien y el mal, la luz y la oscuridad, el espíritu y la materia, no son enemigos, sino dos fases de una misma realidad divina. Reconciliar esas fuerzas en uno mismo es el más alto acto de magia.

El propósito de este libro es, por tanto, didáctico e iniciático a la vez. Didáctico, porque ordena los símbolos, los hechos y las tradiciones en una estructura comprensible; iniciático, porque cada tema es una etapa de transformación interior. No se trata de un discurso sobre el Baphomet, sino de una experiencia de su presencia. El lector, si avanza con sinceridad, descubrirá que el símbolo comienza a hablarle en su propio lenguaje, el lenguaje de las correspondencias. Y en esa conversación silenciosa se cumple el verdadero objetivo de la obra: despertar la inteligencia simbólica que todo hombre lleva dormida.

Este libro busca también reconciliar la ciencia moderna con la sabiduría ancestral. El conocimiento del siglo XIX, resucitado por Eliphas Lévi, y el pensamiento contemporáneo comparten un mismo desafío: comprender el mundo sin destruir su misterio. La intención de estas páginas no es negar la razón, sino recordarle su límite. El espíritu humano no se nutre solo de demostraciones, sino de significados. El símbolo del Baphomet restituye al pensamiento su dimensión sagrada, enseñando que lo visible es solo la mitad del universo.

El lector encontrará en estas páginas un orden deliberado: desde la historia y el mito, hacia la interpretación alquímica y cabalística, y finalmente hacia la dimensión interior. Cada capítulo corresponde a un nivel de profundidad, como las esferas del Árbol de la Vida o los grados de la iniciación masónica. El progreso no es lineal, sino circular: al final, el lector regresará al punto de partida, pero transformado por la comprensión. El Baphomet será entonces no un objeto de estudio, sino un estado del alma.

Este libro no pretende convencer, sino evocar. No ofrece respuestas definitivas, porque en el terreno del espíritu las respuestas son trampas que detienen el crecimiento. Propone en cambio un ejercicio de lectura viva, en el que cada concepto se contemple, cada símbolo se medite y cada contradicción se acepte como un maestro. El verdadero propósito de la obra es enseñar a ver más allá de las apariencias, a reconocer en cada dualidad la semilla de la unidad.

El Baphomet, como imagen de esa unidad dinámica, será la guía del lector. Sus rasgos desconcertantes, su ambigüedad, su equilibrio de contrarios, son espejos que obligan al alma a mirarse sin máscaras. En este sentido, el libro es también una invitación a la autoconfrontación. Porque quien estudia el símbolo sin transformarse no ha comprendido su enseñanza. El Baphomet, como toda figura iniciática, exige participación: el conocimiento que no se encarna permanece estéril.

Así, el propósito de este libro no es solo revelar el significado del Baphomet, sino provocar en el lector un proceso de iluminación interior. Cada capítulo actúa como una operación alquímica: disuelve las ideas fijas, purifica las emociones, y finalmente coagula una nueva comprensión. Lo que en la mente era confusión se convierte en claridad; lo que en el alma era temor se convierte en serenidad. El verdadero lector de este libro no es el curioso que busca datos, sino el adepto que busca síntesis.

El simbolismo templario, la filosofía de Lévi, la alquimia, la Cábala y la magia que aquí se entrelazan, no son disciplinas separadas, sino manifestaciones de un mismo principio. En su convergencia reside la enseñanza central: que toda sabiduría auténtica conduce al reconocimiento del Uno en lo múltiple. Este es el mensaje eterno del Baphomet, y la razón por la cual esta obra ha sido escrita. Si el lector logra ver en la figura no un monstruo ni un dogma, sino el rostro de su propia totalidad, habrá comprendido la finalidad última de estas páginas.

El propósito de este libro, en su sentido más profundo, es devolver al hombre moderno la visión sagrada del mundo. Recordarle que la realidad no se agota en lo visible, que la materia no es enemiga del espíritu, y que el universo entero es un templo donde cada cosa es signo de una verdad más alta. En ese templo, el Baphomet ocupa el altar central, no como dios a quien se adore, sino como símbolo de la reconciliación cósmica. Comprenderlo es aprender a vivir en equilibrio, a pensar sin miedo y a amar sin división.

Por eso, este libro no termina cuando se cierra, sino cuando el lector comienza a mirar la vida con nuevos ojos. Porque todo conocimiento verdadero no se guarda en la memoria, sino que transforma la percepción. El Baphomet, al ser comprendido, deja de ser un símbolo temido para convertirse en una llama que ilumina desde dentro. Ese es, en última instancia, el propósito de este libro: conducir al lector del temor al conocimiento, de la fragmentación a la unidad, y de la superstición al despertar de la conciencia.

Invitación al lector: del temor al conocimiento

Toda obra iniciática exige una actitud interior, un modo de mirar y escuchar más allá de las palabras. Este libro no ha sido concebido para entretener ni para satisfacer la curiosidad del intelecto, sino para despertar una visión más profunda. Por ello, antes de avanzar, es necesario un pacto silencioso entre el lector y el símbolo. Este pacto no se firma con tinta, sino con intención. Quien se adentre en estas páginas debe hacerlo con respeto, con humildad y con valor, porque lo que aquí se presenta no es una fábula para distraer, sino un espejo que revela.

El Baphomet no puede comprenderse desde el temor. Durante siglos, su imagen ha sido instrumento de miedo, de superstición y de condena. Pero el miedo es la niebla que impide ver la verdad. Este libro invita al lector a disolver esa niebla, a mirar con ojos limpios lo que la ignorancia ha distorsionado. El conocimiento comienza donde termina el miedo. Y el temor solo termina cuando el alma se atreve a mirar de frente aquello que teme.

Mirar al Baphomet es, en realidad, mirarse a uno mismo. No se trata de comprender una figura externa, sino de explorar las regiones internas del ser, aquellas donde la luz y la sombra se encuentran. El miedo que el símbolo provoca es el eco del miedo que cada ser humano guarda hacia su propia profundidad. Pero ese temor, cuando se enfrenta con lucidez, se transforma en puerta. Lo que parecía oscuro se vuelve comprensible, y lo que parecía monstruoso revela su belleza. El símbolo no cambia: cambia quien lo contempla.

El lector está llamado, por tanto, a convertirse en participante de este misterio. No basta con leer; es necesario meditar, observar, dejar que el símbolo actúe en la conciencia. Las palabras son solo el vehículo; la verdadera enseñanza sucede en el silencio interior. Cada capítulo de este libro debe ser leído como se recorren los grados de un templo, con la mente atenta y el corazón despierto. El lector que lo haga descubrirá que el Baphomet comienza a hablarle sin voz, a través de intuiciones, resonancias y comprensiones súbitas.

El miedo se disuelve cuando el espíritu reconoce la unidad detrás de los contrarios. Esta es la enseñanza que atraviesa toda la obra. No hay nada que temer en el Baphomet, porque no hay nada que temer en la verdad. Solo quien vive dividido ve enemigos donde hay complementos. Solo quien ha olvidado la luz teme a la sombra. Pero la sombra, comprendida, se convierte en aliada del crecimiento. El propósito de este libro es llevar al lector a esa reconciliación interior donde el temor se transforma en conocimiento y el juicio en comprensión.

Este camino no exige creencias, sino apertura. No pide fe ciega, sino disposición al asombro. El pensamiento racional es bienvenido, pero debe aprender a servir al alma y no a gobernarla. El Baphomet enseña que toda sabiduría comienza con la aceptación de lo desconocido. El hombre moderno, acostumbrado a la certeza, debe aprender de nuevo a maravillarse ante el misterio. Porque solo quien se permite no saber puede llegar a conocer verdaderamente.

El lector que emprenda este viaje debe comprender que todo símbolo sagrado tiene dos guardianes: el miedo y la incomprensión. Quien se detiene ante ellos jamás atraviesa el umbral. Pero quien los enfrenta con serenidad encuentra del otro lado la claridad. Así ocurre con el Baphomet: su rostro, temido por los siglos, se transforma en el rostro de la sabiduría cuando el alma deja de temer. El misterio no se impone, se revela. Y su revelación depende de la pureza de la mirada.

Por eso, este libro no pretende convencer ni convertir, sino acompañar. Es una invitación a despertar la percepción simbólica que la vida moderna ha adormecido. Cada palabra aquí escrita busca recordarle al lector que el universo es un texto vivo, y que el lenguaje de los símbolos es la gramática con que habla el Espíritu. Comprender al Baphomet es aprender a leer el mundo con nuevos ojos: ver correspondencias en lugar de conflictos, armonías en lugar de divisiones, unidad en lugar de fragmentos.

Del temor al conocimiento hay un solo paso: la comprensión. El miedo nace de la ignorancia, y la ignorancia se disuelve con la luz. Esa luz no proviene del exterior, sino del interior del ser que se atreve a mirar. Este libro quiere encender esa luz. No la luz del dogma, que enceguece, sino la luz del discernimiento, que ilumina. En ella, el lector hallará la libertad de pensar, la serenidad de sentir y la alegría de comprender.

El Baphomet no pide adoración ni fe, sino atención. Es un maestro silencioso, paciente, que enseña sin palabras y revela sin exigir. Su lección más profunda es que el hombre no debe temer su propia grandeza ni su propia oscuridad, porque ambas proceden del mismo principio. Todo lo que existe en el universo existe también en el alma, y solo quien acepta esa correspondencia puede alcanzar el equilibrio.

Así, este libro invita al lector a recorrer un sendero que no se mide en páginas, sino en transformaciones. Cada concepto comprendido, cada símbolo asimilado, será un paso del temor hacia la claridad. Al final, el lector comprenderá que el Baphomet no representa el mal ni el bien, sino la unidad que los contiene a ambos. Y cuando esa comprensión se encienda en su interior, ya no verá monstruo donde antes había miedo, sino verdad donde antes había oscuridad.

El verdadero conocimiento no destruye el misterio, lo honra. Esta obra se ofrece como un puente entre ambos: entre la sombra que protege y la luz que revela, entre la duda que inicia y la certeza que libera. Aceptar la invitación del Baphomet es aceptar el llamado del alma a integrarse, a reconciliar lo fragmentado y a recordar su naturaleza divina.

Que quien lea estas páginas no busque certezas, sino símbolos vivos; no respuestas, sino intuiciones. Porque el conocimiento que nace del amor a la verdad disipa todo temor, y el alma que ha comprendido la unidad no puede volver a temer. En esa paz, el lector descubrirá que el Baphomet no es enemigo ni ídolo, sino espejo del equilibrio que toda alma anhela.

Este libro, entonces, se ofrece como un acto de restitución: la restitución del símbolo, del pensamiento sagrado y del coraje interior de mirar sin miedo. Quien acepte esta invitación sabrá que el camino del Baphomet no conduce al abismo, sino a la comprensión del Todo. Y cuando el conocimiento ilumine el lugar donde antes habitaba el temor, el lector comprenderá que el verdadero misterio no era el Baphomet, sino su propio despertar.

I

El nombre y la sombra del mito

Etimologías del término Baphomet

Todo misterio comienza con un nombre, y todo nombre es una puerta. En la tradición hermética, las palabras no son meras designaciones, sino vehículos de fuerza espiritual. Nombrar es convocar. Cada sílaba encierra una vibración, y cada sonido participa de un significado oculto que trasciende la lengua que lo pronuncia. Por eso, el estudio del nombre *Baphomet* no es un ejercicio filológico sin alma, sino una exploración iniciática. Detrás de esas letras dormidas se oculta la respiración de una idea que ha atravesado los siglos, transformándose con cada mirada que la ha interpretado.

El término *Baphomet* ha sido objeto de innumerables conjeturas desde los procesos templarios. Los inquisidores lo tomaron como prueba de idolatría, sin comprender su naturaleza simbólica. Algunos lo consideraron un nombre demoníaco; otros, una corrupción blasfema del de *Mahomet* o *Mahoma*. Sin embargo, reducirlo a una deformación histórica es ignorar su poder vibratorio y su resonancia en el lenguaje sagrado. El símbolo es más antiguo que las acusaciones que lo mancharon, y su nombre, como su figura, pertenece a un estrato del conocimiento anterior al dogma y al error.

Diversos autores han propuesto etimologías que reflejan más el espíritu de su tiempo que la realidad del símbolo. Una de las más conocidas sugiere que *Baphomet* deriva del griego *baphe* y *metis*, cuya combinación significaría "bautismo de sabiduría" o "inmersión en la inteligencia". Esta interpretación, aunque rechazada por los eruditos del lenguaje, posee una verdad esotérica profunda. El "bautismo de sabiduría" no es una ceremonia exterior, sino un proceso interior de purificación del entendimiento. Quien atraviesa las aguas de la ignorancia para emerger en la claridad del conocimiento vive, en sí mismo, el misterio del Baphomet.

Otra hipótesis afirma que el término proviene de *Baphé Metous*, expresión que podría traducirse como "absorber el conocimiento" o "transfusión del espíritu". Esta idea se aproxima al sentido iniciático del símbolo: el Baphomet como mediador entre lo divino y lo humano, el recipiente donde la conciencia se funde con la luz del entendimiento. En el lenguaje de la alquimia, ese proceso se describe como la *coniunctio oppositorum*, la unión de los contrarios, que da nacimiento a la piedra filosofal interior.

Desde la perspectiva histórica, la asociación entre *Baphomet* y *Mahomet* surgió en el contexto de las Cruzadas, cuando los templarios fueron acusados de haber adoptado prácticas orientales o de haber caído en la idolatría de los "enemigos de la fe". El término habría sido una deformación fonética del nombre del profeta del Islam, usada por los cronistas latinos con intención peyorativa. Sin embargo, incluso si esa conexión fuese cierta, su interpretación simbólica no debe despreciarse. El Islam, en su esencia esotérica, reconoce la Unidad absoluta de Dios (*Tawhid*), y la fusión de esa idea con el pensamiento templario habría dado origen a una comprensión más profunda de la divinidad, libre de las fronteras teológicas que separan Oriente y Occidente.

El nombre *Baphomet* puede, por tanto, entenderse como una síntesis entre el Oriente y el Occidente espiritual. En él se reflejaría el eco del encuentro entre el monoteísmo semítico y la gnosis cristiana, entre la sabiduría del desierto y la ciencia de los templos. Los caballeros del Temple, al contactar con los sabios árabes, los sufíes y los cabalistas, pudieron haber recibido esta palabra como un símbolo de esa alianza secreta de saberes. Bajo su fonética se habría ocultado la confesión silenciosa de una verdad universal: que la luz no pertenece a ninguna religión, sino que las abarca a todas.

Pero más allá de las interpretaciones históricas, el nombre encierra una clave fonética que la Cábala puede descifrar. Si se transcribe *Baphomet* en caracteres hebreos, se obtiene una combinación que puede dividirse en dos partes: *Bapho* y *Met*. La primera, *Bapho*, recuerda fonéticamente a *Baphé*, "inmersión" o "tinte"; la segunda, *Met*, significa "muerte". Juntas, evocan el proceso de transformación: la inmersión en la muerte para renacer en la luz. Es el mismo principio de toda iniciación: morir al mundo profano para despertar al conocimiento del espíritu. Así, *Baphomet* podría interpretarse cabalísticamente como "el que ha pasado por la muerte y ha renacido en la sabiduría".

Esta lectura se ajusta a la estructura simbólica del propio Baphomet, cuya figura sintetiza la muerte y la vida, el fuego y el agua, lo masculino y lo femenino. El nombre, como la imagen, expresa la reconciliación de los opuestos. No es casual que en la alquimia, el proceso de transmutación sea llamado también "muerte del viejo rey". El iniciado, al atravesar la putrefacción del ego, se renueva como ser luminoso. El *Met* del Baphomet representa esa muerte necesaria; el *Baphé*, la purificación que sigue; y el conjunto, la resurrección del alma iluminada.

En este sentido, el nombre no designa a un ser ni a una entidad, sino a un estado de conciencia. No hay "un" Baphomet, como si se tratara de un ídolo externo; hay el acto interior del Baphomet: la fusión de los contrarios en el fuego del entendimiento. Cada ser humano lleva en sí ese nombre latente, grabado en lo más profundo de su espíritu. Quien lo despierta se convierte en mediador entre el cielo y la tierra, en sacerdote de la reconciliación universal.

El poder de las palabras sagradas reside en su vibración, y el nombre *Baphomet* contiene una sonoridad grave, profunda, que parece provenir de la raíz misma del ser. Su pronunciación evoca el eco de los templos subterráneos, los cánticos de los iniciados, la respiración del misterio. En la tradición oculta, pronunciar un nombre es entrar en comunión con su esencia. Por eso el nombre fue temido: porque quien lo comprendiera poseería el secreto de la unidad.

La etimología, en última instancia, no es una cuestión de erudición, sino de revelación. No importa tanto su origen histórico como su verdad simbólica. Todo nombre sagrado es una fórmula, un mantram, un sello del espíritu. *Baphomet* es el sello de la inteligencia equilibrada, la sabiduría que ha trascendido la dualidad. El profano puede discutir su raíz lingüística; el iniciado la siente vibrar en su alma.

Así, el estudio de su nombre es el primer paso hacia la comprensión del misterio. Antes de levantar los velos del símbolo, hay que aprender a pronunciar su nombre con reverencia interior. Porque todo lo que se nombra correctamente se ilumina. Quien pronuncia *Baphomet* con temor convoca la sombra; quien lo pronuncia con entendimiento despierta la luz. Este libro busca precisamente eso: enseñar al lector a nombrar sin miedo, a reconocer en el sonido y en el silencio el eco de una misma verdad.

El nombre *Baphomet*, lejos de ser el signo de la herejía, es el testimonio de la sabiduría eterna que atraviesa las edades bajo distintas formas. En él resuena la voz de los templarios, de los cabalistas, de los alquimistas y de los magos que, en todas las épocas, buscaron la reconciliación del cielo y la tierra. Pronunciarlo es recordar que el espíritu humano, como el símbolo mismo, puede ser condenado por el miedo, pero jamás destruido por la ignorancia.

El eco del islam y de Mahoma

El nombre *Baphomet*, como un eco que viaja a través de los siglos, guarda en su resonancia la huella del encuentro entre Oriente y Occidente, entre la cruz y la media luna, entre la fe dogmática y la sabiduría interior. En los labios de los inquisidores, el término fue pronunciado como una acusación; en la mente de los iniciados, como un símbolo de unión. Para comprenderlo en su totalidad, es necesario remontarse al contexto donde la historia y la espiritualidad se cruzan: el contacto entre los templarios y el islam esotérico.

Durante las Cruzadas, los caballeros del Temple no solo libraron batallas materiales; también se vieron expuestos a una forma de pensamiento diferente, más interior, más contemplativa. En los oasis y las cortes del Oriente Medio, los templarios encontraron a hombres que hablaban del Uno sin forma, de la Unidad divina que trasciende toda imagen. Estos hombres eran los sufíes, los místicos del islam, herederos de una cadena de sabiduría que unía la revelación coránica con las antiguas escuelas herméticas de Alejandría.

Para los sufíes, Dios —*Allah*— no es una entidad separada del mundo, sino la Realidad misma que lo sostiene. El universo no es su obra, sino su manifestación. El alma humana es un espejo en el que la divinidad se contempla, y la tarea del buscador es pulir ese espejo hasta que refleje la luz sin distorsión. Esta idea, central en la gnosis islámica, debió resonar profundamente en los caballeros templarios que, bajo su armadura, buscaban también una experiencia directa del misterio divino.

No es difícil imaginar que en esas tierras lejanas, donde el desierto enseña el silencio y la noche revela las estrellas, se produjera un intercambio espiritual más profundo de lo que las crónicas quisieron reconocer. Los templarios comprendieron que el islam no era la negación del cristianismo, sino su reflejo bajo otra lengua y otro símbolo. La palabra *Baphomet*, deformación de *Mahomet*, pudo haber surgido en ese encuentro, no como burla ni como idolatría, sino como cifra secreta de la reconciliación.

Los cronistas medievales, ignorantes de las doctrinas esotéricas, no podían entender que los templarios veían en Mahoma no un enemigo, sino un profeta que había recordado al mundo la unidad de Dios. En su nombre reconocieron una vibración sagrada, la misma que anima la Cábala hebrea y la teología mística cristiana. Así, *Baphomet* habría sido para ellos una fórmula de respeto silencioso, una palabra velada que contenía el eco del nombre de Mahoma purificado por la intención iniciática.

La raíz del islam es la sumisión a la Voluntad divina. Pero esa sumisión no es esclavitud, sino armonía con el orden universal. El sufí no obedece a un dios externo, sino a la ley interior que une todas las cosas. De modo similar, el templario iniciado obedecía al ideal del equilibrio, a la unidad de contrarios que el Baphomet representa. Ambos compartían el mismo impulso: servir al Uno a través de la dualidad.

Es posible que en las noches del desierto, cuando el viento arrastraba el polvo de los siglos, templarios y sufíes compartieran un mismo silencio, reconociendo en él la presencia de lo inefable. El islam esotérico enseñaba que "quien se conoce a sí mismo conoce a su Señor". La Alta Magia templaria afirmaba que "quien domina la naturaleza domina el espíritu". Ambas sentencias, aunque distintas en forma, conducen a la misma verdad: el conocimiento de sí es el conocimiento del Todo.

En ese cruce de caminos nació lo que podríamos llamar el "islam templario", no como religión, sino como comprensión universal de lo divino. Para los caballeros del Temple, el Dios cristiano y el Allah musulmán eran rostros distintos del mismo Sol espiritual. El Cristo y Mahoma no eran enemigos, sino mensajeros de una misma llama. El nombre *Baphomet*, al unir fonéticamente ambos mundos, se convirtió en el sello de esa síntesis silenciosa.

La Iglesia, sin embargo, no podía aceptar tal fusión. Para la mentalidad dogmática, toda unión de contrarios es sospechosa; todo puente entre sistemas de fe es visto como traición. Así, el nombre que tal vez significó reconciliación fue convertido en motivo de condena. Lo que había nacido como signo de sabiduría terminó transformado en acusación de idolatría.

Pero el eco del islam permaneció, y con él la vibración de su misticismo. El Baphomet, en su sentido más profundo, guarda aún esa herencia: la del espíritu que busca la Unidad más allá de los nombres. El sufí recita los noventa y nueve nombres de Dios sabiendo que ninguno Lo contiene, y el mago hermético pronuncia las palabras del poder sabiendo que todas son reflejos del Verbo eterno. Ambos comprenden que el nombre no es el fin, sino el medio.

El islam enseñó a los templarios la ciencia del silencio. En la Cábala, se dice que el Nombre Supremo no puede pronunciarse; en el sufismo, que la esencia de Dios se revela solo en el corazón purificado. En ambos casos, el conocimiento se alcanza cuando cesa el ruido de las formas. El Baphomet, con su gesto de serenidad, encarna esa misma enseñanza: callar para comprender, vaciarse para llenarse de luz.

Por eso, al explorar la posible relación entre *Baphomet* y *Mahomet*, debemos trascender la literalidad. No se trata de una derivación lingüística, sino de una resonancia espiritual. El eco del islam en el Baphomet es el testimonio de un diálogo entre tradiciones que, más allá de la superficie histórica, comparten una misma raíz. Es el recuerdo de que toda sabiduría auténtica tiende a la unidad, y que toda división es producto de la ignorancia.

En la mirada del iniciado, Mahoma no es el adversario del Cristo, sino su reflejo complementario. Ambos representan la Palabra revelada en distintos ciclos de la historia sagrada. El islam, con su pureza monoteísta, recordó al hombre la trascendencia de lo divino; el cristianismo, con su misterio de encarnación, reveló la inmanencia del Espíritu. El Baphomet, como símbolo de la unión de los opuestos, es la síntesis de ambos caminos: el Uno que se manifiesta en la dualidad, el Espíritu que habita la materia.

El eco del islam, por tanto, no debe entenderse como una mancha en la memoria templaria, sino como una joya secreta en su corona. Fue el puente que permitió a Occidente vislumbrar de nuevo la sabiduría del Oriente, el lugar donde la fe se vuelve conocimiento y la adoración se transforma en comprensión. Si el Baphomet guarda algo del nombre de Mahoma, no es para rendirle culto, sino para honrar la verdad universal que ambos transmitieron: que no hay más divinidad que la Unidad, y que todo lo existente es su reflejo.

El islam enseñó al Temple la virtud del equilibrio, la disciplina del alma y la presencia del Uno en cada átomo del universo. Su influencia, aunque negada por los siglos, permanece grabada en la figura del Baphomet como una vibración de Oriente. En esa resonancia se encuentra el verdadero significado del nombre: no una blasfemia, sino una alabanza velada; no una corrupción del profeta, sino la afirmación de la unidad divina.

Así, el eco del islam en el Baphomet no es una sombra de herejía, sino una nota en la sinfonía universal del Espíritu.

Donde el fanatismo vio error, el sabio reconoce armonía. Y en el nombre que los hombres pronunciaron con miedo, el iniciado escucha aún la voz del Uno pronunciándose a sí mismo.

El supuesto ídolo templario

Pocas imágenes han provocado tanta sospecha y fascinación como la del supuesto ídolo templario. Fue en torno a él que se tejió la red de acusaciones que llevó a la ruina del Temple y a la hoguera del último Gran Maestre. Para los jueces de la Inquisición, aquella figura era la prueba de un culto secreto, un acto de apostasía, una alianza con las tinieblas. Sin embargo, detrás de ese ídolo imaginario no hubo más que el reflejo distorsionado del miedo y la incomprensión. Lo que los inquisidores vieron como demonio, los iniciados lo reconocían como símbolo.

El proceso de 1307 marcó uno de los episodios más oscuros de la historia espiritual de Occidente. Felipe IV, deseoso de destruir a una orden que había alcanzado poder y riqueza, encontró en el temor religioso la herramienta perfecta. Bastó una acusación: los templarios adoraban a una cabeza misteriosa llamada *Baphomet*. Nadie supo describirla con precisión. Algunos dijeron que tenía barba, otros que era de plata, otros que brillaba como una piedra. Ninguno coincidió. Pero la duda bastó para encender las hogueras.

La Inquisición, experta en transformar símbolos en delitos, interpretó esa cabeza como un ídolo diabólico. Así, el Baphomet fue reducido a caricatura de la sabiduría oculta. Los torturadores exigieron confesiones que confirmaran su fechoría, y muchos, quebrados por el dolor, admitieron haber venerado un rostro extraño. Pero esas declaraciones, obtenidas entre gemidos, carecen de verdad espiritual. El ídolo templario fue un invento del poder, una sombra proyectada por la luz que el Temple custodiaba en secreto.

¿Qué era, entonces, aquella cabeza que tanto escandalizó a los inquisidores? ¿Existió realmente un objeto físico, o se trataba de un símbolo transmitido en el silencio de las iniciaciones? Algunos historiadores han sugerido que los templarios conservaban una reliquia: quizá una cabeza de san Juan Bautista, o un busto representando la sabiduría personificada. Pero incluso esa hipótesis, plausible en lo externo, no agota su sentido profundo. El verdadero Baphomet no era una cabeza de carne o de metal, sino una idea: la representación de la inteligencia iluminada, del principio que reconcilia lo visible y lo invisible.

En las escuelas de misterio, la cabeza ha sido siempre el símbolo del espíritu. En ella reside la mente, la conciencia, la chispa divina que dirige la materia. Los antiguos la consideraban el templo del fuego sagrado, el lugar donde el alma se convierte en luz. Que los templarios guardaran una "cabeza" no significa que adoraran un ídolo, sino que veneraban la inteligencia como manifestación de Dios. El Baphomet, entendido así, sería la alegoría del intelecto divino, del Logos que ordena el caos.

La cabeza barbada que aparece en algunas descripciones podría ser la del Maestro interior, la sabiduría personificada, el guardián del umbral. En la iconografía esotérica, la barba representa la madurez espiritual y la autoridad del conocimiento. No es descabellado pensar que, en sus rituales, los templarios colocaran una imagen que recordara al iniciado su deber de buscar la luz del entendimiento por encima de los prejuicios del mundo.

Pero la mente profana no puede tolerar símbolos que la trascienden. Incapaz de comprender el lenguaje de la alegoría, el poder temporal transformó la imagen en delito. Allí donde los templarios veían la presencia del espíritu, los inquisidores vieron idolatría. Allí donde se contemplaba el rostro del Logos, la autoridad eclesiástica creyó descubrir al demonio. El mismo fuego que consumió sus cuerpos buscaba destruir también el sentido del símbolo.

Sin embargo, el misterio de la cabeza sagrada no nació con los templarios. En la antigüedad, la cabeza cortada fue un motivo recurrente en las religiones mistéricas y solares. Los celtas la consideraban el receptáculo del alma; los egipcios la asociaban con Osiris decapitado y resucitado; los gnósticos, con la sabiduría que sobrevive a la muerte. San Juan Bautista, cuya cabeza fue ofrecida en bandeja, encarna ese mismo arquetipo: el de la inteligencia sacrificada y transfigurada. El Temple, heredero de muchas tradiciones, pudo haber reconocido en este símbolo la continuidad de una enseñanza universal: que el conocimiento verdadero no muere, sino que renace en otra forma.

El ídolo templario fue, por tanto, una interpretación profana de una reliquia o de un concepto sagrado. Lo que los inquisidores creyeron ver fue la máscara visible de un misterio invisible. En el lenguaje hermético, el Baphomet es la cabeza del sabio, el microcosmos en equilibrio, la síntesis del espíritu que domina la materia. En su frente arde la antorcha de la razón, en sus ojos se refleja la dualidad reconciliada. Es el rostro del hombre divinizado, no de un dios falso.

Al acusar al Temple de adorar un ídolo, la Iglesia proyectó su propio temor: el miedo a que el conocimiento espiritual sustituyera a la obediencia ciega. El poder teme siempre al pensamiento libre, y la figura del Baphomet encarna precisamente ese pensamiento: un intelecto que no se somete a la superstición, una fe que no necesita intermediarios. Por eso fue condenado. El Baphomet no era enemigo del cristianismo, sino su complemento esotérico; pero en una época dominada por la rigidez teológica, el complemento fue visto como amenaza.

El supuesto ídolo templario, entonces, es la sombra que la ignorancia proyectó sobre la luz del saber. Su condena fue la consecuencia natural de un tiempo en que los símbolos eran temidos más que comprendidos. Sin embargo, esa misma condena le otorgó inmortalidad. Lo que se destruye físicamente, renace en el imaginario del espíritu. El fuego que consumió los templarios no logró borrar la idea que ellos encarnaban: la de una sabiduría universal más allá de las religiones y los imperios.

El Baphomet, convertido en emblema de herejía, sobrevivió como jeroglífico del pensamiento libre. Su figura, reconstruida siglos después por Eliphas Lévi, devolvió al mundo el sentido que el miedo había sepultado: el símbolo no es demonio, sino espejo. La cabeza que los inquisidores temieron era la representación del hombre que ha despertado, del iniciado que, al dominar su naturaleza inferior, se convierte en templo del Espíritu.

Así, lo que la historia llamó "ídolo" fue en realidad una imagen del alma iluminada. La cabeza del Baphomet no mira hacia el pasado, sino hacia el porvenir. Es la promesa de que toda verdad reprimida resucitará, y de que ningún fuego puede destruir lo que pertenece al reino del espíritu.

Comprender esto es liberar al símbolo de su prisión histórica. El Baphomet no fue un objeto de adoración, sino un espejo de conocimiento. Los templarios, al contemplarlo, no veneraban una figura, sino la inteligencia divina que los guiaba en su búsqueda. Aquella "cabeza" era, en verdad, la suya propia: la mente purificada por la luz, el intelecto que se vuelve altar del Uno.

La confusión con la idolatría

Desde los albores de la historia, el hombre ha tenido la tendencia a confundir el símbolo con la cosa simbolizada, la imagen con el misterio que representa. Tal confusión es el origen de toda idolatría y, al mismo tiempo, de toda persecución contra el pensamiento simbólico. En el caso del Baphomet, esta confusión alcanzó su punto culminante durante los procesos templarios, cuando los inquisidores, incapaces de comprender el lenguaje de los misterios, transformaron un emblema de sabiduría en una figura de blasfemia.

Para la mente religiosa dogmática, la imagen sagrada solo puede tener un significado literal. Todo lo que se aparta del canon establecido es considerado sospechoso. Así, el símbolo, que fue concebido como instrumento del conocimiento, se convierte en piedra de tropiezo para la ignorancia. Lo que debía elevar la mente hacia lo invisible se reduce a un objeto de culto o a un motivo de condena. De ese error nace la idolatría y también la iconoclasia, dos extremos de una misma incomprensión.

La idolatría consiste en detener la mirada en la forma, olvidando su esencia. El iconoclasta, por su parte, destruye la forma creyendo que así destruye el error, sin comprender que el problema no está en la imagen, sino en la manera de mirarla. El iniciado, en cambio, ve en toda forma un reflejo del espíritu. Sabe que la verdad no está en el objeto, sino en el significado que lo anima. En este sentido, el Baphomet no era una figura para ser adorada, sino un espejo para ser comprendido.

Cuando los templarios eran instruidos en el simbolismo de su Orden, no se les pedía fe en imágenes materiales, sino meditación sobre los principios que esas imágenes expresaban. En sus rituales, la presencia de figuras, signos o palabras sagradas tenía una función puramente iniciática, despertar en el alma el recuerdo de lo divino. La adoración literal habría sido contraria a su doctrina. Sin embargo, en una época en la que la enseñanza simbólica era privilegio de los pocos, el poder eclesiástico vio en toda forma secreta un desafío a su autoridad.

El Baphomet, al ser descrito como "ídolo" por los jueces, fue despojado de su función espiritual. En su lugar se proyectaron los temores y prejuicios de una sociedad que había perdido el sentido del misterio. Para los inquisidores, cualquier símbolo que escapara a la interpretación oficial debía ser obra del demonio. Pero en verdad, el demonio que veían era el reflejo de su propia sombra, la misma que se niega a mirar el alma humana cuando esta intenta liberarse de la ignorancia.

La idolatría nace del miedo, miedo a lo invisible, miedo a lo inexplicable, miedo a lo que no puede controlarse. Por eso el poder busca siempre encerrar la divinidad en imágenes y dogmas. Lo que se puede nombrar y representar se puede también dominar. Pero el Baphomet, con su ambigüedad inquietante, no puede ser reducido a un solo sentido. Su naturaleza dual, humana y animal, masculina y femenina, luminosa y oscura, desafía cualquier intento de definición. De ahí el pánico que inspira a las mentes limitadas, porque recuerda al hombre su propia complejidad.

En el lenguaje del espíritu, toda imagen es una enseñanza. El Baphomet no pedía adoración, sino comprensión, no reclamaba culto, sino reflexión. Su figura, que une en sí los elementos de la creación, era una lección viva sobre la unidad del Todo. Pero el vulgo, al no poder entender la profundidad del símbolo, lo temió. Así, lo que debía ser una herramienta de liberación se convirtió en motivo de persecución.

El mismo Cristo fue acusado de idolatría cuando habló de su unidad con el Padre. Los profetas fueron perseguidos porque enseñaban a adorar a Dios en espíritu y verdad, sin intermediarios. La historia del Baphomet repite ese drama, el sabio que enseña la unidad es condenado por quienes viven de la división. En este sentido, la idolatría no consiste en venerar imágenes, sino en no reconocer la presencia divina más allá de ellas.

El iniciado sabe que toda forma es pasajera y que lo eterno habita en el significado. Por eso contempla las imágenes sin caer prisionero de ellas. El verdadero peligro no está en los símbolos, sino en la mente que los convierte en objetos de poder o en amenazas. La magia, cuando es comprendida, libera, cuando es temida, esclaviza. El Baphomet fue esclavizado por el miedo colectivo, y su redención depende de que volvamos a mirarlo con ojos de sabiduría.

Para el ocultista, la imagen del Baphomet es una lección sobre la diferencia entre el conocimiento y la superstición. El conocimiento ve más allá de las apariencias, la superstición se queda en la superficie. La superstición teme, el conocimiento comprende. El uno condena, el otro ilumina. Así, el error de los inquisidores fue confundir la meditación con el culto, el símbolo con el ídolo. No podían concebir que los templarios veneraran una idea en lugar de una cosa, una presencia interior en lugar de un objeto material.

Pero la historia de la humanidad muestra que los símbolos, cuando son perseguidos, no mueren, se transforman. El Baphomet, acusado de ser un ídolo, renació como emblema del pensamiento libre. Lo que fue objeto de condena se convirtió en fuente de reflexión. Y cada vez que una mente logra comprender lo que antes temía, el símbolo se redime.

En última instancia, la confusión con la idolatría revela la distancia que separa la religión exterior de la espiritualidad interior. La primera necesita objetos, la segunda se basta con la conciencia. El Baphomet pertenece a la segunda. No pide templos de piedra, sino corazones despiertos. Su verdadera adoración consiste en el acto de comprender, en la contemplación que transforma al observador.

Liberar al símbolo del peso de la idolatría es liberar también al hombre de su servidumbre. Porque quien confunde el signo con la verdad permanece esclavo de la forma, pero quien aprende a ver el espíritu en toda forma alcanza la libertad. El Baphomet enseña precisamente eso, que el conocimiento disuelve el miedo y que el alma que ve con claridad no necesita intermediarios entre ella y lo divino.

Por ello, este libro no busca exonerar al Baphomet de una culpa que nunca tuvo, sino recordar que su "culpa" fue haber representado la libertad del espíritu en un tiempo que solo comprendía la obediencia. La idolatría fue la acusación, pero la verdadera transgresión fue el conocimiento. Y el conocimiento, como el fuego, no puede ser encerrado, ilumina incluso a través de las cenizas de los templos destruidos.

El mito demoníaco moderno

El Baphomet sobrevivió a la ruina del Temple, pero no salió indemne. De las cenizas de la Orden nació una sombra nueva, un espectro moldeado por los siglos de ignorancia y miedo. Lo que había sido emblema de sabiduría fue transformado, poco a poco, en símbolo del mal. Así nació el mito demoníaco moderno, una creación de la imaginación colectiva que confundió la profundidad del símbolo con las formas grotescas del temor humano.

Durante la Edad Media, el pensamiento religioso había perdido el sentido de los opuestos reconciliados. La sombra, en lugar de ser comprendida como complemento de la luz, fue expulsada de la totalidad y convertida en dominio del demonio. Toda energía natural, todo impulso vital, toda fuerza instintiva fue considerada sospechosa. La divinidad quedó encerrada en el cielo, y la tierra se convirtió en su negación. En esa fractura espiritual, el Baphomet fue arrastrado hacia la oscuridad.

Los siglos que siguieron repitieron la misma historia con distintos nombres. El diablo de los teólogos, el Satán del dogma, el adversario bíblico, fueron depositarios de todo lo que la mente humana no quería reconocer en sí misma. La figura del Baphomet, con su fusión de elementos contrarios, ofrecía la imagen perfecta para proyectar ese rechazo. Su apariencia híbrida, su equilibrio entre lo animal y lo divino, se volvió intolerable para las conciencias que vivían en la separación. Así, el símbolo fue degradado hasta ser confundido con la caricatura del mal.

La modernidad heredó esta visión deformada. La cultura popular, alimentada por siglos de superstición, convirtió al Baphomet en un emblema de oscuridad, asociándolo a la magia negra, a la rebeldía sacrílega y al culto al demonio. Esta reinterpretación, nacida del miedo y la ignorancia, traiciona el sentido original del símbolo. Porque el Baphomet no representa la negación de Dios, sino su comprensión total, el reconocimiento de la divinidad en todas las cosas, incluso en las que parecen opuestas a la luz.

El mito demoníaco moderno no revela la esencia del Baphomet, sino la enfermedad espiritual de la humanidad contemporánea. Al negar el misterio de los contrarios, el hombre proyectó fuera de sí mismo la parte que no podía aceptar. Todo lo que en él era instinto, deseo, pasión o duda fue arrojado al abismo del inconsciente y vestido con cuernos. De ese exilio nació el demonio. Y como el Baphomet encarna precisamente la unión de esas fuerzas reprimidas, su figura se convirtió en el espejo del miedo colectivo.

El demonio que el mundo ve en el Baphomet no es un ser exterior, sino la sombra interior del hombre moderno. Lo demoníaco no reside en el símbolo, sino en la mirada que lo contempla con temor. Cada época proyecta en sus imágenes sagradas su propia crisis, y el Baphomet ha sido el depositario de las contradicciones de Occidente. Lo que los antiguos comprendían como equilibrio, los modernos lo interpretaron como desafío. Lo que era armonía se transformó en transgresión.

Esta inversión del sentido es típica de las eras de materialismo. Cuando el hombre olvida el alma, convierte todo misterio en superstición y toda sabiduría en peligro. El símbolo del equilibrio se vuelve símbolo de rebelión, el mediador se convierte en adversario, el mago en hereje. Pero el verdadero peligro no está en el símbolo, sino en la ceguera de quien lo juzga.

En la era moderna, el Baphomet fue resucitado por los movimientos ocultistas del siglo XIX, que intentaron devolverle su dignidad filosófica. Eliphas Lévi lo dibujó con su antorcha y su mirada serena, como maestro del equilibrio universal. Sin embargo, su redención no fue comprendida por todos. Mientras los iniciados veían en él la síntesis del universo, los profanos lo interpretaron como confirmación de sus miedos. Así, la figura del sabio se confundió de nuevo con la del demonio, y la verdad simbólica quedó oculta bajo los escombros de la interpretación popular.

El Baphomet demoníaco del imaginario moderno no es más que la caricatura de un símbolo que la humanidad aún no ha aprendido a mirar sin miedo. Representa la eterna tentación de reducir lo desconocido a enemigo. Su presencia, sin embargo, sigue cumpliendo una función pedagógica. Mientras el hombre tema al Baphomet, sabrá que aún no ha conquistado la paz interior. Porque solo quien ha reconciliado su sombra puede contemplar esa figura sin estremecerse.

El demonio es el nombre que damos a la energía que no comprendemos. Todo lo que la razón no puede dominar lo llama mal. Pero en el lenguaje de la Alta Magia, el mal no es una sustancia, sino un desequilibrio. El Baphomet no representa ese desequilibrio, sino la ciencia que lo corrige. Es el símbolo del mago que conoce las leyes del cielo y de la tierra y las hace cooperar en armonía. Llamarlo demonio es confundir al médico con la enfermedad.

El mito demoníaco moderno, al mismo tiempo que falsea al Baphomet, revela la necesidad profunda de su retorno. Porque donde hay exceso de sombra, es señal de que la luz está cerca. El resurgir del símbolo en la conciencia contemporánea indica que la humanidad comienza a intuir la necesidad de integrar lo que antes rechazó. En tiempos de confusión espiritual, el Baphomet aparece no como amenaza, sino como recordatorio de equilibrio. Su presencia incomoda porque señala la tarea pendiente del alma humana: reconciliar lo que ha dividido.

El verdadero iniciado no huye del símbolo ni lo combate, lo contempla y lo decodifica. Sabe que cada figura demonizada esconde una verdad luminosa. Así, el mito del Baphomet sirve como espejo moral de nuestra época. Nos muestra hasta qué punto seguimos temiendo lo sagrado que se manifiesta en la materia, la divinidad que respira en lo terreno. En este sentido, el Baphomet demoníaco es una advertencia: el miedo que proyectamos en él es el mismo miedo que nos impide despertar.

Redimir al Baphomet de la máscara del demonio es redimir también al hombre de su ignorancia. Es recordar que la oscuridad no es el enemigo de la luz, sino su matriz. Lo demoníaco, cuando se integra, se convierte en fuerza creadora. La serpiente que se arrastra en la tierra es la misma que asciende por la vara del caduceo. El fuego que destruye es el mismo que ilumina. El Baphomet enseña esa verdad con su silencio majestuoso: que nada debe ser temido, sino comprendido.

En la raíz del mito demoníaco moderno se encuentra la incapacidad del hombre para aceptar su propia totalidad. Pero el espíritu, eterno alquimista, sigue obrando en el fondo del alma humana, disolviendo los errores y purificando los símbolos. Algún día, cuando el miedo se disipe, el Baphomet será visto de nuevo como lo que siempre fue: la imagen del equilibrio supremo, el rostro del conocimiento reconciliado, el mediador entre el cielo y la tierra.

Hasta entonces, el mito demoníaco seguirá cumpliendo su función, recordando al buscador que toda sombra es una lección y que el camino del conocimiento comienza cuando uno se atreve a mirar lo que otros temen. El demonio del Baphomet no existe fuera de nosotros, sino en el rincón del alma que aún no ha sido iluminado. Comprender esto es la primera victoria del espíritu sobre el miedo.

Y cuando el hombre logre ver en el símbolo no una amenaza, sino una revelación, el mito demoníaco se disolverá en la luz de la comprensión, y el Baphomet volverá a ocupar su lugar en el templo del mundo, no como ídolo ni como enemigo, sino como maestro silencioso de la unidad.

II

El contexto templario

La Orden del Temple y su misión oculta

Hablar de la Orden del Temple es hablar de una de las más grandes paradojas de la historia espiritual de Occidente. Nació bajo la égida de la cruz y la espada, en un mundo dividido por la fe y el poder, pero su verdadero destino trascendía ambos. Los templarios fueron, en apariencia, monjes guerreros al servicio de la cristiandad. En realidad, fueron los portadores de un conocimiento más antiguo que las cruzadas y más vasto que los reinos por los que combatieron. Su misión visible fue custodiar los caminos de Jerusalén; su misión invisible, preservar el vínculo entre el cielo y la tierra.

La historia oficial presenta al Temple como una orden militar fundada en 1118 por Hugues de Payens y ocho caballeros, con el propósito de proteger a los peregrinos que se dirigían a Tierra Santa. Sin embargo, detrás de esa fundación se esconde una dimensión más profunda. Aquellos hombres no eran simples soldados de la fe, sino buscadores del misterio. Instalados en los recintos del antiguo Templo de Salomón, donde las piedras conservaban aún la vibración de los antiguos ritos, comprendieron que su tarea no era solo vigilar caminos, sino resguardar un conocimiento sagrado.

El Templo de Jerusalén, centro simbólico de la alianza entre Dios y el hombre, representaba para ellos el corazón del mundo. Ser templario significaba ser guardián del Templo interior, aquel donde la divinidad se manifiesta en la conciencia del iniciado. Por eso su emblema, dos caballeros sobre un solo caballo, no es signo de pobreza, sino de dualidad reconciliada. Representa la unión de las dos naturalezas del hombre, la humana y la divina, avanzando juntas hacia la luz del Espíritu.

En sus orígenes, la Orden del Temple fue un punto de encuentro entre la espiritualidad cristiana, la sabiduría oriental y las tradiciones antiguas que sobrevivían en el esoterismo judeoárabe. Los caballeros que regresaban de Oriente no solo traían reliquias materiales, sino también ideas, símbolos y enseñanzas que transformaron su visión del mundo. Aprendieron que la luz de la revelación brilla en múltiples lenguas, y que el verdadero iniciado reconoce la unidad detrás de todas las formas. Así, la Orden se convirtió en un crisol donde el misticismo cristiano se fundió con la ciencia sagrada de los sabios del desierto.

Los templarios fueron monjes y guerreros, pero también alquimistas, astrónomos, arquitectos y custodios de secretos antiguos. En sus logias y capítulos se enseñaba una doctrina que combinaba la fe con el conocimiento, la oración con la geometría, la devoción con la filosofía. No adoraban al Dios de los dogmas, sino al Dios vivo que se revela en la armonía del universo. Su religión era la de la luz, su templo, la conciencia, su altar, el corazón del hombre purificado.

Esta misión oculta, heredera de las antiguas fraternidades iniciáticas, explica la profunda organización simbólica de la Orden. Cada grado correspondía a una etapa de perfeccionamiento interior. El novicio, al ingresar, debía renunciar a la vanidad del mundo y prepararse para morir simbólicamente, como el alquimista que disuelve su materia antes de transmutarla. El caballero profeso era instruido en los misterios de la dualidad y del equilibrio, aprendiendo que el verdadero combate no se libra en el campo de batalla, sino en el alma. El Gran Maestre, finalmente, encarnaba el ideal del hombre reconciliado con el cielo, espejo viviente de la sabiduría divina.

El Temple no fue solo una orden militar, sino una escuela de Alta Magia cristiana. Sus arquitectos levantaron catedrales siguiendo proporciones sagradas derivadas de la geometría pitagórica y la Cábala hebrea. Cada piedra colocada era una oración convertida en forma. En sus construcciones, el círculo y la cruz, el cuadrado y el triángulo, hablaban el lenguaje silencioso del espíritu. Nada en sus templos era arbitrario: todo obedecía a una correspondencia entre el cielo y la tierra. Así, edificaban no solo en piedra, sino también en el alma de quienes comprendían el simbolismo de su obra.

Pero la misión oculta del Temple no se limitaba a la contemplación ni al arte. Su verdadera tarea era mantener vivo el vínculo entre la tradición visible y la invisible, entre la Iglesia exterior y la Iglesia interior. En un tiempo en que el cristianismo había perdido su dimensión esotérica, los templarios representaron la corriente secreta que preservaba la enseñanza iniciática de Cristo, aquella que hablaba en parábolas para el pueblo y en símbolos para los discípulos.

Por ello, el Temple fue al mismo tiempo hijo y heredero de tradiciones anteriores. Sus raíces se hundían en la sabiduría de Egipto, en la Cábala de Israel, en el hermetismo alejandrino y en la gnosis primitiva. La cruz que llevaban sobre el pecho no era solo emblema de sacrificio, sino signo de la unión de los contrarios. En su centro se cruzaban los cuatro elementos del mundo y el punto invisible donde habita el Espíritu. El caballero templario era, en su sentido más profundo, un microcosmos en marcha hacia la reconciliación del Todo.

Esta visión interior de su misión explica la fascinación y el temor que el Temple despertó. Su independencia respecto al poder secular y su silencio respecto a su doctrina los hicieron sospechosos ante los ojos de los príncipes y los prelados. Pero el secreto no era un medio de dominio, sino una protección. El conocimiento sagrado, como el fuego, no puede entregarse a quien no sabe sostenerlo. Por eso los templarios hablaban por símbolos, guardaban silencio ante los profanos y transmitían su enseñanza solo a los dignos.

La misión oculta del Temple fue, pues, la restauración del hombre interior, la edificación del templo espiritual dentro del alma humana. Su guerra era un rito, su disciplina, una vía de transformación, su voto de pobreza, una renuncia al mundo profano para obtener las riquezas del espíritu. Si empuñaban la espada, era como instrumento de la justicia divina, no de la violencia. Si defendían Jerusalén, era porque veían en ella el reflejo de la Jerusalén celestial, la ciudad interior donde Dios habita en el corazón del sabio.

El fin trágico del Temple no anuló esa misión, solo la veló. Su llama no se extinguió en las hogueras de París, sino que descendió a los subterráneos del alma occidental, donde continuó ardiendo en silencio. Desde entonces, su espíritu se ha manifestado en múltiples formas, en las fraternidades herméticas, en la masonería, en la alquimia, en todas las escuelas que buscan el equilibrio entre ciencia y fe. La Orden del Temple no desapareció: cambió de vestidura. Su verdadera sede no está en los castillos ni en las catedrales, sino en el corazón de quienes continúan su búsqueda de la Luz.

Así, la misión oculta de los templarios fue y sigue siendo la misma: recordar al hombre su dignidad divina y enseñarle a construir el templo de la sabiduría en su interior. Esa es la herencia viva del Baphomet, el rostro de la inteligencia iluminada que el Temple custodió bajo el velo de sus símbolos. Comprender su mensaje es continuar su obra, porque todo iniciado es, en esencia, un templario del espíritu, guardián del misterio y obrero del equilibrio.

El proceso inquisitorial

El proceso inquisitorial contra la Orden del Temple fue uno de los episodios más decisivos y oscuros en la historia espiritual de Occidente. No fue solo la destrucción de una institución militar o religiosa, sino la extinción de una corriente de sabiduría que había unido a Oriente y Occidente bajo la luz del conocimiento sagrado. La Inquisición no se limitó a juzgar a hombres, sino que condenó una idea, una concepción del mundo donde la razón y la fe, la ciencia y la espiritualidad, podían coexistir en armonía. El Temple encarnaba esa unión, y por eso fue considerado peligroso.

En el año 1307, bajo el reinado de Felipe IV de Francia, comenzó la caída de la Orden. Aquel monarca, apodado "el Hermoso", había endeudado su reino y temía el poder económico y político de los templarios, que eran banqueros, constructores y diplomáticos. Pero más que su riqueza material, lo que inquietaba al rey era su independencia espiritual. La Orden del Temple respondía solo al Papa, no al trono. Y aún más, poseía una jerarquía interior, un secreto doctrinal que escapaba al control de ambos poderes. En ese secreto vio el soberano una amenaza.

El 13 de octubre de 1307, al amanecer, por orden del rey, los templarios fueron arrestados en toda Francia. Aquel día, la espada de la política se disfrazó de cruz, y la justicia de los hombres se tiñó de venganza. Las acusaciones fueron muchas y contradictorias: negación de Cristo, besos obscenos en los ritos de iniciación, profanación de la cruz, adoración de un ídolo llamado Baphomet. Bajo tortura, los prisioneros confesaron lo que sus verdugos querían oír. Cada palabra arrancada en el suplicio se convirtió en argumento de condena.

El proceso inquisitorial fue un teatro de dolor donde la verdad se ahogó en el miedo. Los interrogatorios no buscaban justicia, sino justificación. Los inquisidores, guiados por el fanatismo y el deseo de complacer al poder, recopilaron confesiones absurdas que luego se usaron como prueba del crimen. Los templarios, formados en la disciplina del silencio y la obediencia, soportaron el tormento con dignidad. Muchos murieron sin hablar, otros hablaron solo para proteger a sus hermanos. El proceso, sin embargo, ya estaba decidido antes de comenzar.

La acusación del Baphomet ocupó un lugar central en los cargos. Se decía que los templarios adoraban una cabeza misteriosa que les otorgaba poder y sabiduría. Algunos declararon que era de oro, otros de plata, otros que tenía rostro humano o animal. Pero esa diversidad de descripciones revela lo mismo: que el ídolo nunca existió físicamente, o que, si existió, su naturaleza era simbólica. El Baphomet era una imagen interior, un jeroglífico del conocimiento, no una deidad pagana. Lo que los inquisidores interpretaban como idolatría era, en realidad, una enseñanza sobre el espíritu.

El proceso no fue solo un ataque político, sino también una guerra contra la gnosis. El Temple había conservado una visión del cristianismo más cercana a la de los antiguos místicos y gnósticos que a la ortodoxia medieval. Creía en un Dios inmanente, presente en todas las cosas, y en una sabiduría universal que trascendía los dogmas. Su Cristo era el Logos viviente, la luz del entendimiento más que la figura sufriente del martirio. Estas ideas eran incomprensibles para una Iglesia que había convertido la fe en estructura de poder. Por eso, el Temple debía desaparecer.

Las torturas continuaron durante años. En 1310, más de cincuenta templarios fueron quemados vivos en París. El 18 de marzo de 1314, Jacques de Molay, último Gran Maestre, y Geoffroi de Charney fueron ejecutados frente a la catedral de Notre-Dame. Según la tradición, antes de morir, Molay proclamó su inocencia y convocó a sus verdugos a comparecer ante el tribunal de Dios. Su muerte fue la consagración final de su orden. Lo que los hombres creyeron destruir, el fuego lo purificó. El espíritu del Temple, liberado del cuerpo de la institución, se convirtió en semilla para las generaciones futuras.

La Inquisición creyó haber vencido, pero en realidad selló su propia decadencia. Al destruir a los templarios, destruyó el equilibrio que unía la espada y el altar, la razón y la fe. Desde entonces, el mundo occidental quedó escindido: la ciencia se separó de la religión, la filosofía del misticismo, la mente del alma. El Temple había sido el puente, y al derribarlo, la humanidad perdió por siglos la armonía entre lo visible y lo invisible.

El proceso inquisitorial, visto desde la perspectiva iniciática, no fue solo una tragedia histórica, sino un rito de tránsito colectivo. Representó el paso de la Edad de la Fe a la Edad de la Razón, pero también la caída de la sabiduría sagrada en el exilio. El fuego que consumió a los templarios simboliza el sacrificio del conocimiento en el altar del poder. Sin embargo, como todo sacrificio en los misterios antiguos, llevaba implícita una promesa de resurrección.

En el corazón de la historia, el Baphomet se convirtió en el testigo silencioso de esa transformación. Condenado como ídolo, sobrevivió como idea. Lo que ardió en las hogueras fue la forma exterior de una enseñanza; lo que permaneció fue su esencia espiritual, transmitida en secreto a través de símbolos, ritos y palabras. Desde entonces, el Baphomet habita en los márgenes del pensamiento occidental, esperando ser comprendido.

El proceso inquisitorial no logró destruir el legado del Temple porque lo que es verdadero no puede ser aniquilado. La sabiduría, cuando es perseguida, se oculta, pero no muere. Cambia de rostro, de lenguaje, de morada, pero sigue viva en la conciencia de los hombres que buscan la luz. Así, el fuego de 1314 no fue un final, sino un nuevo principio. El Baphomet, símbolo de la inteligencia equilibrada, siguió ardiendo en el alma del mundo como llama invisible.

Hoy, mirar aquel proceso con ojos iniciáticos es comprender que toda persecución contra el conocimiento es, en el fondo, un intento del miedo por destruir lo que no entiende. El poder que tortura a los sabios es el mismo que teme a la libertad interior. Pero el espíritu humano, como el fuego, se eleva siempre hacia la luz. El Temple cayó en la historia, pero su misión continúa en el corazón de quienes buscan la verdad más allá de las formas.

El proceso inquisitorial fue el drama de una civilización que, al condenar a sus guardianes del misterio, se condenó a sí misma a la oscuridad. Y sin embargo, en esa oscuridad comenzó a gestarse la aurora. El Baphomet, convertido en símbolo maldito, fue también el heraldo del renacimiento espiritual de Occidente. En su nombre arde aún la llama de la inteligencia sagrada, la misma que los inquisidores quisieron apagar, y que hoy vuelve a encenderse en quienes, libres del temor, se atreven a mirar el misterio cara a cara.

El Baphomet en las confesiones forzadas

El nombre del Baphomet aparece en la historia como un susurro arrancado entre gritos. Surgió de las mazmorras húmedas donde los templarios fueron interrogados bajo el peso de la tortura, pronunciado por labios quebrados, no por convicción, sino por dolor. Su eco se extendió por Europa como prueba de un crimen que nunca existió. Y sin embargo, ese mismo nombre, distorsionado por el sufrimiento, se convirtió en el emblema del misterio. Porque cuando la verdad es perseguida, se refugia en el símbolo.

Los documentos del proceso inquisitorial registran una multitud de confesiones sobre la supuesta adoración del Baphomet. Algunos templarios declararon haber visto una cabeza de metal, otros una figura barbada, otros un rostro con tres caras, otros una calavera. Algunos dijeron que resplandecía, que daba poder, que inspiraba sabiduría. Ninguno coincidió. Esa dispersión de testimonios, lejos de confirmar la existencia de un ídolo, revela la confusión que la tortura produce. La diversidad es prueba de falsedad. No hay verdad coherente en las palabras arrancadas al dolor.

El inquisidor no buscaba comprender, sino confirmar. Cada respuesta era moldeada por su expectativa, cada silencio era interpretado como culpa. El nombre del Baphomet fue impuesto a los templarios como un espejo de las obsesiones de sus jueces. Lo que los prisioneros describieron no fue lo que adoraban, sino lo que el miedo y el tormento les hacían decir. Sin embargo, incluso a través de esas declaraciones fragmentarias, brilla un resplandor simbólico. Entre las líneas del horror, el espíritu deja rastros de su verdad.

En muchas confesiones, el Baphomet aparece como una cabeza que otorgaba conocimiento. Los templarios, decían los acusadores, creían que aquella figura les daba fuerza, prosperidad y sabiduría. En el lenguaje de los misterios, la cabeza simboliza la sede del entendimiento, el lugar donde el alma se une a la razón divina. Adorar una cabeza, en sentido esotérico, significa venerar la inteligencia iluminada. Así, incluso bajo la coacción, los testimonios conservan un eco del significado auténtico. El Baphomet, aun deformado por la violencia, sigue apareciendo como imagen del conocimiento supremo.

La tortura fue el instrumento con el que se transformó una enseñanza espiritual en una acusación demoníaca. Los inquisidores preguntaban con violencia y obtenían respuestas moldeadas por el terror. El dolor crea su propio lenguaje, un idioma de desesperación que dice lo que el verdugo quiere oír. Pero detrás de esa deformación, el iniciado puede percibir una resonancia profunda. En las palabras de los templarios torturados resuena, como un eco lejano, el recuerdo de un símbolo que contenía la doctrina de la unidad y del equilibrio.

Algunos documentos hablan de un beso ritual sobre la figura del Baphomet, gesto interpretado como blasfemia. Sin embargo, en la tradición iniciática, el beso no es acto de idolatría, sino de reconciliación. Besar el símbolo significa unir la conciencia con aquello que representa. Es un gesto de comunión, no de culto. Los inquisidores, incapaces de comprender el lenguaje simbólico, tradujeron ese acto en términos de pecado. Donde había meditación, vieron herejía. Donde había unión espiritual, imaginaron corrupción.

Otras confesiones mencionan que los templarios negaban a Cristo en presencia del Baphomet. Pero la negación simbólica forma parte de muchos ritos de iniciación. Representa la muerte del ego religioso, la superación del dogma para alcanzar la verdad interior. En el camino del adepto, todo nombre sagrado debe morir para que su esencia pueda renacer en el alma. Negar no significa rechazar, sino trascender. La Inquisición, que solo entendía la fe literal, no podía aceptar una fe simbólica. Así, la iniciación fue confundida con apostasía.

El Baphomet, en las confesiones forzadas, se convierte en espejo del sufrimiento y del malentendido. No fue un objeto, sino una palabra arrancada de los labios de los hombres para servir a los fines del poder. Pero esa palabra, como todas las que contienen misterio, resistió la falsificación. Sobrevivió al odio y al fuego, llevando consigo una semilla de verdad. Su nombre, escrito en los registros de los jueces, atravesó los siglos como una cicatriz que, en lugar de borrar, revela.

El drama de las confesiones forzadas no reside solo en la injusticia humana, sino en la distorsión espiritual que produjo. Al tergiversar el símbolo, se tergiversó también la imagen de lo divino. El Baphomet fue convertido en enemigo del Dios que, en realidad, representaba. La inteligencia equilibrada fue condenada como soberbia, la sabiduría como rebelión, el conocimiento como pecado. Así, el proceso templario fue también el proceso de la luz frente al miedo.

Sin embargo, incluso la mentira puede ser instrumento de la verdad. La deformación del símbolo lo hizo descender al inconsciente colectivo, donde continuó actuando en secreto. Lo que la Iglesia quiso borrar se grabó con más fuerza en el alma de la humanidad. La figura del Baphomet, maldita y oculta, siguió apareciendo en los sueños, en las visiones, en las obras de los alquimistas y de los magos, esperando el tiempo de su redención.

En las confesiones de los templarios hay, más allá del dolor, un mensaje oculto: que la verdad no puede ser destruida por la violencia. Lo que es sagrado no se extingue con el tormento, porque su raíz está en el espíritu. Los hombres pueden ser obligados a mentir, pero el símbolo, como testigo de lo eterno, no miente. Aun cuando se pronuncia con miedo, conserva su poder.

Así, el Baphomet en las confesiones forzadas es una parábola sobre la resistencia del conocimiento. La palabra nacida en el suplicio se convirtió en semilla de revelación. Lo que los inquisidores pretendieron usar como prueba de la herejía terminó siendo, con el paso de los siglos, el signo de la sabiduría redimida. El símbolo condenado se transformó en maestro del futuro.

El estudio de esas confesiones no debe buscar datos históricos, sino lecciones espirituales. Nos enseñan que la verdad, cuando es perseguida, se disfraza para sobrevivir, que el conocimiento, cuando es temido, se oculta tras nombres extraños, y que el espíritu, cuando se le niega un templo de piedra, levanta su santuario en la conciencia de los hombres libres.

El Baphomet, deformado por los inquisidores y resucitado por los sabios, encarna esta paradoja. Fue acusado de ser un demonio, pero su función era reconciliar los contrarios. Fue presentado como prueba de corrupción, pero era emblema de pureza intelectual. Fue usado como instrumento de condena, pero se convirtió en símbolo de liberación. El fuego que lo rodeó purificó su nombre, y en las cenizas de las confesiones falsas resplandeció la verdad: el Baphomet no era un ídolo, sino el espejo del espíritu humano buscando su luz.

Símbolo velado o arma política

En toda época, los símbolos sagrados han sido malinterpretados por los hombres de poder. Lo que para el sabio es lenguaje del espíritu, para el político es herramienta o amenaza. El Baphomet, en los días de la caída del Temple, fue ambas cosas: símbolo velado para los iniciados, arma política para los reyes. En torno a su nombre se libró una batalla silenciosa entre el conocimiento y la ambición, entre la luz interior y la sombra del poder temporal.

Cuando Felipe IV decidió destruir la Orden, no lo hizo solo por codicia o venganza, sino también por miedo. La independencia de los templarios era inaceptable en un tiempo en que la autoridad debía centralizarse. Su fuerza económica, su prestigio militar y su influencia espiritual representaban un poder paralelo al del trono y la Iglesia. Pero más inquietante aún era su silencio doctrinal. Nadie fuera de la Orden conocía los secretos de su enseñanza ni el contenido de sus ritos. Ese hermetismo, tan natural en las escuelas iniciáticas, fue interpretado como conspiración. Y el Baphomet, símbolo del equilibrio y de la sabiduría interior, se convirtió en el pretexto perfecto para justificar la destrucción de la Orden.

El proceso inquisitorial no fue, en esencia, un juicio religioso, sino una operación política. El rey necesitaba eliminar a una potencia que escapaba a su control y apropiarse de sus bienes. Para lograrlo, debía desacreditarla ante el pueblo y ante la Iglesia. Ninguna acusación era más eficaz que la de herejía. La imaginación popular, alimentada por el miedo y la ignorancia, bastaba para transformar cualquier símbolo en demonio. Así, el Baphomet fue manipulado hasta convertirse en emblema de traición y de pecado.

El arma más poderosa del poder profano es la deformación del símbolo. Un emblema que antes enseñaba la unión de los contrarios fue convertido en signo de su ruptura. El Baphomet, que representaba la síntesis del espíritu y la materia, fue interpretado como idolatría. El mismo símbolo que enseñaba la reconciliación fue usado para dividir. Así se destruyó el Temple no con espadas, sino con palabras. La calumnia fue la daga que atravesó su corazón.

Pero el símbolo, incluso deformado, conserva su verdad interior. Su sentido profundo no puede ser anulado por la mentira, solo velado. El Baphomet siguió siendo, en su esencia, lo que siempre fue: la representación de la inteligencia equilibrada, del fuego espiritual que ilumina sin consumir. Que los inquisidores y los reyes lo usaran como pretexto no altera su naturaleza, solo revela la distancia entre el poder material y el conocimiento sagrado.

El conflicto entre ambos no es nuevo. Desde la antigüedad, los símbolos de la sabiduría fueron perseguidos por los poderes establecidos. Moisés levantó la serpiente de bronce como signo de curación, pero siglos después esa misma figura fue destruida por temor a la idolatría. Sócrates fue condenado por hablar de un daimon interior, y los gnósticos fueron exterminados por atreverse a hablar del Cristo dentro del hombre. El Baphomet pertenece a esa misma genealogía de símbolos castigados por iluminar demasiado.

En el fondo, lo que el poder teme no es el símbolo en sí, sino lo que despierta en el alma. Un hombre que comprende el significado oculto de las cosas deja de ser manipulable. Quien aprende a leer el mundo como un libro sagrado se emancipa del miedo. Por eso, las autoridades del siglo XIV no podían tolerar una orden de hombres libres, instruidos en la ciencia del espíritu, que obedecían a una ley interior más alta que cualquier decreto terrenal. El Baphomet representaba esa libertad del pensamiento iluminado. Era el emblema de la conciencia despierta.

El uso político del símbolo deformó no solo su imagen, sino también la percepción del conocimiento esotérico. Desde entonces, todo lo oculto fue sospechoso. Las ciencias herméticas, la alquimia, la cábala, la astrología, fueron relegadas al margen del pensamiento oficial. El Baphomet se convirtió en su signo secreto, en el estigma de la sabiduría perseguida. Sin embargo, esa marginalidad le otorgó poder. Al quedar fuera del control de la Iglesia y del Estado, el símbolo se volvió invencible. Lo que está en el exilio pertenece al espíritu.

Los documentos del proceso muestran que, incluso bajo tortura, muchos templarios se negaron a maldecir su símbolo. Sabían que su aparente derrota era victoria espiritual. Al ser destruida su orden externa, se liberó la semilla interna. El Baphomet, símbolo velado, pasó de manos institucionales a la tradición secreta de los iniciados. De ahí en adelante, reaparecería bajo múltiples formas: en los textos alquímicos, en los grabados rosacruces, en los emblemas masónicos. El fuego que el poder quiso apagar se propagó silenciosamente a través de los siglos.

La historia del Baphomet demuestra que los símbolos no pertenecen a los hombres, sino a la conciencia universal. Pueden ser manipulados, profanados, incluso prohibidos, pero nunca destruidos. El símbolo es un ser vivo, una emanación del Espíritu. Por eso sobrevive a sus verdugos. Cuando un poder lo utiliza para sus fines, lo degrada, pero también, sin querer, lo hace renacer. Porque el espíritu del símbolo se alimenta de la atención que se le concede, incluso de la atención del miedo.

El Baphomet fue, para el Temple, el emblema de su misión secreta: unir el cielo y la tierra. Para el poder que los destruyó, se convirtió en arma política. Entre esas dos interpretaciones se libra la batalla eterna entre el conocimiento y la dominación. El símbolo velado representa la sabiduría interior, la llama que ilumina en silencio. El símbolo politizado es su sombra, usada para controlar, dividir y condenar. Pero la luz siempre acaba atravesando el velo.

En este sentido, el Baphomet es también un espejo del destino de la humanidad. Cuando el hombre usa el símbolo para dominar, se condena al desequilibrio; cuando lo contempla para comprender, se libera. La historia del Temple enseña que la verdadera fuerza no reside en el poder exterior, sino en el conocimiento interior. El Baphomet fue el estandarte invisible de esa fuerza.

La pregunta que este subcapítulo deja al lector no es solo histórica, sino filosófica. ¿Cuántas veces, aún hoy, se convierte la verdad en arma política? ¿Cuántas veces el poder transforma la sabiduría en amenaza, y la luz en motivo de persecución? El símbolo velado sigue entre nosotros, esperando ser comprendido sin miedo, sin prejuicio, sin ambición. Porque quien lo ve con pureza, ve en él lo que siempre ha sido: el rostro del espíritu que ninguna corona puede dominar, el fuego del alma que ningún poder terrenal puede apagar.

El secreto hermético de los templarios

El Temple no fue únicamente una orden militar ni un cuerpo religioso al servicio de la fe, fue una fraternidad de sabiduría, heredera de antiguas corrientes de conocimiento que se remontan a los misterios de Egipto, de Grecia y del Oriente. En su silencio y su estructura se ocultaba una enseñanza que solo podía ser comprendida por quienes habían purificado su mente y su corazón. Este fue el verdadero secreto del Temple, no un tesoro material ni una reliquia escondida, sino un conocimiento espiritual, el mismo que los alquimistas llamaron la Ciencia de la Luz y que los hermetistas denominaron la Obra del Espíritu.

Los templarios sabían que todo misterio religioso posee dos niveles, uno exterior destinado al pueblo y otro interior reservado a los iniciados. El primero instruye en la fe, el segundo conduce al conocimiento. En su vida monástica, los templarios cumplían las reglas de la Iglesia, pero en su vida interior guardaban una sabiduría más antigua, heredada de los sabios del desierto y de las escuelas herméticas que habían florecido a la sombra del Templo de Salomón. Su verdadera tarea no era conquistar ciudades ni acumular riquezas, sino reconstruir en sí mismos el Templo interior, aquel donde la divinidad habita en el alma purificada.

Los documentos históricos apenas dejan rastros de esta doctrina, porque no fue escrita, sino transmitida por símbolos, signos y silencios. El secreto del Temple no podía ser pronunciado sin profanarse. No era un dogma, sino una experiencia. Quien lo comprendía dejaba de hablarlo, porque lo vivía. Por eso los inquisidores, por más que interrogaran, no pudieron arrancar de los templarios su verdadera enseñanza: no había palabras que la contuvieran.

Este secreto hermético era una ciencia de correspondencias, la misma que enseñaban los magos de Egipto y los cabalistas de Israel, según la cual todo en el universo está ligado por leyes invisibles. Los templarios conocían que el hombre es imagen del cosmos y que los movimientos del alma reflejan los del cielo. Su símbolo del doble caballero sobre un solo caballo expresaba esta verdad: que dos fuerzas opuestas pueden moverse en armonía cuando obedecen al mismo espíritu. Así, el iniciado templario aprendía a dominar sus pasiones, no para reprimirlas, sino para transmutarlas en energía luminosa.

El secreto hermético se expresaba también en su arquitectura. Las catedrales construidas bajo su influencia no son solo templos, sino libros de piedra. Cada arco, cada ventana, cada rosetón, traduce un principio metafísico. En su geometría se esconde la proporción divina, el número que une la materia al espíritu. Las torres apuntan al cielo como columnas del alma, los vitrales filtran la luz como el alma filtra la verdad, y el altar, en el centro, representa el corazón del iniciado donde el cielo y la tierra se encuentran. Así, la obra del Temple no fue solo militar ni económica, fue profundamente teúrgica: una colaboración entre el hombre y el cosmos.

En el centro de esta doctrina se hallaba el principio de la transmutación espiritual, análogo a la alquimia, pero aplicado al alma. Lo que el alquimista realiza en su crisol, el templario lo realiza en su conciencia. El plomo de las pasiones debía convertirse en el oro del espíritu. El fuego del sacrificio interior era el agente de esa transformación. Su lema no escrito podría haber sido el mismo que siglos después adoptaría la alquimia: *Solve et coagula*, disuelve y une, destruye para purificar, purifica para crear.

El Baphomet, en este contexto, era la imagen de esa ciencia. No un ídolo, sino el jeroglífico de la sabiduría universal. Su figura mostraba el equilibrio de los contrarios, la unión de lo superior y lo inferior, la reconciliación de la luz y la sombra. Para el templario iniciado, el Baphomet era el espejo del proceso interior. Mirarlo era contemplar el misterio del ser, la tarea eterna de unir lo que la ignorancia separa. Quien comprendía su significado se convertía en maestro de sí mismo.

El secreto hermético del Temple no era ajeno al cristianismo, sino su interpretación más profunda. Los templarios veían en el Cristo no solo al redentor histórico, sino al principio cósmico del Verbo, la luz que ilumina toda conciencia. Su comunión con el Baphomet no era negación de Cristo, sino reconocimiento de su aspecto oculto, aquel que los evangelios velan bajo símbolos. Cristo era el Sol espiritual, el Baphomet, su reflejo en la materia. El iniciado debía aprender a reconocer en la oscuridad el rostro de la luz.

En sus ritos, el Temple representaba este misterio por medio de actos simbólicos que la Inquisición no supo comprender. Los juramentos, los silencios, los signos de reconocimiento, no eran prácticas de conspiración, sino ejercicios de concentración y disciplina interior. El beso de la paz que tanto escandalizó a los jueces era un gesto de fraternidad espiritual. La negación ritual de la cruz no era renuncia a la fe, sino rechazo de la idolatría. En todo ello se manifestaba una enseñanza que unía lo esotérico y lo cristiano, lo humano y lo divino.

Este conocimiento, celosamente guardado, explica la serenidad con que los templarios enfrentaron su final. Sabían que la muerte no era derrota, sino tránsito. Su fe no dependía de las instituciones, sino de la unión directa con el Espíritu. En el fuego de su martirio, la materia de la Orden fue destruida, pero su esencia se elevó purificada, como el oro extraído del crisol. Esa es la verdadera alquimia templaria, la que convierte el sufrimiento en luz y la destrucción en revelación.

El secreto hermético del Temple sobrevivió a sus verdugos. Se refugió en las hermandades ocultas, en la alquimia, en la masonería naciente, en las órdenes rosacruces que continuaron su obra bajo otros nombres. Cada una de ellas heredó un fragmento del saber templario, un símbolo, una palabra, un rito. El Baphomet, símbolo del equilibrio universal, siguió siendo su emblema silencioso, la clave que unía sus enseñanzas dispersas.

Comprender este secreto es comprender el sentido profundo del Temple. No fue una conspiración ni una secta, sino una escuela del alma. Su hermetismo no fue ocultamiento, sino respeto. No ocultaban para dominar, sino para preservar la pureza del conocimiento en un mundo incapaz de recibirlo. Su silencio fue su escudo y su testamento.

Así, el secreto hermético de los templarios no fue destruido, porque no puede ser destruido lo que pertenece al espíritu. Permanece en cada símbolo que nos invita a mirar más allá de las apariencias, en cada templo interior que se construye en el alma del buscador. El Baphomet, su guardián eterno, continúa siendo el jeroglífico de esa sabiduría: la ciencia del equilibrio, la unión de los contrarios, el misterio de la luz que brilla en medio de las tinieblas.

III

El Baphomet de Lévi

La figura del sabio francés

Entre los hombres que devolvieron dignidad al pensamiento esotérico en la era moderna, ninguno brilla con una luz tan singular como Eliphas Lévi. Su nombre, mezcla de lo humano y lo iniciático, pertenece al linaje de los restauradores de la sabiduría antigua. En él se fundieron el sacerdote y el mago, el filósofo y el poeta, el hombre del siglo y el iniciado de los arcanos. Con su pluma encendida por el fuego de la gnosis, devolvió al símbolo del Baphomet su verdadero rostro, aquel que la superstición había cubierto con máscaras de miedo.

Nacido como Alphonse-Louis Constant en 1810, fue educado en la severidad del catolicismo y en la disciplina de la teología. Desde joven mostró una vocación por lo sagrado que lo llevó al seminario, pero su espíritu, amante de la libertad, no podía permanecer confinado en los límites de un dogma. Su alma ardía por comprender, no por repetir. En su interior convivían la fe del creyente y la inquietud del filósofo, el impulso del místico y la mirada del científico. Esa tensión, lejos de dividirlo, fue la fragua donde se templó su destino.

Eliphas Lévi no abandonó la religión, la trascendió. Comprendió que la verdad divina no podía pertenecer a una sola Iglesia ni a una sola forma, sino que se manifiesta en todas las tradiciones bajo distintos velos. De la Cábala aprendió que el universo es un texto cifrado donde cada letra es una energía viva. De la alquimia heredó la convicción de que el espíritu puede transformar la materia y de que el hombre es el laboratorio donde esa obra se cumple. Del cristianismo conservó la figura del Cristo como Verbo encarnado, símbolo del poder creador que reside en toda alma.

Su vida fue un camino de reconciliación. En un siglo dominado por el materialismo y la fe ciega en la razón, Lévi se atrevió a proclamar que la ciencia sin espíritu es ceguera, y la fe sin conocimiento, esclavitud. Para él, la magia era el punto de encuentro entre ambas: la ciencia de las leyes ocultas que gobiernan la relación entre el cielo y la tierra. En su obra monumental, *Dogma y Ritual de la Alta Magia*, el Baphomet aparece como emblema de esa ciencia, la síntesis del universo visible e invisible.

Lévi fue un reformador silencioso. No fundó sectas ni buscó discípulos, sino que sembró ideas. Su enseñanza se diseminó como una semilla en los círculos ocultistas que florecerían después de su muerte. La magia, gracias a él, dejó de ser sinónimo de superstición y recuperó su dignidad filosófica. En sus escritos, el mago no es el brujo que domina los elementos, sino el sabio que se domina a sí mismo. La varita mágica no es instrumento de poder exterior, sino prolongación de la voluntad iluminada. La verdadera magia, decía Lévi, consiste en "hacer visible lo invisible y visible lo invisible", esto es, reconciliar los planos del ser.

Su lenguaje, profundamente simbólico, unía la precisión del teólogo con la belleza del poeta. Cada frase suya resuena como un aforismo y cada imagen encierra una lección. Cuando describió al Baphomet, no lo hizo para provocar escándalo, sino para enseñar que la luz y la oscuridad son dos aspectos de una misma sustancia divina. En su pluma, el símbolo maldito se transfiguró en teofanía. Donde otros veían el rostro del demonio, Lévi reconoció el espejo del cosmos.

Su Baphomet no era una invención arbitraria, sino la restitución de una verdad olvidada. Inspirado por las antiguas tradiciones herméticas, lo presentó como la figura del equilibrio universal, la encarnación de las fuerzas opuestas que se sostienen mutuamente. El masculino y el femenino, el bien y el mal, el cielo y la tierra, se unen en él sin confundirse. Así, el Baphomet de Lévi no es un monstruo, sino un sacramento filosófico. Representa el principio de la conciliación, el misterio de la unidad en la dualidad.

El sabio francés comprendió que el verdadero mal no está en las tinieblas, sino en la ignorancia que las teme. Por eso, su enseñanza fue también una llamada al coraje espiritual. Mirar al Baphomet sin miedo es mirar el mundo con ojos de sabiduría. Quien ve en él al demonio aún no ha comprendido su propio abismo. Quien reconoce en él la unión del Todo ha despertado a la visión del adepto.

La figura de Lévi ocupa un lugar central en la restauración de la Alta Magia porque devolvió al símbolo su dignidad doctrinal. En su pensamiento, la magia es una teología científica, la religión es una ciencia del alma y el símbolo es el puente entre ambas. El Baphomet se convierte así en el resumen visual de su filosofía: el alma del mundo, el punto donde convergen las fuerzas creadoras, la imagen del hombre reconciliado con su sombra.

En su vida personal, Lévi conoció tanto la pobreza como la gloria, la soledad como la inspiración. No buscó honores ni reconocimiento. Su obra fue su templo y su pensamiento, su altar. En sus escritos hay un tono de melancolía, propio de quien ha visto más allá del velo, pero también una certeza luminosa, la de quien sabe que la verdad no pertenece a los siglos, sino a la eternidad.

Al final de su vida, decía que su propósito había sido enseñar a los hombres a pensar en símbolos y a ver en todo una expresión del Espíritu. Su figura, más que la de un erudito, es la de un hierofante que traduce la sabiduría antigua al lenguaje de la modernidad. Con él, el ocultismo dejó de ser refugio de supersticiones para convertirse en una ciencia del alma.

Eliphas Lévi no creó el Baphomet, lo reveló. Su mérito no fue inventar un símbolo, sino escuchar su voz a través del tiempo y devolverle su sentido. Su lámina del *Dogma y Ritual* es una epifanía, un espejo donde el iniciado reconoce su propio rostro transfigurado. En ella, la sombra se vuelve luz, el misterio se hace visible, y la humanidad, al contemplarla, vislumbra el camino de retorno hacia su centro divino.

Por eso, al hablar del Baphomet, no se puede separar la figura del símbolo de la figura del sabio. Ambos son reflejos de la misma verdad. Lévi es al Baphomet lo que el intérprete es a la música: no su creador, sino su médium. Gracias a él, el símbolo vuelve a cantar su armonía original, y su voz resuena en el corazón de quienes buscan comprender el misterio de la Unidad.

La lámina del "Dogma y Ritual de la Alta Magia"

Cuando Eliphas Lévi dibujó la célebre lámina del Baphomet en su *Dogma y Ritual de la Alta Magia*, no pretendía crear una figura decorativa ni un ídolo nuevo para el ocultismo moderno. Su intención era doctrinal y universal. A través de esa imagen, quiso expresar el misterio central de la Alta Magia, el principio de la unidad de los contrarios, la ley que gobierna el equilibrio de todas las fuerzas del cosmos. Su lámina no es una invención arbitraria, sino un compendio de sabiduría hermética condensado en una sola figura.

A primera vista, la imagen desconcierta. En ella se mezclan elementos humanos y animales, celestes y terrenales, masculinos y femeninos. Su cabeza es la de una cabra coronada con una antorcha; su cuerpo, andrógino, muestra pechos femeninos y un caduceo en lugar del sexo; sus brazos señalan hacia arriba y hacia abajo, mientras una estrella brilla en su frente. Para la mente profana, esta mezcla resulta monstruosa. Pero para el iniciado, es el jeroglífico perfecto de la armonía universal.

Lévi sabía que la verdad es una síntesis, no una exclusión. Por eso reunió en una sola figura lo que el pensamiento común separa. En la cabeza de cabra, símbolo del instinto vital, colocó la antorcha del espíritu, recordando que la luz habita incluso en la materia. En el cuerpo hermafrodita unió lo masculino y lo femenino, revelando que toda creación nace de su conjunción. En el gesto de sus manos, una hacia el cielo y otra hacia la tierra, grabó la ley hermética por excelencia: "Lo que está arriba es como lo que está abajo, y lo que está abajo es como lo que está arriba".

Cada elemento de la lámina tiene un significado preciso, y todos juntos forman un discurso silencioso sobre la naturaleza del ser. La estrella de cinco puntas en la frente representa el poder del espíritu sobre los elementos. Es el signo del microcosmos, del hombre que se reconoce como imagen del universo. La antorcha entre los cuernos simboliza la inteligencia iluminada que domina el instinto. Los pechos, la maternidad universal, el principio generador de la vida. El caduceo, la energía equilibrada que asciende como fuego espiritual a través del eje del cuerpo. Las manos, inscritas con las palabras "Solve" y "Coagula", enseñan el secreto de la alquimia espiritual: disolver lo que es impuro, unir lo que está disperso.

El rostro mismo del Baphomet expresa serenidad. No hay en él maldad ni violencia, sino contemplación. Sus ojos, fijos e inmóviles, miran el infinito, no como quien juzga, sino como quien comprende. En ellos se refleja la ecuanimidad del sabio, que ha reconciliado dentro de sí el bien y el mal, la luz y la sombra. La sonrisa apenas insinuada sobre sus labios sugiere el misterio del conocimiento interior, ese saber que no necesita palabras.

Lévi diseñó su Baphomet como un espejo del alma humana. Cada parte de su cuerpo corresponde a una parte del ser. La cabeza representa el pensamiento, la antorcha, la intuición superior, los brazos, la acción equilibrada, el caduceo, la energía vital, los pechos, la ternura de la naturaleza, y las alas, la aspiración del espíritu. En el conjunto se manifiesta la unidad del hombre total, el *homo universalis* de la tradición hermética, aquel que ha integrado todas las dimensiones de su existencia.

La belleza de la lámina reside en su ambigüedad aparente. En ella, lo que parece contradicción es armonía. La cabra, asociada por siglos a lo demoníaco, es redimida y convertida en vehículo de la luz. La antorcha, que podría quemar, ilumina. El gesto dual de las manos no divide, sino que une. Es una lección de filosofía oculta expresada en lenguaje visual. Allí donde la religión ve oposición entre Dios y el mundo, Lévi ve correspondencia. Donde la moral distingue entre el bien y el mal absolutos, el mago ve polaridades complementarias.

La lámina del *Dogma y Ritual* no es, por tanto, una imagen del diablo, sino un tratado de metafísica en forma de figura. El propio Lévi lo advirtió: "Los ignorantes y los profanos no entenderán esta figura, porque su lenguaje es el del símbolo". En ella, el Baphomet encarna lo que los antiguos llamaban *Anima Mundi*, el alma del mundo, principio que anima y equilibra toda existencia. Representa el punto medio donde las fuerzas cósmicas se encuentran, el corazón del universo, el lugar donde la luz penetra la materia sin destruirla.

El simbolismo de la luz en la frente del Baphomet es de particular importancia. Lévi lo describe como la llama de la conciencia, la chispa divina que arde en toda criatura. Esa antorcha no pertenece al fuego terrestre, sino al fuego celeste que los hermetistas llamaban "la luz astral", el fluido universal que une todos los planos de la realidad. El mago, al dominar esa luz, participa de la obra divina. El Baphomet, con su llama interior, es la imagen de ese dominio consciente, la victoria del espíritu sobre la oscuridad de la ignorancia.

En las palabras "Solve" y "Coagula" que se leen en sus antebrazos, Lévi condensó el principio dinámico de la creación. Todo en el universo se disuelve y se coagula, se separa y se une, muere y renace. Esta ley, aplicada al alma, es el fundamento de la magia y de la alquimia espiritual. El iniciado debe aprender a disolver en sí mismo los nudos de la ilusión y a coagular en su corazón la sustancia pura del conocimiento. El Baphomet es, así, la alegoría del proceso alquímico interno que transforma la sombra en luz.

Incluso el gesto de sus manos guarda un secreto profundo. La derecha, elevada, señala hacia la luna blanca de Chesed, la misericordia; la izquierda, dirigida hacia la luna negra de Geburah, la justicia. Entre ambas se halla el equilibrio del cosmos, el punto medio donde se mantiene la armonía. En ese gesto, Lévi nos recuerda que toda fuerza, para ser divina, debe contener su contrario. La misericordia sin justicia se corrompe, la justicia sin misericordia destruye. Solo la unión de ambas da nacimiento a la sabiduría.

El trono del Baphomet, una roca cuadrada, representa la estabilidad de la materia, el fundamento sobre el que se eleva el espíritu. Sus pies, uno sobre la tierra y otro sobre el agua, simbolizan el dominio sobre los elementos inferiores. Las alas de su espalda indican su naturaleza intermedia entre lo terrenal y lo celeste. Todo en la figura está ordenado, nada es arbitrario. Es una teofanía del equilibrio, una manifestación visible de la filosofía oculta.

La grandeza de la lámina de Lévi radica en haber devuelto al símbolo su función original: enseñar a través del misterio. No explica, sugiere; no impone, invita. Es una imagen para meditar, no para temer. Quien la contempla con el corazón puro, no ve un demonio, sino el retrato del universo reconciliado. Quien la contempla con prejuicio, solo ve su propio miedo reflejado. Así, el Baphomet se convierte en un espejo moral. Cada mirada revela el estado interior de quien lo observa.

Con esta lámina, Lévi no solo restauró la figura del Baphomet, sino que restauró el lenguaje simbólico de la Alta Magia. En una época de racionalismo, recordó al mundo que la verdad no se alcanza por el análisis, sino por la síntesis, que el conocimiento no se acumula, sino que se revela. Su dibujo es una lección eterna sobre la unidad del ser.

El Baphomet de Lévi, con su antorcha encendida y su mirada tranquila, sigue iluminando el sendero del buscador. No exige adoración, sino comprensión. No promete poder, sino equilibrio. Es el maestro silencioso del adepto, el guardián de la frontera entre la sombra y la luz. Quien logra descifrar su lenguaje simbólico comprende que el universo entero es una lámina viva donde la divinidad escribe sin cesar el misterio de su propia existencia.

Diferencias con las concepciones populares

Desde el momento en que la figura del Baphomet reapareció en la modernidad gracias a Eliphas Lévi, fue objeto de múltiples interpretaciones, muchas de ellas alejadas de su auténtico significado. La ignorancia, que siempre teme lo que no comprende, lo redujo una vez más a la sombra de sus propios prejuicios. Así como los inquisidores medievales vieron en él un ídolo de idolatría, las concepciones populares modernas lo convirtieron en símbolo de rebelión, de perversión o de blasfemia. Pero el

Baphomet no pertenece a ninguno de esos dominios. Es el espejo del conocimiento y el emblema de la sabiduría equilibrada. Quien lo degrada a caricatura, no lo mira, sino que se mira a sí mismo.

Lévi, en su doctrina, dejó claro que el Baphomet no era una figura de adoración ni un dios, sino un símbolo filosófico. Representa una verdad universal: que todo en la naturaleza existe por la tensión entre opuestos, y que el equilibrio de esas fuerzas produce la armonía del mundo. Pero las mentalidades incapaces de concebir el misterio del equilibrio ven en esa unión una amenaza. Para la conciencia dualista, que solo conoce extremos, toda síntesis parece herejía. Por eso, el Baphomet fue considerado diabólico.

El diablo, tal como lo concibe la tradición religiosa popular, es la personificación del mal absoluto, la negación de la divinidad. Pero en la filosofía esotérica, el mal no es una sustancia, sino una desarmonía. Es el desequilibrio de las fuerzas naturales, el exceso o la carencia de uno de los polos del ser. El Baphomet, en cambio, no representa el mal, sino su redención. Es la restauración del equilibrio perdido. La confusión entre ambos conceptos es el origen de la tergiversación popular del símbolo.

El Baphomet de Lévi es luz, no tiniebla; conocimiento, no superstición. En él, la oscuridad existe solo como contraste necesario para que la luz se manifieste. El sabio no teme a la sombra porque sabe que ella revela el contorno de la claridad. Pero la mente profana, incapaz de soportar la ambigüedad, llama demoníaco a todo lo que no puede clasificar. Así, el símbolo de la unión divina fue convertido en emblema del caos.

Las concepciones populares, al mirar la lámina de Lévi, se detienen en su superficie. Ven la cabeza de cabra y no perciben la antorcha en su frente. Ven el cuerpo hermafrodita y no comprenden su significado alquímico. Ven las palabras *Solve* y *Coagula* y no entienden que son la clave de la creación. Reducen el símbolo a su apariencia sin escuchar su enseñanza. La mirada superficial convierte la revelación en monstruo.

Este fenómeno no es nuevo. La historia del espíritu humano está llena de símbolos malentendidos. Los egipcios representaban a sus dioses con formas animales, y los griegos con figuras híbridas, no para adorar bestias, sino para expresar la multiplicidad de la naturaleza divina. Pero cuando se pierde la comprensión simbólica, esas figuras se vuelven objeto de burla o de condena. Lo mismo ocurrió con el Baphomet. La visión materialista de los tiempos modernos lo redujo a emblema de lo prohibido, de lo oscuro, de lo satánico.

El error de las concepciones populares consiste en confundir la profundidad con la perversión. Lo que está oculto no es necesariamente maligno. La palabra "oculto" no designa lo tenebroso, sino lo interior. El ocultismo, en su sentido verdadero, es el estudio de las leyes invisibles del universo. El Baphomet pertenece a ese ámbito: es la representación visible de un principio invisible, la forma que enseña lo que no puede decirse con palabras.

Lévi explicó que la figura del Baphomet es el emblema del mago que ha alcanzado la reconciliación interior. En ella, el ser humano aparece como mediador entre cielo y tierra, como sacerdote de la creación. Pero las concepciones populares, acostumbradas a separar lo humano de lo divino, no pudieron aceptar esa visión. Consideraron blasfemo todo intento de elevar al hombre a la dignidad del cosmos. Sin embargo, el propósito del Baphomet no es exaltar al hombre sobre Dios, sino recordar que el hombre, cuando se conoce, participa de lo divino.

El rostro de la cabra, que para el vulgo representa la maldad, es en realidad el rostro de la naturaleza. En la tradición antigua, la cabra fue símbolo de fertilidad, de fuerza vital, de la energía que sostiene la vida. Pan, el dios de los pastores, tenía rasgos semejantes, y su nombre significa "Todo". El pavor que su figura inspiraba en los hombres, el *pánico*, era el asombro ante la presencia total de la naturaleza divina. El Baphomet de Lévi recupera ese sentido original: la cabra es el alma de la tierra que porta la antorcha del cielo. En su frente brilla la conciencia, porque la materia se ilumina cuando reconoce su origen espiritual.

Otra diferencia fundamental entre el pensamiento de Lévi y las concepciones populares radica en el concepto de dualidad. Para la mente profana, el bien y el mal son irreconciliables. Para el sabio, son dos expresiones de una misma energía en distintos grados de manifestación. El Baphomet representa precisamente la reconciliación de esas polaridades. No las confunde, las armoniza. En su pecho, los pechos femeninos y la vara fálica del caduceo no son escándalo, sino enseñanza: la creación nace de la unión, no de la separación.

En la vulgarización moderna, especialmente en ciertos movimientos antirreligiosos o pseudoesotéricos, el Baphomet fue adoptado como símbolo de rebelión contra la Iglesia. Pero esa lectura es reductiva y externa. Lévi jamás lo concibió como emblema de negación, sino de comprensión. La rebelión del sabio no es contra Dios, sino contra la ignorancia. El Baphomet no destruye la fe, la purifica. No combate a la religión, la completa. No exalta el caos, sino el orden oculto que sostiene la existencia.

El uso profano del símbolo revela el peligro de toda verdad revelada fuera de su contexto iniciático. Lo que en el templo ilumina, en la plaza pública ciega. El Baphomet no puede ser comprendido por quien no ha aprendido a mirar con el alma. Por eso Lévi insistía en que su figura no debía ser interpretada literalmente. Cada uno la verá según el grado de su propia luz. Para el ignorante será espanto, para el sabio será espejo, para el iniciado será maestro.

La diferencia entre el Baphomet de Lévi y las concepciones populares es, en última instancia, la diferencia entre la sabiduría y el miedo. El miedo divide, la sabiduría une. El miedo destruye los símbolos, la sabiduría los interpreta. El miedo engendra demonios, la sabiduría reconoce ángeles ocultos en las sombras. El Baphomet es uno de esos ángeles, incomprendido por los hombres, pero fiel a su misión: recordar que la verdad habita más allá del bien y del mal, en el punto donde ambos se reconcilian.

Así, comprender al Baphomet en su sentido léviano es liberarse del fanatismo y de la superstición. Es mirar el universo como un tejido de fuerzas interdependientes donde nada está fuera de Dios. El símbolo enseña que la oscuridad no es ausencia de luz, sino luz velada, y que el mal no es negación del bien, sino bien aún no revelado. Las concepciones populares lo reducen a monstruo; el sabio lo contempla como jeroglífico de la unidad. En esa diferencia se juega el destino espiritual del hombre: permanecer en el temor o despertar al conocimiento.

Eliphas Lévi dio al mundo una figura destinada a ser comprendida por el corazón más que por los ojos. Su

Baphomet no invita a la adoración, sino al pensamiento, no exige sumisión, sino reflexión. Es la síntesis del saber hermético y la imagen del alma que ha hallado su centro. Las concepciones populares, al malinterpretarlo, no hacen sino confirmar su necesidad: el símbolo sigue siendo necesario mientras el hombre tema su propio misterio.

El Baphomet como clave hermética

En la vasta arquitectura del pensamiento de Eliphas Lévi, el Baphomet no es un simple emblema ni una figura decorativa. Es la llave que abre el santuario de la ciencia hermética, el símbolo total que resume las leyes universales de la creación. Cada rasgo de su forma encierra una enseñanza, y cada enseñanza conduce al corazón del misterio. En él se reúnen los secretos de la alquimia, de la cábala y de la magia, porque el Baphomet es la imagen del mundo reconciliado, el espejo donde el adepto contempla la unidad detrás de todas las dualidades.

Para Lévi, la tradición hermética es la ciencia de las correspondencias. En el universo nada está aislado. Todo vibra en relación con todo. La luz y la sombra, el fuego y el agua, el espíritu y la materia, el cielo y la tierra, son expresiones de una única energía que se manifiesta en distintos planos. El Baphomet encarna esta ley de armonía universal. Su forma híbrida es el testimonio visible de la unidad invisible. Al contemplarlo, el iniciado no ve una criatura compuesta de partes contradictorias, sino la síntesis viva de las fuerzas que componen el cosmos.

El hermetismo enseña que el universo es un gran libro escrito en símbolos. Cada elemento de la naturaleza, cada forma, cada número, contiene una palabra del lenguaje divino. Interpretar ese lenguaje es la tarea del mago, del alquimista, del cabalista. El Baphomet, en la doctrina de Lévi, es el jeroglífico de esa ciencia universal. Representa al hombre que ha aprendido a leer el mundo como texto sagrado y que comprende que todas las cosas visibles son signos de una realidad espiritual.

En su figura, el Baphomet reúne las tres grandes operaciones de la obra hermética. Primero, la disolución, que libera la esencia de la materia. Segundo, la purificación, que separa lo impuro de lo puro. Tercero, la coagulación, que une lo purificado en un nuevo ser. En la inscripción de sus brazos, Solve y Coagula, se hallan condensadas estas etapas del proceso alquímico. No son solo principios de laboratorio, sino leyes del alma. Todo iniciado debe disolver sus falsas creencias, purificar su entendimiento y coagular en su corazón la sustancia de la verdad.

El Baphomet es la imagen de ese proceso interior. La antorcha que arde en su frente simboliza la luz del espíritu que guía la obra. Su cuerpo, mitad humano y mitad animal, representa la materia transformada por la conciencia. El caduceo que sustituye al sexo indica la transmutación de la energía vital en fuerza espiritual. Sus manos, extendidas entre el cielo y la tierra, muestran el equilibrio que debe alcanzarse entre acción y contemplación, entre ciencia y fe. El Baphomet, en suma, es el adepto perfecto, el alquimista universal, el mediador entre Dios y la naturaleza.

La clave hermética que revela esta figura se encuentra en el principio de la unidad de los contrarios. Toda fuerza contiene en sí su opuesto, y el equilibrio entre ambos produce la armonía. El día existe por la noche, la vida por la muerte, el bien por el mal, el espíritu por la materia. El mago no rechaza ninguno de estos polos, sino que los concilia. El Baphomet enseña que negar la sombra es mutilar la luz. Solo quien acepta ambos aspectos del ser alcanza la totalidad. Por eso su imagen, que reúne lo alto y lo bajo, lo masculino y lo femenino, lo puro y lo impuro, es la más perfecta representación de la verdad hermética.

Eliphas Lévi afirmaba que el Baphomet es el emblema de la iniciación completa, porque contiene en sí la doctrina de la correspondencia y la reconciliación. Su antorcha es la luz de la razón que guía al iniciado en la oscuridad del misterio. Su mirada tranquila representa la ecuanimidad del sabio, que ha aprendido a ver sin juzgar. Sus alas son la libertad del espíritu, y su trono de piedra, la firmeza de la materia sometida al orden divino. Cada línea de su cuerpo enseña un principio filosófico.

El hermetismo considera que el universo entero es una gran alquimia. Los astros se disuelven y coagulan, las estaciones transforman la vida, las almas se elevan y descienden en el ciclo eterno del ser. El Baphomet es la síntesis de esa obra cósmica. Es el símbolo del *magnum opus*, la gran obra de la creación perpetua. Su fuego no destruye, purifica. Su mirada no amenaza, revela. Su dualidad no divide, completa. El Baphomet es la geometría del espíritu, el mandala occidental, el signo del equilibrio eterno.

Eliphas Lévi comprendió que en el Baphomet se ocultaba una enseñanza más antigua que todas las religiones. En él convergen Hermes Trismegisto, Moisés, Cristo y Zoroastro. Es la figura del Logos eterno, la Palabra de la que proceden todas las tradiciones. La cabeza de cabra recuerda al chivo expiatorio del Levítico, pero redimido por la luz del entendimiento. La antorcha entre los cuernos es el fuego de Prometeo, traído del cielo al corazón del hombre. Los pechos femeninos evocan a Isis, la madre universal. El caduceo simboliza a Mercurio, el mediador de los dioses. Así, el Baphomet es el cruce de todos los mitos y la síntesis de todas las teologías.

Como clave hermética, el Baphomet enseña al iniciado a mirar más allá de las apariencias. Cada elemento de la realidad es una correspondencia del espíritu. Nada está separado, nada está perdido. El mal es el bien que aún no ha despertado, la oscuridad es la cuna de la luz, la materia es el cuerpo del alma del mundo. Comprender esto es poseer la llave de la magia. Por eso Lévi declaró que quien comprenda el Baphomet comprende la totalidad de la Alta Magia.

El Baphomet no se adora ni se teme, se estudia y se contempla. Es una figura de meditación, una puerta hacia la gnosis. En su silencio se oye la voz del Verbo que dice al alma: "Conócete y conocerás el universo". Quien penetra su misterio descubre que la magia no es poder sobre las cosas, sino conocimiento de su sentido. El verdadero mago no impone su voluntad al mundo, sino que se alinea con las leyes del espíritu que rigen el cosmos.

Así, el Baphomet es la clave hermética porque enseña la ley de equilibrio que sostiene la creación. Es el punto de unión entre lo humano y lo divino, el símbolo del adepto que ha realizado en sí mismo la obra de la reconciliación. En él culmina el pensamiento de Lévi y se revela la esencia del hermetismo: la unidad de todas las cosas bajo la mirada del Uno.

Quien comprende el Baphomet deja de buscar afuera lo que solo puede hallarse adentro. En su figura aprende que el verdadero templo está en el alma, que la antorcha de la sabiduría arde en el corazón del hombre, y que el universo entero es una imagen viva de la divinidad manifestada. El

Baphomet es la llave de ese templo, el sello de la ciencia eterna, el guardián del misterio que cada iniciado debe abrir en sí mismo para alcanzar la luz.

El símbolo como libro abierto de magia

En la tradición hermética, el símbolo es el lenguaje del Espíritu. No es un signo arbitrario ni una invención humana, sino una forma viva donde las leyes eternas del universo se revelan a la conciencia del iniciado. Para los sabios, los símbolos son las letras de un alfabeto divino con el que Dios escribe en la materia el misterio de su pensamiento. En ellos se esconde la relación secreta entre lo visible y lo invisible, entre el mundo de las formas y el de las ideas. Eliphas Lévi comprendió esta verdad con la claridad de un iluminado. Por eso afirmó que el símbolo es la clave de toda magia y que quien lo descifra posee el poder de penetrar las leyes ocultas del cosmos.

El Baphomet, en su doctrina, es el símbolo supremo, el compendio visual de la ciencia mágica. Es un libro sin palabras, un tratado de metafísica en forma de imagen. En su cuerpo están escritas todas las correspondencias herméticas, y cada una de sus partes enseña una lección. El que contempla su figura con los ojos del alma puede leer en ella el secreto de la creación, el sentido del bien y del mal, el equilibrio de las fuerzas, la ascensión del espíritu y la redención de la materia. Así, el Baphomet no es un objeto de culto, sino un texto sagrado para el pensamiento.

En el lenguaje de la Alta Magia, leer un símbolo no significa explicarlo intelectualmente, sino penetrar su vibración interior. El símbolo habla al alma como la música habla al corazón. Su comprensión no se alcanza por razonamiento, sino por contemplación. El mago no analiza el símbolo, se une a él. Lo contempla hasta que su conciencia y la del símbolo se funden. Entonces, lo que era imagen se convierte en experiencia. Por eso Lévi escribió que la verdadera magia es la ciencia del símbolo en acción.

El Baphomet es el ejemplo supremo de esta ciencia viva. En su antorcha está escrita la ley de la iluminación interior, en sus manos, la correspondencia entre los planos, en su rostro, la ecuanimidad de la sabiduría. Su cuerpo entero es una enciclopedia de los misterios. Quien aprende a leerlo con el corazón despierto comprende que cada elemento del universo es también un jeroglífico del Espíritu. El fuego, el agua, el aire y la tierra son capítulos de ese mismo libro cósmico, y el hombre, microcosmos viviente, es su lector y su escriba.

Lévi enseñaba que el símbolo es eficaz porque actúa simultáneamente sobre la mente, el alma y el cuerpo. La forma despierta la imaginación, el color estimula la emoción y la idea eleva el pensamiento. Cuando esas tres potencias se unifican en la contemplación, se produce la magia, que no es otra cosa que la acción del espíritu sobre la materia a través del símbolo. Así, el Baphomet, al ser meditado, no solo enseña, sino que transforma. Su presencia interior despierta en el alma las fuerzas dormidas del equilibrio y la inteligencia.

El símbolo, en este sentido, no es un medio para dominar la naturaleza, sino para comprenderla. El mago no usa el símbolo como herramienta de poder, sino como espejo del orden universal. Quien busca someter al mundo mediante los signos cae en la superstición; quien busca entenderlo, se eleva hacia la sabiduría. Lévi insistía en que la verdadera magia no consiste en hacer milagros, sino en reconocer que el universo entero es un milagro permanente. El símbolo es la puerta de esa revelación.

El Baphomet es un libro abierto porque su lectura nunca termina. Cada contemplación revela un nuevo sentido, cada mirada descorre un velo más profundo. En él se unen los misterios del alma y de la materia, del cielo y del infierno, de la vida y de la muerte. Quien lo estudia superficialmente ve una figura; quien lo estudia con devoción ve el cosmos entero reflejado en su rostro. Así opera la magia del símbolo: convierte la imagen en espejo y el espejo en camino.

En su enseñanza, Lévi afirmaba que los antiguos templos, las pirámides, las catedrales y los zodíacos eran también libros de piedra y de luz, donde los sabios leían las leyes eternas. La humanidad moderna, al olvidar el lenguaje simbólico, se volvió analfabeta del espíritu. Ya no comprende que cada cosa visible encierra una verdad invisible. El Baphomet fue creado precisamente para restaurar esa alfabetización sagrada, para devolver al pensamiento su capacidad de leer el mundo como un texto divino.

El mago que medita en el símbolo del Baphomet realiza un acto de comunión. No se limita a pensar, sino que se convierte en el pensamiento. Su mente se disuelve en la imagen, y la imagen se convierte en forma viva dentro de su conciencia. Entonces, el símbolo ya no está afuera, sino adentro. El Baphomet se revela como la figura del propio ser humano, con su antorcha interior, su dualidad reconciliada y su mirada serena. Comprender el símbolo es comprenderse.

En la concepción de Lévi, el símbolo es también una forma de oración. Quien contempla el Baphomet no reza con palabras, sino con la inteligencia. Su meditación es una plegaria silenciosa que une la razón con la intuición. En ese silencio, el alma escucha la voz del Espíritu que dice: "Soy lo que eres, y tú eres lo que soy". Esta identificación es el punto culminante de la magia, la experiencia del Uno.

El símbolo como libro abierto de magia enseña que toda forma es una enseñanza y que toda enseñanza es una forma en transformación. En su aspecto más profundo, el Baphomet no es solo una figura de equilibrio, sino un acto de creación perpetua. Cada vez que es comprendido, se renueva. Cada vez que se le mira con pureza, revela un nuevo aspecto del infinito. Por eso, su poder no está en su apariencia, sino en la conciencia que despierta.

Eliphas Lévi quiso que el Baphomet fuera el espejo donde la humanidad recordara su verdadera naturaleza. No para adorarlo, sino para aprender de él. No para temerlo, sino para comprender que todo símbolo es un maestro disfrazado. En su silencio se escucha la voz del verbo oculto, y en su quietud se percibe el movimiento eterno de la vida. Quien aprende a leer ese libro invisible se convierte en mago, porque ha descubierto que el universo entero es el Baphomet y que cada alma humana es una de sus páginas vivientes.

Así, el símbolo se convierte en la escritura de la eternidad, y el Baphomet, en su página central. En él, el iniciado reconoce que la magia no es una práctica, sino una lectura sagrada, la lectura del infinito en las formas del tiempo. El símbolo es el puente, el Baphomet, la llave. Quien logra abrirla entra en el templo del conocimiento donde la palabra se hace luz y la luz se hace silencio.

IV

La cabeza de cabra

Pan y la naturaleza salvaje

El rostro del Baphomet, con su cabeza de cabra coronada por la llama de la conciencia, es uno de los aspectos más profundos y malentendidos de su simbolismo. Allí donde la mirada profana ve un signo de animalidad o de maldad, el iniciado contempla el misterio de la naturaleza viva, la fuerza divina que palpita en todas las cosas. La cabra, en la tradición sagrada, es imagen del instinto elevado por el espíritu, del impulso vital reconciliado con la luz de la inteligencia. En ella resuena la voz del antiguo dios Pan, señor de los bosques y de la totalidad del mundo natural.

Pan es una de las deidades más antiguas y universales. Su nombre, que en griego significa "Todo", expresa la plenitud de la existencia, la unidad de lo múltiple. No es un dios local, sino una presencia cósmica. Es la respiración del universo, el ritmo de la vida que anima montañas, ríos, animales y hombres. En él no hay separación entre lo sagrado y lo profano, entre lo humano y lo animal. Pan es la divinidad de la naturaleza en su totalidad, el eco de la energía primordial que sostiene el cosmos.

Eliphas Lévi reconoció en Pan la raíz arcaica del rostro del Baphomet. No por adoración a un dios antiguo, sino por intuición del principio que encarna. Pan es el alma del mundo, la potencia generadora que une la materia con el espíritu. Su cuerpo híbrido, mitad humano y mitad animal, es la imagen de la unión entre el cielo y la tierra. Su música, nacida del soplo divino, despierta a la creación dormida. Pero su presencia también inspira temor, porque el hombre moderno, separado de la naturaleza, ha olvidado el lenguaje del Todo. De ahí viene el pánico, palabra que conserva su nombre, el estremecimiento del alma ante la magnitud de lo real.

La cabeza de cabra del Baphomet retoma este símbolo con un propósito sagrado. No representa la brutalidad del instinto, sino su redención. En ella, la energía ciega de la vida se somete a la antorcha de la inteligencia. La mirada de la cabra, fija e insondable, es la del espíritu que ha despertado en la materia. Sus cuernos, que se alzan hacia el cielo, son los rayos de la voluntad divina que asciende desde la naturaleza hacia su origen. Su frente iluminada por la llama muestra que incluso en la animalidad se oculta la chispa del Logos, el verbo creador que habita en toda forma.

La tradición hermética nunca separó la divinidad de la naturaleza. Para el sabio, Dios no está fuera del mundo, sino en su interior más profundo. La naturaleza es el rostro visible del espíritu. El mago no la domina ni la teme, la contempla y la honra. El Baphomet, con su cabeza de cabra, enseña que la materia no es el enemigo del alma, sino su vehículo. Allí donde el hombre vulgar ve pecado, el iniciado ve manifestación. La pureza no consiste en rechazar la tierra, sino en verla como templo.

En la figura de Pan y en la del Baphomet se oculta una misma enseñanza: la divinidad es totalidad. Negar lo natural es mutilar lo divino. El fuego espiritual y el instinto animal no son enemigos, sino polos de una misma corriente. El alma humana, al descender en la materia, asume la forma animal para experimentar la vida. Al ascender, ilumina esa forma con la conciencia. Así se cumple el ciclo de la redención cósmica. El rostro del Baphomet representa ese momento sagrado en que la materia despierta y reconoce su origen.

El rostro de cabra del Baphomet es también un desafío a las visiones fragmentadas del mundo. Nos recuerda que lo divino no se limita a los templos ni a los altares, sino que habita en cada piedra, en cada hoja, en cada respiración. Es la misma vida que late en los animales, en las plantas y en los hombres. Eliphas Lévi quiso devolver al símbolo su función reconciliadora. La cabeza animal con la llama divina es la enseñanza más pura de la Alta Magia: la luz no destruye la oscuridad, la ilumina.

El dios Pan fue durante siglos objeto de sospecha para las religiones dogmáticas. Su sensualidad, su amor por la naturaleza y su poder instintivo eran considerados peligrosos para una teología que separaba al hombre del mundo natural. Con la llegada del cristianismo, su imagen fue lentamente demonizada. Sus cuernos y patas de cabra se transformaron en el rostro del diablo. El terror del

hombre ante la vida se proyectó sobre la figura del antiguo dios. El demonio, en realidad, nació del miedo al Todo.
El Baphomet restituye a Pan su dignidad perdida. En su cabeza de cabra no hay maldad, sino fuerza reconciliada. La antorcha en la frente es la prueba de su redención. Lo que fue expulsado como demoníaco regresa como símbolo de sabiduría. La naturaleza, antes temida, se revela como expresión del espíritu. Este es el sentido más profundo del rostro del Baphomet: la rehabilitación del mundo natural, la comprensión de que la divinidad se manifiesta tanto en el fuego de los astros como en el pulso de la bestia.

La mirada del iniciado, al contemplar el Baphomet, debe elevarse más allá de la forma. Debe ver en la cabra no un animal, sino una idea. La cabeza con cuernos es la corona de la naturaleza, los rayos de la vida que ascienden hacia el infinito. Su barba simboliza la madurez del ser que ha aprendido a dominar la fuerza vital sin reprimirla. Sus ojos, fijos en la eternidad, expresan la calma del espíritu que ha penetrado el misterio. Así, el Baphomet no representa la bestia, sino la inteligencia que habita en la bestia, el espíritu que da forma al instinto.

El mago que medita en esta imagen aprende que el camino hacia la luz no consiste en negar la tierra, sino en transfigurarla. La sabiduría no destruye la naturaleza, la consagra. En el rostro de la cabra, el iniciado reconoce su propia condición terrenal y su vocación celeste. Comprende que lo que llama instinto es la energía divina en su estado más puro, y que su tarea no es reprimirla, sino encenderla con la antorcha de la conciencia.

Eliphas Lévi, al unir la cabeza de Pan con la llama del espíritu, proclamó la reconciliación de Dios con la naturaleza. El Baphomet, en este sentido, es el nuevo Pan, el Todo redimido. Su mirada no pertenece al demonio, sino al universo que se reconoce a sí mismo en la luz. En su silencio resuena el canto eterno de la creación, la música de Pan que sigue vibrando en el corazón del mundo.

El chivo expiatorio bíblico

El símbolo del chivo ocupa un lugar esencial en las antiguas escrituras. En el ritual mosaico, descrito en el libro del Levítico, dos machos cabríos eran llevados ante el sumo sacerdote el día de la expiación. Uno era sacrificado en el altar del Señor como ofrenda por el pecado del pueblo, y el otro, sobre el cual se imponían las manos, era enviado al desierto, cargando simbólicamente con las culpas de Israel. Este segundo animal, llamado *Azazel*, se convertía en el portador del mal, el portador de todo lo que debía ser alejado de la comunidad. Así nació la figura del chivo expiatorio, aquel que asume el pecado de los demás para purificarlos.

Este antiguo rito contiene una verdad profunda sobre la naturaleza del alma y sobre la ley de la compensación universal. El sacrificio no era un acto de crueldad, sino de equilibrio. En toda comunidad, y en todo ser humano, existe una tensión entre la pureza y la impureza, entre el orden y el caos. El chivo expiatorio representaba el proceso por el cual esa disonancia era restaurada. Al transferir simbólicamente las culpas al animal, el pueblo reconocía la necesidad de liberar su sombra, de expulsar de sí lo que no podía integrar. Era, en el fondo, un acto de purificación interior proyectado en forma ritual.

Eliphas Lévi, con la mirada del mago y del teólogo, comprendió que este rito no debía interpretarse como superstición, sino como enseñanza simbólica. El verdadero chivo expiatorio no es un animal externo, sino la parte oscura del alma humana, esa región donde se acumulan los deseos, los miedos y las pasiones no redimidas. En la obra del adepto, ese chivo no se envía al desierto, sino que se transforma. En lugar de expulsar el mal, el iniciado lo reconoce, lo purifica y lo reintegra en la unidad del ser. Así, el antiguo sacrificio se convierte en alquimia espiritual.

El Baphomet, con su cabeza de cabra, retoma este principio de redención interior. No es el chivo que huye al desierto, sino el que ha regresado iluminado. Representa la sombra reconciliada, el instinto purificado, la bestia que ha descubierto su propia divinidad. En la llama que arde en su frente se consuma la transformación del antiguo *Azazel*. Lo que antes era expulsado por impuro se revela ahora como portador de sabiduría. La energía instintiva, cuando es redimida por la conciencia, se convierte en fuerza creadora.

En la cábala, el desierto donde se enviaba al chivo representa el dominio de las fuerzas no equilibradas, las *Qliphoth*, o cáscaras vacías del árbol de la vida. Es el reino de lo desviado, de la energía sin dirección. Pero el iniciado, al igual que el Cristo que desciende a los infiernos, penetra en ese desierto no para perderse, sino para conquistar su sombra. El Baphomet, al encarnar al chivo en su aspecto luminoso, muestra que la verdadera santidad consiste en atravesar las tinieblas sin ser consumido por ellas.

El simbolismo del chivo expiatorio también alude al misterio del sacrificio universal. Toda vida se sostiene por la muerte de otra forma. El fuego se alimenta de materia, el cuerpo de alimento, el alma de experiencia. El sacrificio, en su sentido esotérico, es la ley de transformación que gobierna el cosmos. Nada se destruye, todo se transfigura. En este ciclo eterno, el Baphomet representa la conciencia que asume el sacrificio de sí misma para elevar la materia. Su antorcha es el fuego de ese sacrificio, la luz que nace del acto de ofrecerse.

Eliphas Lévi comprendió que el chivo del Levítico es una figura profética del Cristo, pero vista desde el lenguaje del símbolo. Ambos asumen en sí el pecado del mundo para redimirlo. Ambos descienden al abismo para traer la luz. El Cristo de la fe y el Baphomet de la sabiduría son dos rostros de una misma verdad: la del espíritu que no teme a la materia, sino que la ilumina desde dentro. El uno representa la redención por el amor, el otro la redención por el conocimiento. En ambos, la luz surge del sacrificio.

El mago que medita en el Baphomet aprende a no expulsar de sí ningún aspecto de su naturaleza. Sabe que todo lo que niega se vuelve enemigo, y todo lo que acepta se convierte en fuerza. Por eso, su tarea no es huir del mal, sino comprenderlo. El chivo expiatorio enseña que la purificación no consiste en rechazar, sino en transfigurar. En el crisol del alma, las pasiones se convierten en energía espiritual, los miedos en sabiduría, el dolor en compasión. Esa es la alquimia del espíritu, la obra secreta del adepto.

El desierto del antiguo ritual representa también el mundo interior del hombre moderno, árido por falta de sentido. En ese desierto, la sombra busca redención. El Baphomet, portador de la llama, se erige como guía en esa travesía. Enseña que el pecado no es una mancha eterna, sino una experiencia que puede convertirse en sabiduría. Lo impuro, cuando es comprendido, deja de serlo. Lo caído, cuando se levanta con luz, se convierte en ángel. Así, el chivo expiatorio deja de ser símbolo de condena y se transforma en emblema de regeneración.

El rostro del Baphomet, interpretado a la luz del antiguo *Azazel*, es un testamento de reconciliación. Lo que el dogma rechazó, el espíritu lo integra. La materia, antes despreciada, se revela como receptáculo del alma. El instinto, antes temido, se muestra como energía divina. La cabra que antes se perdía en el desierto ha vuelto con la antorcha encendida en su frente, trayendo de las sombras el conocimiento del equilibrio.

Así, el Baphomet no es el chivo de la culpa, sino el chivo de la redención. Representa la humanidad que ha aceptado su dualidad y la ha elevado a la conciencia. En su frente brilla la llama del sacrificio consciente, la luz que disuelve la ignorancia y convierte el error en sabiduría. Su mensaje al mundo es claro: no hay tiniebla que no pueda ser iluminada, no hay culpa que no pueda transformarse en comprensión. La verdadera expiación no es el castigo, sino el conocimiento.

El símbolo del chivo expiatorio bíblico encuentra en el Baphomet su resolución hermética. Lo que fue rito de separación se convierte en ciencia de integración. Lo que fue carga de culpa se transforma en vehículo de iluminación. Así, la antigua cabra de Azazel, enviada al desierto, regresa en el rostro sereno del Baphomet, no como portadora del mal, sino como guardiana del secreto divino que habita incluso en las sombras del alma humana.

El instinto y la fuerza vital

El rostro del Baphomet, con su expresión serena y su mirada de fuego, es también el espejo del instinto reconciliado. En él se revela el misterio de la fuerza vital, esa energía profunda que impulsa a todo ser a existir, a moverse, a desear, a crear. Eliphas Lévi comprendió que el instinto no es enemigo del espíritu, sino su raíz. Lo que la razón desprecia como animalidad es, en realidad, la corriente sagrada de la vida en su estado más puro. La sabiduría no consiste en suprimir el instinto, sino en iluminarlo.

En la tradición hermética, el instinto es la primera manifestación de la voluntad divina en el mundo natural. Es el fuego que anima a la materia, la corriente que hace germinar la semilla y latir el corazón. Antes de ser pensamiento, el espíritu se manifiesta como impulso de vida. Este impulso, cuando no es comprendido, se convierte en pasión ciega; cuando es elevado por la conciencia, se convierte en poder creador. El Baphomet encarna esa transformación: la fuerza del instinto transfigurada por la luz del entendimiento.

La cabeza de cabra simboliza el poder instintivo de la naturaleza. Es la afirmación de la vida en su aspecto más vehemente y esencial. La cabra escala montañas imposibles, busca la altura, se alimenta del fuego del sol. Representa la tenacidad del alma que no se rinde, la vitalidad indómita que atraviesa las eras. En la mirada del Baphomet, ese instinto ha sido conquistado, no reprimido. Está presente, pero bajo el dominio de la antorcha. Así enseña que la verdadera pureza no es negación del deseo, sino su integración en la armonía del ser.

Eliphas Lévi veía en el instinto el reflejo inferior de la voluntad divina. La voluntad es el espíritu que dirige, el instinto es la corriente que ejecuta. Entre ambos debe existir equilibrio. Cuando la voluntad domina al instinto sin comprenderlo, lo seca. Cuando el instinto se emancipa de la voluntad, la arrastra hacia el caos. El Baphomet muestra la reconciliación de estas dos potencias. La llama de su frente es la voluntad consciente, la cabeza de cabra, la energía vital. Entre ambas se establece el matrimonio sagrado que da origen a la verdadera magia.

El instinto es también la voz de la tierra dentro del hombre. En su silencio se escucha el eco de los elementos, la memoria de los ancestros, el impulso de la especie que busca perpetuarse. El sabio no desprecia esa voz, la escucha. Sabe que en ella habla el Espíritu en su aspecto más primigenio. Cada ser vivo es una chispa de esa voluntad universal de existir. Negar el instinto es negar la vida misma. Por eso, en el camino iniciático, el adepto debe descender primero a las raíces de su propia naturaleza antes de elevarse hacia la luz. Solo quien se conoce en su profundidad puede ascender sin temor.

En el Baphomet, el instinto aparece sublimado. Sus ojos no reflejan deseo, sino conocimiento. Su fuego no consume, ilumina. En él, el poder animal se ha convertido en poder espiritual. El mago que medita esta imagen comprende que el cuerpo no es obstáculo para el alma, sino su templo. Cada pulsión, cada impulso, puede convertirse en fuerza creadora cuando es comprendido. Así, el instinto, redimido por la conciencia, se convierte en energía sagrada.

La tradición alquímica expresó este proceso en el lenguaje del fuego. El fuego inferior, que arde en el crisol, corresponde al instinto. El fuego superior, que brilla en la antorcha del Baphomet, corresponde al espíritu. El arte del alquimista consiste en unir ambos sin que se destruyan. El fuego de abajo asciende, el fuego de arriba desciende, y en su encuentro nace la piedra filosofal. Del mismo modo, el adepto transforma su fuerza vital en luz interior, su deseo en comprensión, su pasión en voluntad. Esa es la obra secreta que el Baphomet enseña sin palabras.

Eliphas Lévi afirmó que toda verdadera magia es una dirección de la fuerza vital. El mago no crea energía, la orienta. Sabe que el universo entero es una corriente en movimiento, una respiración de fuerzas en perpetua circulación. El instinto es la expresión individual de esa corriente. Quien aprende a dominarla sin reprimirla se convierte en maestro de sí mismo. El Baphomet, sentado entre la luz y la sombra, es el modelo de ese dominio sereno.

En la cábala, el instinto corresponde a la sefirah de Yesod, el fundamento. Es el punto donde las energías superiores se condensan para manifestarse en el mundo. Si ese punto se oscurece, el árbol entero se desequilibra. Por eso el iniciado debe purificar su Yesod, transmutar su fuerza vital en canal de la divinidad. El Baphomet, con su caduceo entrelazado, muestra ese canal ascendente donde las dos serpientes de la energía vital se elevan hasta la antorcha del espíritu.

El instinto no es enemigo del alma, sino su siervo. Es el caballo que transporta al jinete divino. Si el jinete duerme, el caballo corre sin rumbo; si el jinete está despierto, ambos avanzan hacia la luz. El Baphomet representa ese estado de dominio consciente. Su serenidad no es pasividad, sino poder contenido. Su fuego no es furia, sino fuerza en equilibrio. Así enseña al adepto a dirigir su energía sin perderla, a poseer su impulso sin ser poseído por él.

En la historia de las religiones, el instinto fue frecuentemente asociado con el pecado. Pero el pecado no reside en la energía, sino en su uso inconsciente. La fuerza vital es inocente; se convierte en sombra solo cuando se separa de la luz. Eliphas Lévi restauró esta verdad olvidada: el deseo es la fuerza del universo buscando expresarse. La misión del hombre es guiarlo hacia la belleza, no sofocarlo.

En esto consiste la castidad hermética, no en negar la vida, sino en gobernarla con pureza.

El Baphomet es, pues, el emblema de la reconciliación del hombre con su energía vital. Enseña que el cuerpo es sagrado, que el instinto es una forma de sabiduría y que la fuerza que mueve los mundos es la misma que late en la sangre del hombre. Su mirada serena invita a comprender que la divinidad no está solo en las alturas, sino también en las profundidades del ser. Quien se atreve a descender en sí mismo sin miedo descubre que la sombra interior es la guardiana de la luz.

El mago que comprende esto deja de luchar contra su naturaleza y comienza a transformarla. La fuerza vital se convierte entonces en su aliada, el instinto en su vehículo, el deseo en su oración. Así, el hombre se convierte en templo y en sacerdote de la vida. El Baphomet, con su antorcha encendida, le recuerda que toda energía, cuando se conoce, se vuelve divina. El secreto del poder no está en la represión, sino en el conocimiento. El fuego que quema al ignorante ilumina al sabio.

En el misterio del Baphomet, el instinto y la conciencia son los dos pilares del templo interior. De su unión nace la verdadera libertad. El hombre que los reconcilia en sí mismo se convierte en el microcosmos perfecto, reflejo de la armonía universal. Así se cumple la obra de la Alta Magia: transformar el impulso en sabiduría, la fuerza en luz, el deseo en amor. Y entonces, la llama del Baphomet arde también en el corazón del iniciado, como señal de que la vida, en todas sus formas, es el rostro visible del Espíritu eterno.

El rostro del misterio: terror y atracción

El rostro del Baphomet es un espejo donde el alma humana se contempla y no siempre se reconoce. En él habita el misterio primordial que, al mismo tiempo que llama, intimida. Su mirada serena y penetrante no promete consuelo, sino verdad. Quien lo contempla sin preparación siente miedo, porque el símbolo refleja no solo la luz del espíritu, sino también las sombras del alma. Esa mezcla de terror y atracción que despierta el Baphomet es el signo más puro de su naturaleza sagrada. Lo divino, cuando se manifiesta, siempre produce asombro y temblor.

Desde los tiempos más antiguos, el rostro del misterio ha sido doble. En las tradiciones de Oriente y Occidente, los dioses que gobiernan la vida y la muerte, la creación y la destrucción, muestran un semblante terrible para quienes aún viven en la ignorancia. No porque sean crueles, sino porque la mente humana, limitada por el miedo, no soporta la vastedad de la verdad. Lo que el hombre teme no es al dios, sino a su propia desnudez ante la eternidad. El Baphomet encarna ese umbral de la conciencia, donde lo desconocido deja de ser enemigo y se convierte en maestro.

Eliphas Lévi comprendió que el terror que inspira el Baphomet no proviene de su forma, sino del reflejo que devuelve. En su rostro de cabra, en su mirada sin juicio, el hombre se encuentra frente a su naturaleza total, con sus luces y sus sombras. Es el espejo de la totalidad, y lo total siempre desborda. La mente fragmentada tiembla ante la visión de lo que la trasciende. Pero el alma, cuando se abre, siente una atracción irresistible, porque reconoce en ese misterio su origen. El miedo y la fascinación son las dos fases de la misma experiencia: la del despertar espiritual.

El rostro del Baphomet es el rostro del misterio universal, el rostro de la vida misma. En él convergen los opuestos que el pensamiento común no puede reconciliar. Es bello y terrible, luminoso y oscuro, animal y divino, cercano y remoto. Contiene la sonrisa del sabio y la mirada del abismo. Esa ambigüedad no es confusión, sino totalidad. En su quietud, el Baphomet enseña que la realidad no puede dividirse sin perder su esencia. Lo sagrado no es solo la luz del cielo, sino también la profundidad de la tierra.

El terror que provoca el Baphomet nace de la resistencia del ego ante lo absoluto. El yo, acostumbrado a definirse por límites, siente que se disuelve cuando contempla una forma que lo excede. Esa sensación de aniquilación es el preludio de la verdadera iniciación. El miedo es el guardián del umbral. Solo quien lo atraviesa puede entrar en el templo del conocimiento. El Baphomet, con su presencia serena, espera a la puerta del alma hasta que el buscador se atreve a mirarlo sin huir. Entonces, el terror se transforma en comprensión y la sombra revela su luz.

Eliphas Lévi escribió que el Baphomet es la imagen de la inteligencia equilibrada. Pero esa inteligencia no es la del intelecto analítico, sino la del espíritu que comprende por unión. Por eso su rostro no es humano, sino universal. No expresa emociones, expresa estados del ser. Es el rostro del cosmos consciente de sí mismo, el reflejo de la eternidad en la forma. Contemplarlo es enfrentarse con el misterio de la existencia y descubrir que no hay nada fuera del Uno. El miedo se disuelve cuando la conciencia reconoce que no hay nada que temer porque no hay nada ajeno.

El atractivo del Baphomet reside precisamente en su capacidad de integrar lo que el hombre separa. Su figura despierta una fascinación que no puede explicarse con la razón. Es la atracción del espíritu hacia su totalidad perdida. La belleza del Baphomet no es estética, sino metafísica. Surge del equilibrio perfecto entre los contrarios. La serenidad de su mirada y la llama de su frente invitan al alma a contemplar su propia complejidad sin juicio. Lo que parecía caos se revela como armonía, lo que parecía tiniebla se ilumina desde dentro.

El terror y la atracción son, por tanto, las dos llaves del despertar. Quien solo siente atracción corre el riesgo de idealizar; quien solo siente terror se cierra. El camino iniciático exige sostener ambas emociones sin dejarse dominar por ninguna. En ese equilibrio, el alma aprende a mirar con ojos del espíritu. El Baphomet enseña que el misterio no está hecho para ser vencido ni para ser evitado, sino para ser habitado. El iniciado no busca destruir el miedo, sino comprenderlo como sombra de la luz.

En la historia espiritual de la humanidad, los rostros terribles de los dioses siempre tuvieron una función pedagógica. Kali, con su guirnalda de calaveras, Shiva, que danza sobre los cuerpos, Dionisio, que enloquece a sus devotos, son manifestaciones del mismo principio: la divinidad se revela tanto en el orden como en la disolución. El Baphomet pertenece a esa misma familia de símbolos. Su rostro no condena, revela. Enseña que el poder creador y el poder destructor son uno. La muerte no es opuesta a la vida, sino su rostro oculto.

Eliphas Lévi restauró esta comprensión olvidada. Al devolver al Baphomet su dignidad simbólica, liberó al hombre del miedo a su propia naturaleza. El terror ante el símbolo es el terror ante uno mismo. La atracción que despierta es el llamado del alma hacia su unidad. En el rostro del Baphomet, el iniciado reconoce el drama de su propio ser: la lucha entre el espíritu que desea ascender y la materia que lo retiene, entre la luz que lo llama y la sombra que lo protege. Ambas fuerzas son necesarias, porque sin sombra no hay profundidad, y sin luz no hay dirección.

El misterio del Baphomet enseña que la iluminación no es huida del miedo, sino su transfiguración. Quien se atreve a mirar el rostro del misterio sin apartar la vista descubre que la mirada del Baphomet no juzga, solo refleja. No condena, solo muestra. Y en ese reflejo el alma ve su propio fuego. El terror se convierte en reverencia, la atracción en comprensión. La unión de ambos da nacimiento a la verdadera gnosis, la sabiduría del corazón que acepta el Todo sin dividirlo.

Así, el rostro del Baphomet es el rostro de la iniciación. Su aparente monstruosidad es un velo que protege lo sagrado de los ojos profanos. Solo el que ama la verdad más que su seguridad se atreve a levantarlo. Y cuando lo hace, descubre que detrás del rostro de la bestia brilla el rostro de Dios. El terror se disuelve en la luz del amor, y la atracción se transforma en unión. En ese instante, el misterio deja de ser amenaza y se convierte en morada. El iniciado comprende que el Baphomet no está fuera de él, sino dentro, y que su rostro es el suyo propio, purificado por la llama del conocimiento.

El animal como máscara de lo divino

En el rostro animal del Baphomet se oculta una de las verdades más antiguas y universales de la sabiduría sagrada: la divinidad se disfraza de materia para revelarse. Lo que parece bestial es, en realidad, un velo. La naturaleza visible es la máscara del Espíritu, y el animal, su símbolo más cercano. Eliphas Lévi entendió que los antiguos sabios representaron a los dioses con formas de bestias no por ignorancia ni idolatría, sino por comprensión profunda. Supieron que las potencias divinas se manifiestan en los instintos, en la fuerza, en la fecundidad, en el movimiento perpetuo de la vida. Cada animal expresa una energía primordial que procede de lo divino y a lo divino regresa.

El Baphomet, con su cabeza de cabra, es la síntesis de esa enseñanza. La cabra, símbolo de vitalidad, ascenso y obstinación, representa la energía terrestre en su forma más pura, el poder que se eleva desde lo material hacia lo espiritual. En su frente arde la antorcha de la conciencia, signo de que la naturaleza, lejos de ser ciega, contiene dentro de sí la inteligencia divina. Así, el animal en el Baphomet no es una degradación, sino una manifestación. Es la afirmación de que el Espíritu no se separa de la carne, sino que la habita.

El pensamiento moderno, al perder el lenguaje simbólico, interpretó estas imágenes como supersticiones. Pero en los templos antiguos, en Egipto, en la India, en Grecia, el animal era puente entre lo visible y lo invisible. Anubis, con cabeza de chacal, guardaba las puertas del más allá; Bastet, con rostro de gato, protegía el hogar; Ganesh, el dios elefante, removía los obstáculos; Pan, con cuerpo de cabra, era la encarnación del Todo. Todos ellos enseñaban que lo divino no tiene forma, pero puede asumir todas las formas. La máscara animal no era un límite, sino una puerta.

Eliphas Lévi restauró este principio cuando devolvió al Baphomet su dignidad simbólica. Comprendió que el hombre moderno, al creer que la divinidad solo puede expresarse en lo humano, ha empobrecido su visión del universo. El animal representa las fuerzas que el hombre lleva dentro y que teme reconocer. Cada instinto, cada impulso, cada emoción es una voz de la divinidad en el interior del alma. Negarlas es negar al Espíritu que las creó. En la sabiduría hermética, el adepto aprende a dialogar con esas fuerzas, a escucharlas y a consagrarlas. En ese diálogo, el animal deja de ser máscara y se convierte en revelación.

El Baphomet, en su aspecto animal, muestra que la divinidad no se avergüenza de la naturaleza. La vida entera es su expresión. Los ríos, los árboles, las bestias del campo, los astros del cielo, todos son letras del alfabeto de Dios. La materia no es prisión del alma, sino su cuerpo. La bestia no es la negación del Espíritu, sino su primera encarnación. Cuando la conciencia humana se eleva lo suficiente para reconocerlo, la creación entera se convierte en templo.

El rostro animal del Baphomet también enseña una lección moral. El hombre, al mirarlo, debe recordar que su grandeza no consiste en separarse de la naturaleza, sino en ennoblecerla. El alma humana no está llamada a destruir el instinto, sino a guiarlo con la luz. El animal vive conforme a la ley de la vida, sin artificio ni mentira. En su pureza elemental, el sabio ve una forma de inocencia perdida. Por eso los antiguos iniciados aprendían de los animales, observando en ellos las virtudes del orden cósmico: la paciencia del buey, la fidelidad del perro, la valentía del león, la serenidad del cisne. En cada uno de ellos reconocían un aspecto del Espíritu.

Eliphas Lévi enseñaba que el mago verdadero es aquel que reconcilia en sí todas las naturalezas. Debe ser sabio como el hombre, fuerte como el toro, astuto como la serpiente, puro como el cordero, libre como el águila. Estas imágenes, tomadas del simbolismo universal, describen el proceso de integración interior. El Baphomet, que une en su figura elementos humanos, animales y divinos, es la imagen perfecta de esa síntesis. Representa al hombre que ha comprendido que no hay nada en la creación que le sea ajeno. Todo está dentro de él, y todo en él puede ser elevado a la luz.

La máscara animal es, pues, el rostro que la divinidad adopta para hacerse comprensible. Quien la contempla con ojos profanos ve solo el disfraz; quien la contempla con ojos del alma percibe el rostro oculto detrás. La iniciación consiste en aprender a ver a Dios en todas las formas, incluso en aquellas que parecen contradecir la belleza. La bestia, en el lenguaje del Espíritu, no es deformidad, sino símbolo de fuerza. El rostro del Baphomet enseña que lo que el mundo llama monstruoso puede ser, para el sabio, la expresión más profunda del equilibrio cósmico.

El miedo que el hombre siente ante las formas animales del misterio proviene de su separación del mundo natural. Ha olvidado que también él es parte del mismo cuerpo de la creación. Su alma es llama, pero su carne es tierra, agua, aire y fuego. El Baphomet le recuerda que en su sangre circula el aliento de todas las criaturas. Cuando el iniciado acepta esa verdad, deja de sentir repulsión y comienza a venerar. Comprende que cada ser vivo es una palabra de la divinidad pronunciada en la lengua del tiempo.

Eliphas Lévi afirmó que el Baphomet es el emblema del Espíritu universal, el alma del mundo encarnada en símbolo. Por eso su rostro animal no es una degradación, sino una elevación. Es el signo de que la divinidad no teme mezclarse con la materia, porque la materia misma es divina. Lo que el hombre llama profano es simplemente lo sagrado no comprendido. En el equilibrio de su figura, el Baphomet enseña que el camino hacia Dios pasa también por la tierra, que el cielo desciende a la materia y que la bestia es una de sus máscaras más puras.

Contemplar el rostro animal del Baphomet es un acto de reconciliación con la vida. Es reconocer que el Espíritu habita tanto en los templos como en los bosques, tanto en la plegaria como en el rugido, tanto en el pensamiento como en la sangre. La divinidad no se esconde en las alturas, sino que respira en lo cotidiano, en la vida misma que se mueve, que ama y que muere. El Baphomet, al reunir en su imagen lo humano, lo animal y lo divino, enseña al alma a mirar con ojos del Todo.

Así, el animal deja de ser símbolo de caída y se convierte en signo de comunión. La máscara se disuelve y revela el rostro eterno del Espíritu que habita en todas las formas. En el silencio del Baphomet, la naturaleza entera se vuelve sagrada, y el iniciado comprende que el universo no es una prisión de la divinidad, sino su rostro infinito. En ese reconocimiento, la bestia y el ángel se abrazan, y el hombre se reconcilia por fin con la totalidad de su propio ser.

V

El cuerpo hermafrodita

Pechos femeninos: la matriz universal

En el Baphomet de Eliphas Lévi, los pechos femeninos que adornan el torso de la figura no son una concesión a la ambigüedad ni una provocación al orden moral de su tiempo. Son el signo de una verdad más profunda y eterna: la maternidad del cosmos. Representan la matriz universal de la que emana toda vida, el seno infinito de la naturaleza que alimenta a los mundos con su sustancia luminosa. En ellos el sabio reconoce el principio femenino de la creación, la potencia que engendra, nutre y sostiene.

Eliphas Lévi, fiel a la tradición hermética, veía en la dualidad de los principios masculino y femenino la clave del equilibrio universal. Nada existe sin la cooperación de ambos. El fuego necesita al agua para templarse, la semilla a la tierra para germinar, la idea al amor para nacer. El cuerpo del Baphomet, con su antorcha masculina y sus pechos femeninos, es la imagen de esta unión perpetua. Su androginia no es anomalía, sino perfección. Representa la totalidad del ser, la plenitud en la que los opuestos se reconcilian y el espíritu se manifiesta en armonía.

Los pechos del Baphomet simbolizan el principio de la nutrición divina. Son la fuente de la sustancia vital que alimenta tanto al cuerpo como al alma. En ellos se expresa el poder generador del cosmos, la infinita compasión de la naturaleza que da sin agotarse. Así como la madre humana alimenta a su hijo con su propio ser, el universo entero se ofrece como alimento al espíritu que despierta. El sabio que contempla esta imagen comprende que vivir es recibir la leche de la creación, que toda existencia es un acto de comunión con la Madre eterna.

En la cábala, este principio femenino corresponde a la sefirah Binah, la Inteligencia Suprema, madre del mundo y trono de la comprensión. Binah recoge la semilla de la sabiduría divina y la transforma en forma, en estructura, en manifestación. Es el útero cósmico donde el Espíritu se reviste de materia. Los pechos del Baphomet son el símbolo visible de ese poder invisible, el recordatorio de que el universo entero es un organismo materno que amamanta a las almas con la sustancia del ser.

Eliphas Lévi afirmaba que la feminidad es el principio del amor universal, el alma del magnetismo que une todas las cosas. En la mujer, en la tierra, en el agua, en la luna, reconocía la misma vibración receptiva que acoge, transforma y da vida. Los pechos del Baphomet, plenos y serenos, son la expresión de esa receptividad sagrada. En ellos no hay erotismo profano, sino misticismo. Son el sacramento de la fecundidad espiritual, el signo visible de la potencia que engendra mundos y sostiene las formas en su danza perpetua.

El Baphomet, con su cuerpo hermafrodita, enseña que el Espíritu no tiene género, pero contiene en sí todos los géneros. El masculino simboliza la acción, la luz que desciende, la fuerza que penetra. El femenino simboliza la recepción, la oscuridad que gesta, la matriz que acoge. Ambos son necesarios, ambos divinos. En su unión se cumple el misterio del Verbo hecho carne. Los pechos femeninos son la prueba de que la divinidad no solo crea, sino que cuida. No solo engendra, sino que alimenta. Son la promesa de la misericordia universal.

La leche, en las antiguas tradiciones, fue siempre símbolo de sabiduría. Los Vedas la llamaron *soma*, el néctar de la inmortalidad. En el cristianismo místico, los santos hablaban de la leche de la Virgen como alimento del alma. Los alquimistas la nombraron *aqua permanens*, el agua que nutre el fuego sin extinguirlo. En todos los casos, la leche representa la sustancia espiritual que fluye del principio materno del cosmos. Así, los pechos del Baphomet son los manantiales de esa leche de la gnosis, el alimento de los iniciados que buscan saciar la sed de la eternidad.

Eliphas Lévi veía en esta imagen una enseñanza moral y metafísica. El alma, decía, debe aprender a nutrir como la madre nutre. La verdadera caridad no consiste en dar lo que sobra, sino en ofrecer de sí misma. Así como la madre se entrega en cada gota de su leche, el sabio debe ofrecer su conocimiento como sustancia vital. Los pechos del Baphomet son el símbolo de esa generosidad absoluta del ser iluminado, que da sin miedo a agotarse, porque sabe que la fuente de la vida es inagotable.

El principio materno no se limita a lo biológico. Es la fuerza del amor que penetra toda la creación. En el corazón de cada estrella late el mismo impulso que hace florecer al jardín y latir al corazón humano. Es la energía que sostiene el universo en su equilibrio, la corriente silenciosa que une el espíritu con la materia. En el Baphomet, esta energía se muestra en su forma más pura. Sus pechos son la manifestación visible de lo invisible, la prueba de que el amor es la sustancia del mundo.

La adoración de la Madre divina ha estado presente en todas las civilizaciones. Isis, Astarté, Cibeles, María, son nombres distintos de la misma realidad. Todas representan el principio de la fecundidad universal, la sabiduría que gesta, la compasión que abraza. El Baphomet, al integrar ese principio en su figura, lo libera del olvido y de la fragmentación. Une a la Madre y al Padre, al principio activo y al receptivo, en una sola imagen. En él, la matriz del universo se eleva al mismo nivel que la antorcha del espíritu, recordando al hombre que no hay creación sin maternidad, ni luz sin ternura.

Contemplar los pechos del Baphomet es contemplar el misterio del amor cósmico. Es recordar que todo lo que vive se alimenta del alma del mundo. Es reconocer que la vida no es una lucha por sobrevivir, sino un intercambio constante de energía entre el dador y el receptor. En el seno del Baphomet se cumple la promesa de la reconciliación universal: la materia alimenta al espíritu, el espíritu da sentido a la materia. Ambos se nutren mutuamente, como la madre y el hijo que comparten una misma sustancia.

En la enseñanza hermética, los pechos del Baphomet son la afirmación de que el conocimiento verdadero es también un acto de amor. Quien comprende, nutre. Quien ama, crea.

Quien da de sí mismo, perpetúa la vida. Así, el símbolo se convierte en un llamado al alma humana: ser madre del mundo, amamantar la existencia con sabiduría, abrazar incluso lo incomprendido y transformarlo en alimento de luz.

El Baphomet, con sus pechos femeninos y su antorcha encendida, nos recuerda que la verdadera divinidad no se encuentra en la separación, sino en la unión. La llama y la leche, el fuego y el agua, la razón y la ternura, son una sola sustancia manifestada en dos aspectos. En esa armonía se revela el secreto de la Alta Magia: conocer es amar, y amar es crear. Los pechos del Baphomet son la imagen viva de esa verdad eterna, la promesa de que todo lo que nace es sostenido por la infinita compasión del cosmos.

El falo y el caduceo: energía creadora

En el centro del cuerpo del Baphomet, donde el vulgo esperaría encontrar un signo de provocación, Eliphas Lévi colocó el símbolo más profundo de la vida y de la sabiduría: el caduceo. Dos serpientes ascendiendo en espiral alrededor de una vara central, coronadas por alas, sustituyen el sexo anatómico. Este gesto no es casual ni decorativo. Es la afirmación de que la energía sexual, la fuerza que engendra y perpetúa la vida, es la misma energía que eleva y espiritualiza al alma. En el Baphomet, la potencia generadora se ha convertido en potencia creadora. Lo que en el cuerpo es deseo, en el espíritu es iluminación.

El falo, desde los tiempos más antiguos, fue comprendido por los iniciados como símbolo de la fuerza universal. En él no se adoraba al órgano, sino al principio activo de la creación, la chispa que fecunda la materia. Los templos de Egipto, Grecia e India guardaron esta sabiduría en figuras que el mundo profano interpretó mal. El falo no era signo de lujuria, sino de vida. Representaba el rayo solar que penetra en la oscuridad de la tierra para despertar su fertilidad. En el lenguaje hermético, ese rayo es la voluntad divina, la palabra creadora, el espíritu que da forma.

Eliphas Lévi, heredero de esa tradición, no temió devolverle al símbolo su dignidad perdida. En el Baphomet, el caduceo sustituye al falo porque en él se sintetizan todas las fuerzas vitales. La vara central representa el eje del mundo, el canal por donde asciende la energía vital desde la base de la materia hasta la cumbre del espíritu. Las dos serpientes que se entrelazan simbolizan las corrientes opuestas y complementarias de esa energía, la solar y la lunar, la positiva y la negativa, el movimiento y el reposo. Su ascenso ordenado revela el dominio del mago sobre sus propias fuerzas interiores.

Las alas que coronan el caduceo indican que la energía, una vez transmutada, se convierte en luz. Es la imagen de la elevación del deseo a su estado más puro. La serpiente, símbolo de sabiduría y renovación, deja de ser terrestre y se vuelve celeste. La unión de ambas, equilibradas, produce el despertar del fuego interior, lo que los orientales llaman *Kundalini* y los hermetistas denominan la luz astral dominada. En el Baphomet, esa energía se muestra serena, ya purificada por el equilibrio, lista para servir a la obra divina.

El falo, en su sentido esotérico, no pertenece al dominio de la carne, sino al de la fuerza. Es la expresión de la voluntad creadora, la capacidad de proyectar una idea en la materia, de engendrar formas en el mundo visible. Toda creación, ya sea física, artística o espiritual, procede de esta misma potencia. Por eso Lévi dijo que el mago es fecundador del universo, no por el acto corporal, sino por el pensamiento que emana del alma. Cada idea concebida con pureza es una semilla lanzada al seno del mundo. En este sentido, el caduceo del Baphomet es el instrumento del verbo creador.

La energía creadora es una corriente doble. En su aspecto inferior se manifiesta como deseo, en su aspecto superior como inspiración. El trabajo del iniciado consiste en elevar la corriente, sin negarla, hasta convertirla en fuego espiritual. Negar el deseo no es santidad, es esterilidad. Transformarlo es sabiduría. Por eso el caduceo asciende, no desciende. Su movimiento es el del alma que se eleva sin dejar la tierra. El mago no huye de la energía vital, la dirige. En sus manos, el poder generador se convierte en poder de curar, de bendecir, de crear belleza.

En la alquimia interior, esta fuerza se conoce como el fuego secreto. Es el principio que calienta el atanor del alma y permite la transmutación de los metales internos. Sin ese fuego no hay obra. El Baphomet, sentado en equilibrio, muestra que el fuego sexual, cuando se mantiene en pureza y consciencia, se transforma en luz. Sus serpientes no se devoran, se entrelazan. Su energía no se disipa, asciende. La vara que las sostiene es la columna vertebral del cosmos, el eje por donde circula la vida universal.

Eliphas Lévi veía en el caduceo del Baphomet la representación perfecta del equilibrio entre acción y receptividad. La serpiente solar impulsa, la lunar modera. Entre ambas se crea el ritmo de la existencia, la respiración del universo. En el hombre, este equilibrio se traduce en la armonía entre voluntad y amor, entre razón y emoción, entre impulso y serenidad. Cuando las dos corrientes se desbalancean, el alma se enferma. Cuando se unifican, el espíritu florece. Así, el caduceo no es solo un símbolo, sino un método de vida: vivir en el centro, en el punto de unión entre los polos.

El falo-caduceo es también el signo del verbo. La vara central es la palabra, las serpientes son las letras que la envuelven, las alas son el sonido que la eleva al cielo. Cada acto de creación comienza con una palabra interior, un pensamiento fecundante. Cuando el mago pronuncia su verbo en armonía con la ley del cosmos, su palabra se hace carne, y su carne se vuelve palabra. Este es el misterio del Logos universal, que el Baphomet expresa en silencio.

El mago que contempla el caduceo aprende el secreto de la generación continua. Comprende que la vida no cesa, que toda energía que desciende debe volver a subir. El amor, cuando es puro, es el camino de esa ascensión. El deseo, cuando se orienta hacia la belleza, se convierte en fuerza divina. La creación, cuando nace del amor, no esclaviza, libera. Así, el Baphomet no enseña la represión, sino la transfiguración. No condena el fuego, lo consagra.

En el equilibrio de su cuerpo hermafrodita, el Baphomet enseña que el universo entero es un acto de amor entre polos opuestos. La antorcha que arde en su frente desciende al caduceo que asciende desde su vientre, y entre ambos circula la corriente perpetua del Espíritu. El fuego del cielo fecunda la tierra, y la tierra ofrece al cielo su fruto. Esa danza eterna es la respiración del cosmos. El falo y el caduceo son los signos de esa unión sagrada, la llave del misterio por el cual toda materia puede convertirse en luz.

Contemplar el caduceo del Baphomet es contemplar el secreto de la vida y de la magia. Es comprender que la energía que engendra cuerpos es la misma que engendra mundos. Es reconocer que el poder de crear, cuando se ejerce con pureza, es participación en el acto divino. Eliphas Lévi, al colocar este símbolo en el corazón del Baphomet, quiso recordar al hombre que su fuerza más temida es también su fuerza más sagrada. La energía vital es la chispa del Espíritu en la carne, el fuego de Dios que espera ser elevado.

Así, el falo y el caduceo del Baphomet no son emblemas de pecado, sino de poder divino. Enseñan que el misterio de la vida no es materia de vergüenza, sino de reverencia. El fuego del deseo, cuando se ilumina con la antorcha de la conciencia, se convierte en amor creador, la energía que mueve los astros y hace florecer las almas. En ese equilibrio entre el impulso y la inteligencia, entre la raíz y la llama, el hombre se reconcilia con su origen. Y entonces, el Baphomet revela su secreto más profundo: que en la unión de los opuestos arde eternamente la energía divina que crea, sostiene y redime el universo.

Andrógino alquímico y equilibrio primordial

En la figura del Baphomet se revela el secreto del *Rebis*, el Andrógino alquímico, el ser doble y completo que contiene en sí la totalidad de la creación. En él, el Sol y la Luna, el fuego y el agua, el hombre y la mujer, lo activo y lo pasivo, se abrazan sin confundirse. Es el símbolo de la unidad primordial, el eco del estado anterior a toda división. En su cuerpo hermafrodita, la humanidad reconoce su origen y su destino. Antes de la caída en la dualidad, el ser era uno; después de la reconciliación, vuelve a serlo. Este misterio es la clave de la Alta Magia, la ciencia del equilibrio que devuelve al alma su estado de perfección primera.

Eliphas Lévi comprendió que el Baphomet encarna este principio de manera magistral. Su forma no es una contradicción, sino una síntesis. En él, la llama asciende desde la materia, y la materia se eleva hacia la llama. El cielo desciende a la tierra, y la tierra se consagra al cielo. Es el matrimonio alquímico de las fuerzas universales, el cumplimiento de la fórmula sagrada *Solve et Coagula*, disolver lo separado y unir lo disperso. El Baphomet es la imagen viva de ese equilibrio eterno, el reflejo de la armonía divina manifestada en el universo.

El Andrógino alquímico no es una figura biológica, sino metafísica. Representa la unión de los principios generadores del cosmos. En la tradición hermética, el Sol es el Padre, principio de luz y acción; la Luna es la Madre, principio de reflexión y gestación. De su unión nace el Mercurio filosófico, el hijo de ambos, el alma del mundo. En el Baphomet, este misterio se expresa en su cuerpo compuesto: los pechos de la Madre, la antorcha del Padre y el caduceo del Hijo. Cada uno corresponde a una de las tres potencias alquímicas: azufre, sal y mercurio, espíritu, cuerpo y alma.

El equilibrio primordial que el Baphomet representa no es estático, sino dinámico. La armonía del universo no consiste en inmovilidad, sino en movimiento perfecto. El día sucede a la noche, la expansión al reposo, el calor al frío, la vida a la muerte. En cada oscilación late el pulso de la eternidad. El Andrógino es el ser que ha comprendido este ritmo y se mueve con él sin resistencia. Es el alma que ha reconciliado en sí los opuestos, y que ya no ve en la dualidad un conflicto, sino una danza.

Eliphas Lévi enseñaba que el Baphomet es el emblema del adepto realizado, aquel que ha alcanzado la plena conciencia de su naturaleza doble. El iniciado, decía, es masculino en su inteligencia y femenino en su amor, activo en su voluntad y receptivo en su fe. Solo cuando estas potencias se equilibran puede la magia manifestarse. El exceso de un principio destruye la obra; su armonía la perfecciona. El Baphomet, sentado en reposo, con su fuego sereno y su gesto equilibrado, enseña que el dominio del espíritu consiste en mantener el centro entre los extremos.

El Andrógino alquímico es también el símbolo del retorno al estado edénico. En las antiguas cosmogonías, el hombre primordial no era dividido. Era a la vez creador y receptáculo, luz y sombra, verbo y silencio. La caída en la dualidad dio origen al mundo de los contrarios, donde todo se separa para volver a buscarse. El trabajo del mago consiste en reconstruir esa unidad perdida. En su corazón debe unir lo que el mundo ha dividido. El Baphomet es la representación visible de ese trabajo interior, el espejo del alma que ha recuperado su totalidad.

En la alquimia, el Andrógino es llamado también el *Rebis*, palabra que significa "doble cosa". Es la sustancia de la Gran Obra después de la conjunción de los principios opuestos. Su imagen suele mostrar un ser de dos cabezas, una masculina y otra femenina, coronado por el sol y la luna. El Baphomet de Lévi es una forma más profunda de ese símbolo. No solo une los géneros, sino también los planos. Es el punto donde el espíritu se encarna y la carne se espiritualiza, donde la mente se ilumina y el cuerpo se vuelve templo.

El equilibrio primordial que representa el Baphomet no es moral, sino ontológico. No se trata de elegir entre el bien y el mal, sino de trascender ambos en la comprensión de su origen común. El bien y el mal son polos de una misma energía, necesarios para el movimiento de la vida. El sabio no los confunde, pero los integra. En su interior, el fuego del deseo y la frescura de la pureza coexisten como partes del mismo ser. El Andrógino alquímico vive en ese punto de convergencia, donde los opuestos dejan de luchar y se reconocen como reflejos de una sola esencia.

Eliphas Lévi escribió que el secreto de la Alta Magia consiste en saber mantener el equilibrio entre las fuerzas contrarias. El Baphomet, con su dualidad reconciliada, es la expresión de ese secreto. Su paz no es ausencia de conflicto, sino victoria sobre la división. Su serenidad no es indiferencia, sino dominio. En su inmovilidad late el movimiento eterno, como en el corazón del universo late el ritmo invisible de la creación.

El Andrógino del Baphomet también enseña una verdad sobre el destino del hombre. La humanidad, en su evolución espiritual, tiende a recuperar su unidad perdida. Cada paso hacia la comprensión, cada acto de amor, cada síntesis de pensamiento es un retorno hacia el estado andrógino original. En ese sentido, el Baphomet no solo es símbolo del cosmos, sino del futuro del alma. En su rostro sereno se adivina el rostro del hombre transfigurado, reconciliado con su sombra y con su luz, completo en su ser.

En el lenguaje del templo, el Andrógino es la piedra cúbica perfeccionada, la que ha pasado por la prueba del fuego y del agua. Es el adepto que ha construido en sí mismo la morada del equilibrio. El Baphomet es la imagen de esa piedra viva. Sus dos brazos, señalando arriba y abajo, resumen la ley que rige toda creación: lo que está arriba es como lo que está abajo, y lo que está abajo es como lo que está arriba. Entre ambos extremos se encuentra el corazón, centro donde se une el cielo y la tierra, el alma y la materia.

El mago que contempla el Baphomet aprende que su destino no es dividir, sino unir. El hombre y la mujer, el bien y el mal, el espíritu y la carne, no son enemigos, sino expresiones parciales del Uno. La verdadera iniciación consiste en vivir esa unidad conscientemente. El Andrógino alquímico no suprime los contrarios, los reconcilia. Y en esa reconciliación encuentra la paz del equilibrio primordial, la paz que no pertenece al tiempo, sino a la eternidad.

El Baphomet, con su cuerpo hermafrodita, su antorcha encendida y su mirada inmóvil, es el jeroglífico de esa perfección recobrada. Es el testimonio de que la naturaleza entera tiende a la unidad, y que el alma humana, al conocerse, vuelve al estado de totalidad que tuvo en el principio. En su figura, el iniciado ve el fin de la búsqueda: el retorno al centro, el matrimonio eterno de los opuestos, el amanecer perpetuo de la conciencia divina en el corazón del mundo.

El "Rebis" de los alquimistas

Entre los símbolos más profundos de la alquimia se encuentra el *Rebis*, el ser doble que encarna la unión de los opuestos, la consumación de la Gran Obra. Su nombre proviene del latín *res bina*, "la doble cosa", y representa la materia transformada, la sustancia reconciliada en la que el espíritu y el cuerpo, lo masculino y lo femenino, el azufre y el mercurio, se han fundido en una sola esencia pura. En el lenguaje secreto de los filósofos herméticos, el Rebis es la imagen del adepto que ha logrado la integración total de su ser, la piedra viva del equilibrio universal.

El Baphomet de Eliphas Lévi es la expresión moderna y simbólica de ese Rebis. Su cuerpo hermafrodita, su mirada ecuánime y su fuego sereno resumen todas las enseñanzas de la alquimia espiritual. No es la unión carnal de dos naturalezas, sino la fusión consciente de los principios cósmicos que en el hombre y en el universo se hallan separados. El Rebis no es mezcla, sino síntesis; no confusión, sino armonía. Es el punto en que los contrarios se abrazan hasta perder su oposición, reconociéndose como manifestaciones de un mismo principio.

En los antiguos grabados alquímicos, el Rebis aparece de pie sobre el dragón de la materia, con dos cabezas, una de hombre y otra de mujer, coronadas por el Sol y la Luna. En su mano derecha sostiene el compás del espíritu, en la izquierda la escuadra de la materia. Bajo sus pies, el dragón dormido simboliza las fuerzas inferiores ya dominadas, la naturaleza sometida a la razón divina. El Baphomet encarna esta misma enseñanza con una profundidad aún mayor. En lugar de dos cabezas, posee una sola, porque la unidad se ha consumado. En lugar de sostener instrumentos, su cuerpo mismo es el instrumento. Es el cosmos vuelto consciente, la obra acabada de la alquimia universal.

Eliphas Lévi reconoció que la verdadera alquimia no es un arte de metales, sino un arte del alma. El oro que busca el alquimista no se encuentra en los hornos de la tierra, sino en el fuego del corazón. Cada proceso físico descrito por los antiguos es, en realidad, una metáfora de la evolución interior del ser humano. La disolución, la purificación y la coagulación son fases del despertar espiritual. El Baphomet, con su lema *Solve et Coagula* grabado en los brazos, es el jeroglífico perfecto de esa obra. En él, lo disperso se reúne, lo impuro se eleva, lo dividido se reconcilia.

El Rebis es el resultado final de esa transformación. Representa la materia sublimada por el espíritu y el espíritu encarnado en la materia. Es el equilibrio absoluto, el punto medio donde el fuego y el agua, la luz y la oscuridad, cesan de combatirse y se convierten en aspectos de una misma energía. El Baphomet enseña este secreto con una claridad que solo el símbolo puede ofrecer. Su llama superior indica la consciencia despierta, el conocimiento del Uno. Su cuerpo doble muestra la integración de las fuerzas. Su reposo expresa el fin de la lucha.

En el lenguaje alquímico, el Rebis es también llamado el "hijo de la conjunción", fruto del matrimonio sagrado entre el Rey y la Reina, entre el Sol y la Luna. Este matrimonio no es carnal, sino espiritual. Significa la unión del pensamiento y del amor, de la sabiduría y de la compasión, de la razón y del sentimiento. Cuando ambos se unen, engendran al Hijo Filosófico, el nuevo ser que ha trascendido las limitaciones de la dualidad. El Baphomet es ese hijo glorioso, el ser equilibrado que ha logrado reconciliar en sí todas las potencias.

Eliphas Lévi enseñó que en el Baphomet el mago encuentra el espejo de su destino. Todo trabajo mágico, toda meditación profunda, toda ascensión interior, tiende hacia el estado del Rebis. El adepto debe convertir su propio ser en laboratorio y en materia de la obra. En ese laboratorio interno, la voluntad es el fuego, el deseo la materia prima, el amor el disolvente, y la fe el atanor. Cuando estos elementos se equilibran, la transformación ocurre, y el hombre se convierte en ser andrógino, luminoso y completo.

El Rebis representa también el retorno al estado original de la creación, anterior a toda división. En el principio, dicen los textos herméticos, el Uno se contempló a sí mismo y se dividió en dos para poder conocerse. De esa separación nació el mundo. Pero el fin del proceso es el regreso al Uno, no como inconsciencia, sino como unidad consciente. El Baphomet, sentado entre la luz y la oscuridad, es la imagen de ese retorno. En él, el Uno se reconoce en la dualidad y la dualidad se disuelve en el Uno.

Los alquimistas representaron al Rebis rodeado de estrellas, porque su realización no pertenece al plano terrestre, sino al celeste. Es el estado del hombre divinizado, el *homo novus* que ha despertado su naturaleza divina. Eliphas Lévi decía que la verdadera inmortalidad consiste en alcanzar ese estado en vida, en despertar el alma divina mientras aún se camina sobre la tierra. El Baphomet, con su antorcha encendida, es el guía de esa ascensión. No promete la evasión del mundo, sino su comprensión. Enseña que el cielo está en el corazón del hombre y que la piedra filosofal no es otra cosa que la conciencia iluminada.

El Rebis de los alquimistas es también una imagen del amor perfecto. En él, lo masculino y lo femenino dejan de ser oposición y se vuelven complemento. El amor deja de ser deseo de posesión y se convierte en comunión. Es el estado del alma que ya no busca fuera lo que ha encontrado dentro. Por eso el Rebis no mira hacia el exterior, sino hacia el centro. El Baphomet comparte esa mirada. Su fuego no arde hacia afuera, sino hacia arriba, hacia la conciencia. Su quietud no es muerte, sino equilibrio.

Eliphas Lévi restableció en su tiempo la comprensión espiritual del símbolo alquímico. Su Baphomet es el Rebis revelado a la era moderna, el recordatorio de que el camino de la sabiduría es el camino de la unión. La ciencia sin amor divide; el amor sin ciencia ciega. Solo la unión de ambos produce la verdadera luz. En el Baphomet, el fuego de la inteligencia y la ternura de la Madre universal se abrazan en una misma forma. Esa es la piedra filosofal viva, el alma que se ha vuelto espejo del universo.

El adepto que medita en el Rebis reconoce en sí mismo la historia del cosmos. Ha descendido al caos de su materia para encender en ella la chispa del espíritu, ha equilibrado sus fuerzas opuestas y ha alcanzado la serenidad del Uno. En ese estado, la creación entera le obedece, no porque ejerza poder, sino porque vibra en armonía con el Todo. El Baphomet, sentado entre la estrella y la tierra, es la imagen eterna de esa conciencia reconciliada, el símbolo del ser humano completo, el microcosmos que refleja perfectamente la luz del macrocosmos.

Así, el Rebis no es un mito antiguo ni un símbolo de laboratorio, sino una realidad viva en el alma de quien comprende. Es el testimonio de que la perfección no consiste en la pureza separada, sino en la unidad consciente. El Baphomet es la voz silenciosa de ese misterio. En su forma, el iniciado reconoce su destino: alcanzar el estado del ser doble y único, reconciliar los contrarios en el corazón, y vivir como centro de equilibrio entre el cielo y la tierra. Esa es la verdadera Gran Obra, el secreto de los sabios y la herencia de la luz eterna que el Baphomet guarda en su llama imperecedera.

La síntesis del masculino y del femenino

El cuerpo hermafrodita del Baphomet no es solo una imagen del equilibrio, sino la revelación visible del misterio de la síntesis divina. En él se cumple el matrimonio eterno entre el principio masculino y el principio femenino, las dos corrientes de la vida universal que, al encontrarse, generan toda forma y toda conciencia. El masculino es el fuego que asciende, el rayo que penetra, la voluntad creadora que proyecta la idea. El femenino es el agua que recibe, el seno que gesta, la sabiduría que transforma en sustancia lo que el espíritu concibe. Ambos son las dos mitades del Uno, los dos rostros de una misma luz.

Eliphas Lévi enseñaba que en toda manifestación del cosmos actúan simultáneamente estos dos principios. Nada puede existir sin su unión, pues toda creación es fruto del amor entre opuestos. En el átomo, la fuerza centrífuga y la centrípeta; en el hombre, la inteligencia y la emoción; en el universo, la expansión y la contracción, son manifestaciones de esta dualidad original. El Baphomet, al reunir en un solo cuerpo ambos principios, muestra el secreto de la unidad detrás de la aparente contradicción. Su ser no es mezcla, sino conjunción perfecta. No hay en él lucha, sino armonía.

El principio masculino, activo y generador, corresponde al Sol, al espíritu que da forma. Es la luz que irradia, la palabra que ordena, la voluntad que afirma. Su fuerza es penetrante, su movimiento vertical, su esencia fuego. El principio femenino, receptivo y modelador, corresponde a la Luna, al alma que recibe. Es la oscuridad fecunda, el silencio que escucha, la matriz que acoge. Su fuerza es envolvente, su movimiento circular, su esencia agua. Entre ambos circula el soplo del Espíritu, que los une y los equilibra. En ese equilibrio reside la vida misma.

Eliphas Lévi veía en el Baphomet la expresión más elevada de este matrimonio sagrado. La llama de su frente, símbolo solar, se equilibra con los pechos que representan la matriz lunar. El caduceo, donde las serpientes se entrelazan, une las dos corrientes en un solo eje. Así, el cuerpo entero del

Baphomet se convierte en jeroglífico de la unión cósmica. Su figura enseña que lo divino no es masculino ni femenino, sino la síntesis viva de ambos. Lo que las religiones dividieron, la Alta Magia vuelve a unir.

El error de las teologías dogmáticas ha sido atribuir a Dios un solo principio. Al imaginarlo únicamente como Padre, negaron el aspecto materno del Ser y rompieron el equilibrio sagrado. Pero el universo, que es el cuerpo de Dios, conserva ambos. En la noche del cielo brilla el Sol y reposa la Luna, en los abismos de la materia vibra el mismo fuego que anima los astros. El Baphomet, con su doble naturaleza, es el símbolo de la divinidad total, del Espíritu que no conoce separación entre el amor que engendra y la sabiduría que nutre.

El masculino y el femenino no son géneros, sino estados del ser. Cada alma contiene ambos y los manifiesta en distintas proporciones. Cuando uno predomina, surge el desequilibrio; cuando se armonizan, nace la paz interior. En el lenguaje de la cábala, el principio masculino corresponde a Chokmah, la sabiduría dinámica, y el femenino a Binah, la inteligencia formadora. De su unión nace Tiferet, la belleza, el hijo de la armonía. El Baphomet representa ese triángulo divino en forma visible, la totalidad que abarca al Padre, a la Madre y al Hijo en un solo ser.

En la alquimia interior, el matrimonio del Sol y la Luna, del azufre y el mercurio, da origen a la piedra filosofal. Ese matrimonio no ocurre en el exterior, sino en el alma del iniciado. El fuego de su voluntad se une al agua de su amor, y de su unión surge el oro del espíritu. El Baphomet, con su cuerpo luminoso y su llama en la frente, es el testimonio de esa unión cumplida. En él, la polaridad ha dejado de ser tensión para convertirse en armonía. El ser ha vuelto al estado de totalidad, a la androginia primordial que existía antes de la división.

Eliphas Lévi decía que el Baphomet no es un monstruo, sino una ecuación. Su forma reúne en un solo signo todas las leyes del universo. Cada parte de su cuerpo responde a un principio cósmico. Lo masculino y lo femenino no se oponen, sino que se reflejan. La antorcha solar fecunda el seno lunar, y del encuentro nace la luz de la conciencia. Así, el Baphomet enseña al hombre que la creación entera es un acto de amor entre dos potencias eternas, y que ese amor vive también en su propio corazón.

El mago, al contemplar el símbolo, no busca imitar su forma, sino encarnar su enseñanza. Debe aprender a despertar en sí el fuego solar de la voluntad y a equilibrarlo con la ternura lunar del alma. Cuando el fuego arde sin amor, destruye; cuando el amor fluye sin fuego, se disuelve. Solo cuando ambos se abrazan, el espíritu se enciende y la materia florece. Esa es la enseñanza del Baphomet: mantener encendida la antorcha en el pecho de la Madre, conservar el calor del corazón en la claridad del pensamiento.

La síntesis del masculino y del femenino no destruye las diferencias, las trasciende. El Sol no deja de ser Sol ni la Luna deja de ser Luna, pero ambos brillan bajo el mismo cielo. En el alma reconciliada ocurre lo mismo: la razón y la intuición, la fuerza y la ternura, la palabra y el silencio, se unen sin confundirse. El ser humano se convierte entonces en espejo del cosmos, microcosmos en equilibrio, templo donde el espíritu y la naturaleza se reconocen como uno.

Eliphas Lévi escribió que "la unión de los contrarios es la verdadera sabiduría". En el Baphomet, esa sabiduría se hace carne simbólica. Es la confirmación de que la luz y la oscuridad, el día y la noche, el amor y la inteligencia, no son enemigos, sino cómplices del mismo misterio. Quien comprende esto vive en el centro, en el corazón de la cruz universal donde se unen todas las corrientes. Allí, el alma encuentra su serenidad, porque ha comprendido que el universo entero es el rostro del amor en equilibrio.

La síntesis del masculino y del femenino es, en último término, la reconciliación del hombre con su totalidad. Es el retorno al estado original en el que la vida fluía sin oposición. El Baphomet, con su cuerpo hermafrodita y su llama eterna, nos recuerda que el universo es hijo de un abrazo y que la sabiduría suprema consiste en vivir ese abrazo interiormente. Cuando el alma logra ese equilibrio, su mirada se vuelve serena, su palabra creadora y su vida luminosa. Entonces el adepto comprende el secreto de la Alta Magia: que todo lo creado nace del amor entre los opuestos y que la verdadera divinidad se revela solo en su unión perfecta.

VI

La antorcha de la iluminación

El fuego de Prometeo

En el corazón del Baphomet arde una antorcha encendida, símbolo de la luz que brota desde la materia y asciende hacia el espíritu. No es una luz exterior, sino una llama interior, la chispa divina que reside en toda criatura y que solo el conocimiento puede avivar. Esta antorcha es el fuego de Prometeo, el don sagrado que el espíritu robó a los dioses para entregarlo al hombre, permitiéndole participar del poder creador y de la conciencia de su propio ser. En ese fuego se encierra el misterio de la inteligencia, de la rebelión sagrada y de la iluminación que redime.

Eliphas Lévi comprendió que el fuego del Baphomet no representa la luz profana del entendimiento racional, sino la iluminación interior que surge cuando la materia reconoce su origen divino. Es el fuego de la Gnosis, la luz de la conciencia que penetra las tinieblas del alma y las convierte en claridad. Así como Prometeo robó la llama del Olimpo para dársela a los hombres, el Baphomet ofrece al iniciado el fuego de la sabiduría que lo libera de la ignorancia. Pero esa luz tiene un precio: quien la recibe debe soportar el dolor del despertar.

En la mitología, Prometeo fue encadenado por su osadía. Su hígado, símbolo de la energía vital, era devorado cada día por un águila, y cada noche volvía a regenerarse. En este castigo eterno se oculta una profunda enseñanza hermética: la luz que el hombre roba a los dioses no puede poseerse sin sacrificio. La conciencia implica sufrimiento, porque revela lo que antes estaba oculto. El fuego que ilumina también quema, y solo quien acepta el dolor de la purificación puede mantenerlo encendido sin perecer.

El Baphomet, con su antorcha en la frente, es la imagen del Prometeo liberado. Su fuego ya no lo consume, lo ilumina. En él, el sacrificio se ha transmutado en comprensión. El dolor del saber se ha vuelto serenidad. La llama que en Prometeo era rebeldía, en el Baphomet es sabiduría. Es el mismo fuego, pero purificado por la conciencia. Eliphas Lévi quiso expresar con este símbolo que el verdadero mago no teme a la luz, aunque duela, ni la usa para desafiar, sino para servir. La sabiduría que no nace del amor se vuelve destrucción; la que nace del amor se convierte en redención.

El fuego del Baphomet no arde en las manos ni en el corazón, sino en la frente. Este detalle es esencial: el fuego de la conciencia se enciende en el lugar del pensamiento, entre los ojos del alma. Allí reside el centro de la iluminación, lo que las tradiciones orientales llaman el tercer ojo, la puerta entre el mundo visible y el invisible. Cuando este fuego se despierta, el hombre ve con claridad interior. Su mirada no se detiene en las apariencias, sino que penetra en la esencia de las cosas. Ese es el verdadero poder del fuego prometeico: otorgar visión espiritual.

En la alquimia, el fuego es el agente de toda transformación. Nada se purifica sin su acción, nada se eleva sin su calor. Pero el fuego tiene muchos grados. El fuego vulgar destruye, el fuego secreto ilumina. El primero pertenece al mundo de las pasiones, el segundo al del espíritu. En el Baphomet, ambos se han unido en armonía. Su antorcha es el fuego transmutado, el deseo convertido en inteligencia, la pasión sublimada en luz. Esa es la enseñanza de la Alta Magia: elevar el fuego sin apagarlo, transformarlo en energía de creación y no de consumo.

Eliphas Lévi veía en el mito de Prometeo la historia misma de la humanidad. El hombre, al recibir el fuego de la inteligencia, se separó de la inconsciencia natural y se convirtió en ser moral, capaz de crear y de destruir. Desde entonces, su destino ha sido aprender a usar ese fuego sin quemarse. El Baphomet representa ese aprendizaje cumplido. En su llama brilla la reconciliación del conocimiento con la piedad, de la ciencia con la fe. Es el fuego que ya no hiere, sino que sana, el fuego que revela la divinidad presente en todas las cosas.

El fuego de Prometeo es también el símbolo de la libertad espiritual. El alma que ha despertado no puede volver a dormir. Una vez que la luz ha sido encendida, el hombre ya no puede vivir en la oscuridad de la ignorancia. Por eso el fuego es, al mismo tiempo, don y condena. Conocer es liberarse, pero también cargar con la responsabilidad de la conciencia. El Baphomet sostiene esa llama con serenidad porque ha aceptado su destino. No teme al fuego, lo domina. En su rostro, la sabiduría ha reemplazado al sufrimiento, y el castigo se ha vuelto redención.

En la tradición hermética, el fuego prometeico corresponde a la luz astral, esa energía sutil que permea el universo y que puede ser dirigida por la voluntad iluminada. El mago que ha encendido su antorcha interior aprende a proyectar esa luz hacia el mundo, a iluminar sin imponer, a transformar sin destruir. La antorcha del Baphomet no arde para sí, sino para los demás. Es la llama de la enseñanza, el faro del iniciado que ha conquistado el conocimiento y lo comparte como ofrenda.

Eliphas Lévi enseñaba que "la luz es la sombra de Dios". Quien busca la sabiduría sin humildad acaba consumido por su propio fuego. Por eso el Baphomet no levanta su antorcha con orgullo, sino con quietud. La sostiene sobre la cabeza como quien ofrece una verdad que no le pertenece. En esa humildad se revela su grandeza. Su fuego no es robo, es participación. Prometeo robó el fuego; el Baphomet lo manifiesta. El primero fue castigado por desafiar el orden divino; el segundo es glorificado por encarnarlo.

El fuego de Prometeo, convertido en la antorcha del Baphomet, es el símbolo del destino espiritual de la humanidad. Representa la evolución del alma desde la inconsciencia instintiva hasta la claridad divina. Es el paso del fuego terrestre, que cocina y destruye, al fuego celeste, que ilumina y crea. El hombre, al igual que Prometeo, ha sido encadenado por su propia ignorancia, pero el conocimiento puede liberarlo. Cada alma es una chispa de ese fuego eterno, y cada vida, una oportunidad de hacerlo brillar más alto.

Contemplar la antorcha del Baphomet es contemplar el fuego de Prometeo redimido. Es comprender que la sabiduría no es posesión, sino servicio. Que la luz que se recibe debe ser compartida. Que el verdadero poder no consiste en dominar, sino en comprender. Y que el fuego del espíritu, cuando se une al amor, deja de ser castigo y se convierte en consuelo. El Baphomet, portador de esa llama sagrada, nos recuerda que la iluminación no se conquista con rebelión, sino con armonía, y que el fuego que arde en su frente es el mismo que duerme en el corazón de todo ser que busca la verdad.

El tercer ojo encendido

En el centro de la frente del Baphomet brilla la antorcha de la iluminación, el fuego de la conciencia despierta, la mirada interior que ve más allá de las apariencias. Ese fuego no es un adorno ni un simple atributo simbólico. Es el signo visible del *tercer ojo*, el órgano espiritual de la visión trascendente. Mientras los ojos del cuerpo contemplan el mundo de las formas, el tercer ojo penetra el mundo de las causas. Ve el orden oculto tras el caos, la unidad detrás de la multiplicidad, la eternidad que sostiene el devenir. Es el ojo del alma, el ojo de Dios en el hombre.

Eliphas Lévi enseñaba que el hombre posee tres centros de conocimiento: el instinto, que conoce por la necesidad; la razón, que conoce por el análisis; y la intuición, que conoce por la luz interior. Este último, el más elevado, corresponde al tercer ojo. Es la conciencia que no deduce, sino que contempla; que no busca, sino que sabe. El tercer ojo es la flor del espíritu que se abre cuando el alma ha alcanzado la armonía. En el Baphomet, esa flor es fuego, porque la verdad, cuando se revela, ilumina y consume al mismo tiempo.

El fuego del tercer ojo representa la victoria del pensamiento iluminado sobre la oscuridad de la ignorancia. Es el fruto de la unión entre la razón y la fe, entre la inteligencia y el amor. En las tradiciones orientales se lo llama *Ajna*, el loto de la visión, la sede del discernimiento y del equilibrio. En la Alta Magia, se le conoce como el ojo del espíritu, el centro donde el mago percibe la trama invisible del universo. No es una facultad mística aislada, sino el resultado de una vida ordenada según la ley del equilibrio. Solo el alma purificada puede sostener esa luz sin cegarse.

Eliphas Lévi, al colocar la llama sobre la frente del Baphomet, quiso expresar el grado supremo de la iniciación: el momento en que el pensamiento se hace transparente, el alma se vuelve espejo del cosmos y la mente, templo de la sabiduría. Ese fuego no surge del exterior, sino del interior del ser. Es la inteligencia divina encendida en la sustancia humana. Por eso el Baphomet no mira hacia el cielo ni hacia la tierra, sino hacia adentro. Su antorcha no ilumina el mundo, sino la conciencia.

El tercer ojo no ve con los sentidos, sino con la identidad. No observa los objetos, sino que se reconoce en ellos. Su visión es amorosa porque une lo que contempla. En ese nivel de percepción, el sujeto y el objeto desaparecen, y solo queda la claridad sin forma del ser que se conoce a sí mismo. Esa es la luz del Baphomet, el conocimiento que no separa, el entendimiento que no juzga, la sabiduría que abarca. Quien alcanza esa visión se convierte en reflejo del Todo.

La apertura del tercer ojo es el acontecimiento central de toda iniciación. Es el nacimiento del vidente, del sabio, del mago. Pero no ocurre por artificio ni por deseo. No se conquista por violencia, sino por pureza. La mente debe volverse calma, el corazón transparente, el cuerpo templado. Cuando las tres naturalezas se armonizan, el fuego se enciende espontáneamente. Es el resultado natural de la coherencia interior. Eliphas Lévi afirmaba que la luz del espíritu no se invoca, se merece. La antorcha del Baphomet no fue encendida por otro, sino por sí mismo.

En el simbolismo del templo, el tercer ojo corresponde al ojo que todo lo ve, colocado en el triángulo radiante sobre el altar. Representa la vigilancia divina y la conciencia universal. En el hombre, ese ojo es la chispa de esa vigilancia. Cuando se abre, el iniciado se convierte en testigo del mundo. Ya no vive inconscientemente arrastrado por los acontecimientos, sino que contempla el flujo de la vida desde el centro inmóvil del espíritu. Ve la ley en acción, comprende la justicia de cada suceso, y en su comprensión halla la paz.

El Baphomet, con su llama en la frente, enseña que la verdadera iluminación no consiste en huir de la materia, sino en comprenderla. Su fuego surge de abajo, pero brilla arriba. La energía instintiva se ha sublimado en visión espiritual. El tercer ojo encendido es el signo de que el hombre ha reconciliado la tierra con el cielo en su propio ser. Por eso el Baphomet no teme al mundo, lo contempla. No niega la sombra, la ilumina. Su mirada es la del iniciado que ve la divinidad oculta en todas las formas, incluso en las más oscuras.

Eliphas Lévi consideraba que el despertar del tercer ojo era también el triunfo de la fe consciente. La fe ciega pertenece al corazón sin luz; la fe iluminada pertenece al alma que ve. Cuando el ojo interior se abre, la fe deja de ser creencia y se convierte en conocimiento. El iniciado ya no necesita esperar pruebas, porque la verdad se le revela directamente. Esa es la gnosis, el saber que une, el conocimiento vivido como comunión con el Todo.

El fuego del tercer ojo no se extingue. Una vez encendido, arde eternamente, porque su llama no depende del tiempo ni del espacio. Es la luz del espíritu inmortal que habita en cada ser. El hombre que ha despertado ese fuego se convierte en faro para los demás. Su presencia ilumina sin palabras, su silencio enseña. Es el estado del adepto realizado, del sabio cuya mirada contiene el resplandor del misterio.

El Baphomet, con su antorcha encendida, es la imagen de ese hombre. Su luz no es sobrenatural, sino natural en su más alta expresión. Es la conciencia plena del universo en un punto del espacio. Su llama no pertenece a la religión ni a la filosofía, sino al Espíritu. Es el mismo fuego que ardió en el corazón de los profetas, de los santos y de los filósofos, el fuego del conocimiento que se convierte en amor.

El tercer ojo encendido es la corona del iniciado, el fruto de la unión de los opuestos, el sol interior que ilumina sin sombra. Quien alcanza ese estado ve el mundo con los ojos de la eternidad. Ya no hay contradicción ni dolor, porque comprende que todo forma parte del plan divino. En su mirada se refleja la serenidad del Baphomet, el equilibrio absoluto, la inteligencia en paz con la naturaleza. En ese fuego, el hombre se reconoce como hijo de la luz y guardián de su llama, portador de la antorcha eterna que ilumina las tinieblas del mundo y revela que, en el fondo de toda sombra, duerme la claridad del Espíritu.

Luz intelectual y luz espiritual

La antorcha que brilla sobre la frente del Baphomet no es solo símbolo de conocimiento, sino de una jerarquía de luces. En ella confluyen dos resplandores distintos y complementarios: la luz intelectual y la luz espiritual. La primera es la claridad de la razón que analiza y ordena el mundo; la segunda es el resplandor del alma que lo comprende y lo ama. Ambas son necesarias, pero solo su unión produce verdadera iluminación. La luz intelectual sin el calor del espíritu se enfría en orgullo y vanidad; la luz espiritual sin el equilibrio de la inteligencia se disuelve en superstición y error. En el Baphomet, ambas se funden en una sola llama serena, símbolo de la sabiduría total.

Eliphas Lévi enseñaba que la inteligencia humana es reflejo de la inteligencia divina, y que el pensamiento no es enemigo de la fe, sino su instrumento más noble. La razón, cuando se purifica de la soberbia, se convierte en lámpara del alma. La fe, cuando se libera del fanatismo, se convierte en visión interior. El equilibrio entre ambas constituye la verdadera gnosis, el conocimiento iluminado por el amor. Por eso el fuego del Baphomet arde en el punto donde convergen el pensamiento y la intuición, la ciencia y la mística, el análisis y la contemplación.

La luz intelectual es la facultad que distingue, separa y define. Es la que construye los sistemas, mide las proporciones, traza los límites. Es el ojo de la mente que observa el mundo de las formas y lo ordena según la ley. Gracias a ella, el hombre comprende los mecanismos del universo, penetra sus leyes y se convierte en arquitecto de la materia. Pero esta luz, aunque brillante, no es suficiente. Si se aísla, se vuelve estéril. El intelecto sin alma se transforma en frío artificio, en sabiduría sin vida. La ciencia, cuando olvida su raíz espiritual, deja de servir al espíritu y se convierte en su cárcel.

La luz espiritual, en cambio, es la que une. No analiza, sino que intuye; no separa, sino que comprende. Es la llama del corazón, la visión del alma que reconoce en todas las cosas la huella de lo divino. No busca demostrar, sino manifestar. Su lenguaje es el símbolo, su método el amor, su fruto la paz. Pero si esta luz carece de disciplina intelectual, corre el riesgo de extraviarse en el laberinto de las emociones y de confundir la exaltación con la verdad. La fe sin inteligencia se convierte en credulidad, la devoción sin discernimiento en idolatría.

Eliphas Lévi supo reconciliar ambas luces. En su enseñanza, la magia es el arte de unir la razón con la intuición, el rigor del pensamiento con el fervor del alma. El Baphomet es el jeroglífico de esa unión perfecta. Su fuego no arde con violencia, sino con equilibrio. Es luz que piensa y pensamiento que ama. Es la síntesis del filósofo y del místico, del sabio y del santo. En su llama, la ciencia se purifica y la fe se ilumina.

La luz intelectual pertenece al cerebro, la espiritual al corazón. En el ser armonizado, ambas confluyen en la frente, donde el pensamiento se vuelve intuición y la intuición se hace consciente. El tercer ojo del Baphomet es ese punto de fusión. Allí cesa la oposición entre razón y revelación, porque ambas se reconocen como expresiones de una misma luz. El intelecto es la forma externa del espíritu, y el espíritu, la esencia interior del intelecto. Cuando el hombre comprende esto, deja de dividir y comienza a ver.

Eliphas Lévi advertía que las tinieblas más peligrosas no son las de la ignorancia, sino las del saber sin amor. El orgullo del conocimiento, que se erige en juez del misterio, apaga la llama del alma. El verdadero sabio es aquel que, al conocer, se inclina. No adora la oscuridad, pero tampoco la niega. La ilumina con serenidad. La ciencia de la luz no consiste en dominarla, sino en servirla. El mago no busca poseer el fuego, sino reflejarlo. En esa actitud humilde se cumple la verdadera iluminación.

En la tradición hermética, la luz intelectual se asocia con el Sol y la espiritual con la Luna. El Sol da la claridad del día, la Luna el resplandor del silencio. El Baphomet reúne ambos astros en una sola llama, porque en él el día y la noche se funden. Su fuego no tiene sombra, porque no pertenece al tiempo. Es la luz eterna, la inteligencia divina que ilumina sin cegar. Por eso su mirada es serena: ve sin juzgar, comprende sin dividir, ama sin poseer.

El equilibrio entre ambas luces es también una enseñanza moral. El alma que cultiva solo la razón se vuelve árida; la que cultiva solo la emoción se dispersa. La perfección consiste en la unión. El pensamiento debe ser cálido y el sentimiento lúcido. Eliphas Lévi decía que la razón sin amor es fría y que el amor sin razón es ciego. El Baphomet enseña el amor que comprende y la comprensión que ama. En su antorcha, ambos resplandores se entrelazan como las dos serpientes del caduceo, creando una llama única: la luz del espíritu consciente.

El mago que alcanza esta luz no desprecia la ciencia ni se somete al dogma. Sabe que la verdad no se encuentra en los extremos, sino en el centro. Su mente es clara como el cristal y su corazón ardiente como el fuego. Con su inteligencia, penetra las leyes del universo; con su espíritu, las santifica. Así su conocimiento se convierte en sabiduría, y su sabiduría, en servicio. La antorcha del Baphomet simboliza precisamente esa fusión, el estado en que el pensamiento se vuelve oración y la oración, comprensión. La luz intelectual y la espiritual son las dos alas del alma. Ninguna puede elevarse sin la otra. La una da dirección, la otra da impulso. En su equilibrio, el espíritu asciende hacia la plenitud. Cuando ambas se unen, el hombre se convierte en reflejo consciente de la inteligencia divina, en portador de la llama eterna que ilumina la creación. Entonces la antorcha del Baphomet deja de ser símbolo y se convierte en experiencia viva. En ella, el alma descubre que pensar es orar y que amar es conocer, porque toda verdadera luz nace de la unión entre la claridad de la mente y la pureza del corazón.

El fuego serpentino y la Kundalini

En el corazón del misterio del Baphomet se alza una llama, y en la base de su cuerpo, entre las serpientes del caduceo, reposa el mismo fuego en estado latente. Ambas llamas, la superior y la inferior, son una sola energía en distintos grados de conciencia. El fuego serpentino que duerme en la raíz del ser es el mismo que brilla en la antorcha de la frente, pero ha ascendido, purificándose en su viaje por los centros del alma. En las tradiciones orientales, este fuego es llamado *Kundalini*, la serpiente divina que, al despertar, eleva al hombre desde la oscuridad de la materia hasta la claridad del espíritu.

Eliphas Lévi, aunque formado en la tradición occidental, comprendió intuitivamente este principio universal. Llamó a esa energía "la luz astral", el fluido vital que atraviesa todo lo creado y que, en el hombre, puede ser dirigido por la voluntad iluminada. La luz astral y la Kundalini son manifestaciones de una misma fuerza cósmica: la vida consciente en movimiento. Cuando duerme, el hombre vive en el instinto; cuando despierta, vive en el espíritu. El fuego serpentino del Baphomet simboliza ese tránsito sagrado, la ascensión de la energía desde la base de la naturaleza hasta la corona de la conciencia.

Las dos serpientes entrelazadas en el caduceo del Baphomet representan los canales por donde asciende esa corriente divina. La serpiente solar corresponde a la fuerza positiva, activa y masculina; la serpiente lunar a la fuerza receptiva, pasiva y femenina. Ambas giran alrededor del eje central, el canal de equilibrio, donde las polaridades se reconcilian. Cuando las dos energías alcanzan el punto medio y ascienden juntas hacia la cabeza, se enciende la antorcha del espíritu. En ese instante, el hombre deja de ser criatura dividida y se convierte en templo viviente de la unidad.

El fuego serpentino no es metáfora ni leyenda, sino realidad interior. Es la sustancia invisible que anima al cuerpo, la corriente vital que sostiene la mente y el alma. En su estado inferior, se manifiesta como deseo; en su estado superior, como iluminación. El trabajo del iniciado consiste en guiar esa fuerza por el camino del ascenso, sin reprimirla ni dispersarla. En su movimiento, la energía atraviesa los siete centros de poder, despertando en cada uno un grado de conciencia más elevado. El Baphomet, con su cuerpo equilibrado y su llama en la frente, muestra el cumplimiento de ese ascenso.

Eliphas Lévi decía que la fuerza vital es la serpiente del Edén, tentadora y redentora a la vez. Tentadora, cuando su energía desciende y se enreda en los placeres materiales; redentora, cuando asciende y se transforma en luz espiritual. No hay mal en la serpiente, sino en la dirección que se le da. Por eso el sabio no la teme, la conoce. En las manos del ignorante, el fuego quema; en las del mago, ilumina. El Baphomet, sentado en calma, enseña la perfecta dirección del fuego interior. Su llama no surge del desorden, sino de la disciplina del alma.

El despertar de la serpiente es la coronación del proceso iniciático. No puede forzarse ni improvisarse, pues su poder es inmenso. Es el fuego del Espíritu encerrado en la carne, la potencia divina que sostiene la vida. Si asciende por senderos impuros, destruye; si lo hace por canales purificados, diviniza. Por eso, el camino del adepto no es un método técnico, sino un arte del alma. Requiere pureza de intención, equilibrio emocional y dominio de la mente. El fuego serpentino no responde a la voluntad del ego, sino a la llamada del Espíritu.

Eliphas Lévi veía en el ascenso de la luz astral el cumplimiento de la ley hermética del equilibrio. La energía vital, decía, es neutra: obedece a la intención. Si el corazón está iluminado por la verdad, su fuego asciende hacia la mente y se convierte en sabiduría. Si está nublado por el deseo, desciende hacia la materia y se convierte en servidumbre. Así, el Baphomet es la figura del alma que ha dominado su fuego interior. En él, la serpiente ha dejado de arrastrarse y ha aprendido a volar.

La tradición oriental enseña que la Kundalini, al llegar al loto de la corona, produce la iluminación total. En ese momento, la energía del hombre se une a la energía del cosmos, y la conciencia individual se funde con la universal. En términos herméticos, este estado corresponde a la unión del microcosmos y el macrocosmos, el punto donde lo que está arriba se refleja en lo que está abajo. La antorcha del Baphomet es la señal de ese estado. Su llama representa la conciencia que ha reconocido su identidad con la divinidad.

Eliphas Lévi comprendió que este misterio no pertenece solo a Oriente, sino a la esencia misma del alma humana. La serpiente que asciende es la misma que, en los templos de Egipto, se enroscaba en el disco solar sobre la frente de los dioses; es la misma que en la cábala corresponde a la subida de la luz por el Árbol de la Vida; es el mismo fuego que Moisés vio en la zarza ardiente y que los alquimistas guardaron en el atanor de su arte. En todas las tradiciones, el símbolo del fuego serpentino anuncia el despertar del Espíritu en la materia.

El Baphomet enseña que la energía vital, cuando es comprendida, se convierte en instrumento de redención. El cuerpo ya no es prisión, sino santuario; el deseo ya no es obstáculo, sino impulso; la materia ya no es tiniebla, sino vehículo de luz. El fuego serpentino es el mensajero del alma, el puente entre el instinto y la iluminación. Quien aprende a elevarlo participa del poder creador del universo. En ese ascenso, el hombre se transforma en sacerdote de su propia naturaleza, en mediador entre la tierra y el cielo.

La serpiente, símbolo del conocimiento desde los albores de la humanidad, encierra en sí el secreto del ciclo eterno: nacer, morir y renacer. Su movimiento en espiral es la forma del tiempo y de la evolución. En el Baphomet, la serpiente ha alcanzado su meta. Su espiral termina en la llama, su movimiento en reposo, su dualidad en unidad. En ese instante, el fuego serpentino se convierte en luz inmóvil, en conciencia pura.

El mago que contempla este símbolo aprende a reconocer en sí mismo el templo del fuego divino. Sabe que cada pensamiento, cada emoción, cada acto, influye en el curso de su energía interior. Aprende a guardar el fuego en el silencio, a dirigirlo con amor, a elevarlo con sabiduría.

Entonces la serpiente se despierta suavemente, asciende sin dolor, y el alma se llena de una luz serena. En su frente arde la antorcha del Baphomet, y en su corazón canta la voz del Espíritu: "Yo soy el fuego que da vida y la luz que no se apaga".

Así, el fuego serpentino y la Kundalini no son secretos de una tradición lejana, sino la herencia común del alma humana. Son el lenguaje del cuerpo divino, la corriente invisible que une la tierra y el cielo en cada ser. El Baphomet, al mostrar ese fuego ascendente, enseña que el hombre es la escalera del Espíritu, el canal por donde la divinidad se reconoce a sí misma. Cuando el fuego serpentino se despierta, el hombre deja de ser un peregrino y se convierte en el lugar del encuentro, el punto donde el universo se contempla a través de su propia llama.

La iluminación como victoria sobre las tinieblas

Toda luz nace del seno de la oscuridad. Así como la aurora surge del fondo de la noche y la semilla germina en la tierra oculta, la iluminación espiritual se levanta del corazón de la sombra. El Baphomet, con su antorcha ardiendo en la frente, representa esa victoria suprema del espíritu sobre las tinieblas. No una guerra exterior, sino una transmutación interior, donde la oscuridad no es destruida, sino comprendida y convertida en claridad. En su llama se cumple el misterio de la redención universal: la luz triunfa no por negar la noche, sino por revelarla como su propio reflejo.1 Eliphas Lévi enseñaba que el mal es el exceso o la falta de luz, y que las tinieblas no existen por sí mismas, sino como desorden del resplandor. En esta visión profunda, la redención no consiste en huir del mundo, sino en restablecer el equilibrio perdido. El Baphomet, sentado entre la luna y las estrellas, con una mano apuntando al cielo y la otra a la tierra, encarna esa reconciliación. Su antorcha no combate la sombra, la ilumina. Su fuego no destruye, transforma. Así el iniciado comprende que toda tiniebla es una forma aún no consciente de la luz, y que su tarea consiste en devolverle esa conciencia.

La iluminación, en el lenguaje de la Alta Magia, no es una gracia súbita ni un privilegio divino, sino una conquista del alma que se atreve a mirar dentro de sí. Las tinieblas que deben vencerse no son exteriores, sino internas: la ignorancia, el miedo, la duda, el deseo desenfrenado. Cada uno de estos elementos es sombra del fuego que aún no ha encontrado su forma. La victoria sobre ellos no se logra con violencia, sino con comprensión. El mago no lucha contra su oscuridad, la integra. Sabe que negarla es perpetuarla, y que solo al mirarla con amor la convierte en luz.

Eliphas Lévi decía que la magia comienza cuando el hombre reconoce en sí el equilibrio de las fuerzas contrarias. La iluminación es el fruto de esa reconciliación. El alma que ha conocido sus propias sombras se vuelve transparente. Ya no teme al mal, porque lo ha comprendido; ya no huye del dolor, porque lo ha transmutado en sabiduría. La luz que brilla en la frente del Baphomet es el resultado de ese proceso: la mente que ha pasado por la noche interior y ha encontrado en ella la claridad del Espíritu.

En el simbolismo hermético, la luz es conocimiento, y la tiniebla, ignorancia. Pero este conocimiento no es intelectual, sino vivencial. No se obtiene por estudio, sino por experiencia interior. La iluminación verdadera ocurre cuando el hombre deja de mirar hacia afuera y desciende a lo profundo de su alma. Allí, en el silencio de su propio abismo, descubre una chispa, pequeña pero eterna, que arde sin consumirse. Esa chispa es su divinidad interior. Cuando la reconoce, la alimenta con su atención y su amor, y poco a poco se convierte en llama. Esa llama es la antorcha del Baphomet, encendida por el conocimiento de sí mismo.

La victoria sobre las tinieblas no es una conquista de poder, sino de claridad. No consiste en someter lo oscuro, sino en comprender su función. La noche es necesaria para que brille el día, y el silencio, para que la palabra tenga sentido. Del mismo modo, la oscuridad interior es el campo donde el alma se fortalece. Sin el peso de la materia, el espíritu no podría elevarse; sin la sombra del error, la verdad no tendría contraste. Por eso el sabio no maldice las tinieblas, las bendice, porque sabe que en su profundidad duerme la semilla de la luz.

Eliphas Lévi enseñaba que el Baphomet, lejos de ser símbolo del mal, representa precisamente la redención de lo que fue llamado mal. Es la imagen del mundo reconciliado, de la energía divina que, al reconocerse en su reflejo material, se purifica y se ilumina. La antorcha en su frente no condena las sombras que lo rodean, las redime. Ese fuego es la inteligencia divina en acción, el Logos que ordena el caos. En él se cumple el verbo creador: "Hágase la luz".

La iluminación no es el final del camino, sino su principio eterno. Quien ha encendido la antorcha del espíritu debe sostenerla en medio del mundo. La verdadera victoria sobre las tinieblas se demuestra en la vida, en la capacidad de irradiar paz en medio del conflicto, de mantener la claridad en medio del ruido, de ser centro en medio del torbellino. El Baphomet enseña al iniciado a ser esa antorcha viva, a mantener su fuego sin orgullo ni temor, a comprender que su luz no le pertenece, sino que fluye a través de él.

El fuego del Baphomet, al igual que el de Prometeo, es una herencia divina y una responsabilidad. Encenderlo exige valor; mantenerlo, equilibrio; compartirlo, compasión. La iluminación no convierte al hombre en juez, sino en servidor. Quien ha vencido las tinieblas no mira a los demás desde la altura, sino desde la comprensión. Reconoce en cada sombra la promesa de una luz que aún no ha despertado. Su tarea no es imponer claridad, sino ofrecer ejemplo. En su presencia, los corazones se encienden sin palabras, porque la luz, cuando es verdadera, no enseña, revela.

El mago iluminado es aquel que, al haber descendido a su propio infierno, ha encontrado allí la chispa de Dios. No ha destruido a sus demonios, los ha transformado en guardianes de su templo interior. En su mirada, el mundo entero se reconcilia. Ya no hay arriba ni abajo, bien ni mal, sino una sola corriente divina en distintos grados de manifestación. Esa es la victoria final: no la supremacía de la luz sobre la sombra, sino su unión consciente. En el corazón del Baphomet, ambas fuerzas se abrazan, y de su unión nace la llama inmortal del Espíritu.

Eliphas Lévi dijo que "la verdadera luz no tiene enemigos". Quien la ha encontrado, no combate, ilumina. El Baphomet, símbolo de esa iluminación total, nos muestra que las tinieblas no son el fin, sino el principio de la sabiduría. Cada sombra es una oportunidad de despertar, cada caída un retorno a la verdad. Así, la antorcha en su frente no proclama una guerra santa, sino la reconciliación universal. Es la paz del alma que ha comprendido que todo es luz en distintos grados de revelación, y que la oscuridad no es más que el rostro velado de la divinidad.

Contemplar la antorcha del Baphomet es reconocer el destino del alma humana: elevarse sin huir, iluminar sin destruir, amar sin poseer. La iluminación es la victoria de la comprensión sobre el miedo, de la serenidad sobre el caos, de la unidad sobre la división. Es el regreso del fuego a su fuente, de la chispa al sol eterno. El Baphomet nos enseña que esa victoria está al alcance de todo ser que se atreva a mirar dentro de sí, porque en el fondo de toda tiniebla, como en el corazón del universo, arde silenciosamente la llama de la Luz Infinita.

VII

Las manos del Baphomet

Una mano arriba, otra abajo

En la postura solemne del Baphomet, las manos ocupan un lugar de suprema elocuencia. No son meros aditamentos del gesto, sino la revelación visible de una ley eterna: una mano apunta hacia el cielo y la otra hacia la tierra. Con este movimiento silencioso, el símbolo pronuncia la fórmula universal del *Principio Hermético*: "Lo que está arriba es como lo que está abajo, y lo que está abajo es como lo que está arriba, para que se cumpla el milagro de la unidad". En este gesto, que une lo alto y lo bajo, Lévi condensó toda la filosofía de la Alta Magia.

El Baphomet, al extender una mano hacia el firmamento y otra hacia el mundo material, no separa los reinos, los vincula. Su posición expresa la función del mago: ser mediador entre los planos, puente viviente entre el espíritu y la materia, canal por donde el cielo desciende a la tierra y la tierra se eleva al cielo. El iniciado no se contenta con habitar uno de los extremos; debe sostener ambos, equilibrarlos, reconciliarlos. El Baphomet no adora las alturas ni desprecia las profundidades: las integra en su propia naturaleza.

Eliphas Lévi explicó que este gesto es la síntesis del poder mágico. El mago opera siempre entre dos polos: la voluntad que desciende desde lo alto y la imaginación que asciende desde lo bajo. Si uno predomina, la obra se rompe. Solo el equilibrio entre ambos permite la manifestación. La mano derecha del Baphomet, levantada hacia la luz, representa la aspiración del alma hacia lo divino; la izquierda, dirigida hacia la materia, representa la acción del espíritu en el mundo. Entre ambas circula la corriente de la creación.

La mano que se eleva no busca escapar del mundo, sino atraer del cielo la energía pura. La mano que desciende no se hunde en la materia, sino que la bendice con esa energía. Así el símbolo enseña que el verdadero conocimiento no separa, sino que une. El sabio no reniega de la tierra ni se pierde en los cielos, sino que mantiene la armonía entre ambos. El Baphomet, sentado en reposo y equilibrio, realiza en su propio cuerpo la unión de las potencias celestes y terrenas.

Este gesto, tan simple en apariencia, es el signo de una profunda verdad: el universo es una cadena continua donde cada eslabón refleja al siguiente. El macrocosmos se expresa en el microcosmos, y el microcosmos reproduce la ley del macrocosmos. El hombre es la imagen del cosmos porque en él se encuentran todas sus fuerzas. Cuando levanta una mano al cielo y extiende la otra a la tierra, se

convierte en el punto de equilibrio de esa cadena. Por sus manos fluye la energía de la creación, y su ser entero se vuelve altar entre lo visible y lo invisible.
Eliphas Lévi enseñaba que las manos del mago son instrumentos de la voluntad. Por ellas se exterioriza la fuerza interior, y en su gesto reside el poder de consagrar y de transformar. La mano levantada invoca, la mano descendida imparte. La una llama a la luz, la otra la distribuye. Este doble movimiento es la esencia de la magia: recibir y dar, atraer y proyectar, ascender y descender. El mago que olvida uno de los dos pierde la armonía del flujo universal. El Baphomet enseña la perpetua reciprocidad de las fuerzas.

La mano que se alza al cielo corresponde al principio positivo, solar y masculino. Es la voluntad que se eleva, la plegaria consciente del alma que busca lo eterno. La mano que señala hacia abajo corresponde al principio negativo, lunar y femenino. Es la receptividad que acoge, la manifestación de la gracia en la materia. Ambas son necesarias: sin la ascensión de la voluntad no hay invocación, y sin la recepción de la materia no hay encarnación. El Baphomet mantiene ambas en equilibrio, porque en su sabiduría el dar y el recibir son un mismo acto.

En el gesto de las manos se esconde también la doctrina del sacrificio. La mano que se levanta ofrece, la que desciende entrega. El iniciado que comprende este misterio aprende a no retener la luz para sí. Sabe que toda energía acumulada sin circulación se corrompe. La luz que sube debe bajar, y la que baja debe volver a subir. Así se mantiene el ritmo divino del universo, el eterno vaivén del espíritu que se manifiesta y se retrae. El Baphomet, con su equilibrio perfecto, es la encarnación de ese movimiento perpetuo.

Eliphas Lévi decía que "el sabio toca el cielo sin dejar la tierra". Este es el significado de las manos del Baphomet: tocar lo alto y lo bajo a la vez, unir en un solo gesto lo divino y lo humano. La mano superior no es arrogancia, ni la inferior humillación. Ambas expresan el mismo acto de comunión. En la una se eleva la oración del espíritu; en la otra desciende la bendición del cielo. El mago que adopta esta postura interior se convierte en instrumento del equilibrio cósmico, mediador del Verbo creador que mantiene unido al universo.

La mano derecha, con los dos dedos extendidos, repite el signo sacerdotal de la bendición. Indica la dualidad reconciliada, la unión de los opuestos. La izquierda, con los mismos dedos dirigidos hacia abajo, reproduce en la tierra el gesto que el cielo ha iniciado. Así el Baphomet bendice lo alto y lo bajo, lo visible y lo invisible, lo puro y lo impuro, porque en su comprensión nada está fuera de la ley divina. Su gesto no condena, consagra. No separa, integra.

Este signo, que Lévi inmortalizó en su figura, es la esencia de la Alta Magia: el reconocimiento de que el poder del hombre proviene de su capacidad de reflejar al Absoluto. El mago no crea por sí mismo, sino por participación en la voluntad universal. Sus manos no imponen, transmiten. Por ellas pasa el fuego del Espíritu, la corriente de vida que mantiene la armonía del cosmos.

El gesto de las manos del Baphomet resume toda la enseñanza hermética. Es la imagen del eterno equilibrio, la expresión visible del axioma universal: arriba y abajo son reflejos uno del otro, y el centro que los une es el corazón del ser. Quien comprende este misterio vive en paz con la creación. Ya no busca el cielo fuera de la tierra ni teme la tierra como caída del cielo. En sus propias manos descubre el poder de bendecir, de unir, de transformar.

Así el Baphomet enseña en silencio la más alta verdad: que el hombre, al equilibrar sus manos entre el cielo y la tierra, se convierte en mediador del milagro perpetuo de la existencia. En su interior, la energía que asciende y la que desciende se encuentran, y de su unión brota la luz que sostiene los mundos. Esa es la lección del símbolo: levantar una mano al cielo para invocar la sabiduría, y extender la otra a la tierra para ofrecerla, convirtiendo la vida entera en acto de comunión entre Dios y el universo.

La ley hermética de correspondencia

En el gesto de las manos del Baphomet se encierra una de las leyes más sagradas del hermetismo, la correspondencia universal. Esta ley enseña que entre todos los planos de la existencia, el espiritual, el mental y el material, existe una armonía secreta, una resonancia perfecta por la cual lo que acontece en uno se refleja en los otros. Nada está aislado, todo se corresponde. "Lo que está arriba es como lo que está abajo, y lo que está abajo es como lo que está arriba", proclama la Tabla de Esmeralda de Hermes Trismegisto. En esta sentencia, breve y luminosa, se contiene toda la metafísica de la Alta Magia.

Eliphas Lévi comprendió que la clave de todo arte oculto se encuentra en esa ley. Sin ella, la magia sería un sueño o superstición, con ella se convierte en ciencia divina. El universo no es una suma de fragmentos desconectados, sino un cuerpo vivo donde cada parte refleja al todo. El hombre, microcosmos dentro del macrocosmos, lleva en sí las mismas leyes que rigen las estrellas. Conocer esas correspondencias es conocerse, y conocerse es conocer el

universo. El Baphomet, con una mano hacia el cielo y otra hacia la tierra, es el jeroglífico perfecto de esta verdad, el vínculo eterno entre lo alto y lo bajo.
La ley de correspondencia enseña que nada ocurre al azar. Todo lo visible es reflejo de lo invisible, toda forma es la sombra de una idea. La naturaleza es un libro sagrado escrito en el lenguaje de las analogías. El sabio lo lee, el profano lo contempla sin comprenderlo. Las montañas son las columnas del cielo, los ríos las venas de la tierra, las estrellas los pensamientos de Dios. En el cuerpo humano, el corazón es el sol, el cerebro la luna, la sangre el océano que une ambos. En cada escala de la creación se repite el mismo orden, porque la vida es la proyección infinita de un solo principio.

Eliphas Lévi afirmaba que el mago trabaja sobre las correspondencias como el músico sobre las notas. Conoce los vínculos que unen las esferas y sabe hacer vibrar una para despertar la otra. Un pensamiento, un gesto o una palabra consciente pueden repercutir en los mundos invisibles, porque todos los planos están enlazados por la cadena de la analogía. Por eso el Baphomet no separa, une. No impone, armoniza. Su forma es el compendio de todas las correspondencias: lo animal y lo divino, lo masculino y lo femenino, la luz y la sombra, el espíritu y la materia. En él, los opuestos se reconocen como reflejos de una misma realidad.

La ley hermética no describe semejanzas superficiales, sino afinidades esenciales. Cada cosa está unida a su causa y a su reflejo. La flor reproduce en su forma la estructura del cosmos, la órbita de los planetas sigue el ritmo del corazón, el pensamiento humano repite las espirales de las galaxias. La ciencia moderna empieza a vislumbrar con sus ecuaciones lo que los antiguos sabían con el alma: que el universo entero es un organismo único donde cada átomo palpita al compás de la eternidad.

Eliphas Lévi vio en esta ley el secreto del poder mágico. Decía que quien comprende las correspondencias puede actuar en lo invisible tanto como en lo visible. "El universo es un vasto espejo donde se reflejan todas las voluntades. Lo que el hombre piensa en lo profundo de su corazón repercute en la inmensidad." Por eso el mago es responsable de su pensamiento, porque toda idea y toda emoción son vibraciones que atraviesan los planos y regresan multiplicadas. El bien atrae al bien, la armonía genera armonía, y todo desequilibrio busca restablecerse.

El Baphomet, con su doble gesto, enseña esta reciprocidad eterna. Su mano superior señala el cielo como causa, su mano inferior la tierra como efecto, y ambas se influyen mutuamente. Lo que desciende asciende, y lo que asciende desciende. El universo no se mueve en línea, sino en espiral. En ese intercambio perpetuo se sostiene la creación. La voluntad divina se refleja en el mundo, y el mundo responde con el eco de su existencia. Así el cosmos es un diálogo incesante entre el Espíritu que se expresa y la materia que lo recibe.

Eliphas Lévi enseñó que esta ley no es solo cosmológica, sino moral. Todo lo que el hombre hace en el exterior tiene su correspondencia interior, y todo lo que cultiva en el alma se manifiesta en su vida. No hay palabra que no genere forma ni pensamiento que no engendre destino. La magia comienza cuando el hombre comprende que su universo externo es espejo de su mundo interno. Si desea transformar lo que lo rodea, debe transformarse; si quiere elevar la tierra, debe elevar su pensamiento. El Baphomet, mediador entre lo alto y lo bajo, le recuerda esta verdad con su silencio.

En la cábala, esta correspondencia se representa en el Árbol de la Vida, donde cada esfera refleja y alimenta a las demás. Lo que ocurre en los mundos superiores repercute en los inferiores, y lo que sucede en la tierra se proyecta en el cielo. De este intercambio nace el equilibrio universal. La oración, la meditación y el rito son los medios por los cuales el alma hace circular la energía entre los planos. Cuando el hombre eleva su espíritu, el cielo desciende. Cuando santifica la materia, el Espíritu se manifiesta.

Eliphas Lévi decía que el hombre es el sacerdote del universo porque su conciencia une los extremos. Es la única criatura capaz de elevar sus pensamientos al infinito y de obrar en la tierra con sentido divino. En su mente, el cielo se refleja, en su cuerpo, la tierra se expresa. Sus manos, como las del Baphomet, deben permanecer abiertas a ambos mundos, una para recibir la luz, la otra para distribuirla. En este equilibrio se encuentra su poder y su misión.

La ley de correspondencia no es una abstracción, sino una forma de vivir. Enseña a ver en cada suceso una señal, en cada rostro una lección, en cada instante un mensaje del cosmos. El alma que vive según esta ley despierta a la conciencia de la unidad y descubre que el universo entero le habla con símbolos. Aprende a escuchar los silencios, a leer las formas, a reconocer lo divino en lo cotidiano.

El Baphomet, sentado entre la luna y las estrellas, es el jeroglífico de esa sabiduría. En él, la antorcha del espíritu ilumina la materia, y la materia refleja esa luz como espejo. Su doble gesto proclama la ley eterna que sostiene al cosmos: arriba y abajo son uno, y el hombre, en el centro, es el mediador de su unión. Quien comprende esta verdad entra en el templo del conocimiento, donde toda forma revela su esencia, y donde el universo entero se convierte en espejo vivo del Misterio de Dios.

Signo de bendición y maldición

Las manos del Baphomet, extendidas en direcciones opuestas, no solo representan la unión de los mundos, sino también la ley del doble poder que rige todo el universo. En ellas reside el misterio de la bendición y la maldición, de la creación y la destrucción, de la gracia y la justicia. Este gesto, tan sencillo y tan profundo, encierra la enseñanza de que la misma fuerza divina puede elevar o abatir, dar vida o consumirla, según la dirección que tome en el alma del hombre. El poder es uno, pero su manifestación depende del corazón que lo invoca.

Eliphas Lévi enseñaba que toda fuerza del universo es neutra, y que su naturaleza se define por la intención que la guía. La luz, en sí misma, no bendice ni maldice; ilumina. Pero cuando el hombre la utiliza sin amor, se convierte en fuego que destruye, y cuando la ofrece con pureza, se transforma en fuego que santifica. El Baphomet, con una mano alzada y otra descendente, muestra esta doble posibilidad del espíritu humano. Su mano derecha, orientada hacia el cielo, es signo de bendición; la izquierda, dirigida hacia la tierra, recuerda que el mismo poder puede volverse juicio si el hombre se aparta del equilibrio.

El gesto del Baphomet no condena, enseña. Nos muestra que toda fuerza requiere discernimiento, y que la verdadera magia consiste en dirigir la energía de acuerdo con la ley de la armonía. La bendición no es un acto externo, sino una vibración interior. Es el pensamiento que irradia amor, el sentimiento que desea el bien, la voluntad que busca la luz. La maldición, por el contrario, es la negación de ese flujo, el cierre del alma a la corriente divina. Por eso quien bendice participa de la obra del Creador, y quien maldice se aparta de ella.

Eliphas Lévi veía en el poder de las manos la prolongación visible de la palabra creadora. Lo que la voz pronuncia, las manos consagran. El mago, al elevar la derecha, atrae la influencia de lo alto; al extender la izquierda, la proyecta hacia lo bajo. En este movimiento se cumple la ley de correspondencia: lo que el alma concibe, el cuerpo manifiesta. Así, el gesto del Baphomet no es una amenaza ni una advertencia, sino un recordatorio del equilibrio moral del universo. Bendecir y maldecir son los dos polos de una misma potencia, y el sabio elige el primero, porque comprende que toda bendición regresa multiplicada.

El fuego del Baphomet, que arde en la frente, es la luz del entendimiento que disierne. La antorcha del discernimiento separa el bien del mal, no para condenar, sino para ordenar. En la Alta Magia, el bien no es simple bondad ni el mal pura oscuridad; ambos son grados de una misma energía que busca su equilibrio. La bendición es la orientación de esa energía hacia el orden divino; la maldición, su desviación hacia el caos. Por eso el sabio no maldice jamás, porque sabe que al hacerlo se maldice a sí mismo.

La mano derecha del Baphomet, elevada hacia el cielo, porta el signo de la reconciliación. Es la promesa del perdón, la afirmación del poder que sana. Con ella, el símbolo enseña que la verdadera fuerza es la compasión iluminada, el amor que conoce sin ceguera. Su gesto es la afirmación de la vida, el deseo del bien universal. La mano izquierda, en cambio, apunta hacia abajo, pero no con violencia, sino con autoridad. Representa la justicia divina, el poder que pone límite al desorden, el principio que devuelve cada cosa a su lugar. Así, ambas manos no se oponen: la una concede, la otra corrige; la una libera, la otra contiene.

Eliphas Lévi decía que el bien y el mal no son enemigos, sino complementarios. Sin la noche, la aurora no tendría sentido; sin la sombra, la luz sería invisible. De igual modo, la bendición y la maldición son expresiones de una misma ley, la del equilibrio. El universo entero respira en ese ritmo de expansión y contracción, de afirmación y negación. El Baphomet, con su doble gesto, refleja esa respiración cósmica. En su mano derecha fluye la corriente de la misericordia; en la izquierda, la corriente de la severidad. Ambas convergen en su corazón, donde la antorcha del espíritu las reconcilia en unidad perfecta.

El mago que comprende este misterio aprende a usar su poder con pureza. Sabe que toda palabra, todo pensamiento, es una semilla que germina en el campo invisible. La bendición engendra armonía, la maldición engendra desorden. La fuerza sigue la dirección de la intención. Por eso el sabio calla antes de hablar, medita antes de actuar y bendice incluso en medio de la oscuridad, porque sabe que la luz más pura se revela en las sombras más densas. En su silencio, la palabra se carga de poder, y en su gesto, el universo responde.

Eliphas Lévi enseñaba que el verdadero adepto no busca castigar, sino corregir. No maldice el error, ilumina la ignorancia. La maldición pertenece al mundo de la reacción; la bendición, al del conocimiento. Cuando el alma ve con claridad, comprende que no hay enemigos, sino grados de comprensión. Entonces sus manos ya no condenan ni absuelven: consagran. Todo lo que tocan se vuelve instrumento de evolución, porque el sabio ha aprendido a ver la divinidad incluso en lo que parece opuesto a ella.

El Baphomet, con sus dos manos en equilibrio, es el espejo del alma que ha dominado su dualidad. La bendición y la maldición son en él una sola fuerza dirigida por la voluntad iluminada. No existe contradicción en su gesto, sino armonía. Su derecha atrae la gracia, su izquierda disuelve el error, y entre ambas circula el poder del Verbo creador. Así enseña que la verdadera bendición consiste en mantener el orden divino en medio del caos, y que la verdadera maldición es el olvido de ese orden.

Contemplar las manos del Baphomet es contemplar el equilibrio moral del universo. El hombre, al igual que el símbolo, tiene en sus manos el poder de elevar o degradar su propio destino. Cada acción es una siembra, cada palabra una chispa, cada pensamiento una corriente que sube o desciende según su naturaleza. El sabio elige siempre la ascensión, porque ha comprendido que bendecir es participar en la creación y que maldecir es negarla. Por eso el Baphomet, sentado en su serenidad eterna, no juzga ni castiga: ilumina. En su gesto vive el secreto de la ley universal, donde la justicia y la misericordia se abrazan, y donde la bendición final del Espíritu es la comprensión absoluta de todo lo que existe.

El equilibrio dinámico de las fuerzas

El universo entero es un vasto equilibrio en movimiento. Cada estrella que gira, cada ola que rompe, cada respiración que nace y muere, participan del mismo ritmo que sostiene al cosmos. Nada está quieto, y sin embargo todo permanece ordenado por una armonía invisible. Ese equilibrio dinámico, que une los contrarios sin destruirlos, es el fundamento de la Alta Magia, y el Baphomet es su imagen perfecta. En él, la luz y la sombra, el cielo y la tierra, lo masculino y lo femenino, se mantienen en tensión viva, no para anularse, sino para sostenerse mutuamente.

Eliphas Lévi enseñaba que el equilibrio es la ley de la creación. Sin oposición no hay vida, sin contraste no hay conciencia. El bien necesita del mal para manifestar su claridad, la verdad necesita del error para revelarse, la paz necesita del movimiento para conservarse. La perfección no es inmovilidad, sino ritmo. El Baphomet, con su cuerpo mitad humano y mitad animal, mitad luz y mitad oscuridad, expresa este misterio: la unión de fuerzas opuestas que, al reconocerse, engendran el orden del universo.

Las manos del Baphomet, extendidas en direcciones contrarias, simbolizan el flujo perpetuo de la energía. La derecha eleva, la izquierda condensa, una atrae, la otra proyecta, y entre ambas circula la corriente que da vida a todas las cosas. El equilibrio no es una línea inmóvil entre dos extremos, sino una danza sagrada en la que las fuerzas se alternan sin cesar. El movimiento es la respiración de Dios, y el mundo, su exhalación continua. En esa respiración se cumple el milagro de la existencia.

Eliphas Lévi afirmaba que el secreto del mago consiste en mantener su alma en el centro de esa oscilación. El iniciado no se deja arrastrar por las corrientes, pero tampoco las detiene. Sabe dejar fluir y sabe sostener. Su poder no proviene de la resistencia, sino del acuerdo. El Baphomet enseña este arte con su serenidad inmóvil. Su quietud no es pasividad, sino dominio. Es el reposo del eje en torno al

cual giran las ruedas del universo. En el centro, todo es paz; en la periferia, todo es movimiento. El sabio elige el centro, y desde allí contempla la danza de los mundos.
La materia y el espíritu son las dos corrientes principales del cosmos. Cuando la energía desciende, se condensa en forma; cuando asciende, se libera en conciencia. En su flujo y reflujo, la creación se renueva eternamente. La tarea del mago es mantener abierta la comunicación entre ambos polos, sin caer en la densidad ni perderse en el vacío. La elevación sin arraigo se disuelve, el arraigo sin elevación se estanca. Solo quien une ambos caminos conoce la verdadera estabilidad. Por eso el Baphomet, con una mano al cielo y otra a la tierra, no elige, une.

El equilibrio dinámico no es una conquista definitiva, sino un estado que se recrea instante a instante. El alma debe aprender a moverse con el ritmo de la vida, como el navegante que sigue el pulso del mar. El sabio no teme al cambio, porque ve en él la expresión del orden. Sabe que toda crisis anuncia un ajuste, toda oscilación una enseñanza. Así, el equilibrio no es ausencia de conflicto, sino comprensión de su función. Eliphas Lévi llamaba a esto "el arte de la balanza viva", la capacidad de mantener el centro aun en medio de las tempestades del destino.

En el cuerpo del hombre, este equilibrio se refleja en el constante intercambio entre el corazón y el cerebro, entre la emoción y el pensamiento. Cuando el corazón domina, el fuego se desborda; cuando el intelecto impera, la luz se enfría. Solo la unión de ambos produce claridad cálida, inteligencia compasiva, fuerza templada por el amor. En el Baphomet, la antorcha de la razón y los pechos de la maternidad se armonizan en una sola figura, recordando que el verdadero poder surge de la síntesis, no de la exclusión.

Eliphas Lévi enseñaba que toda fuerza, para ser creadora, necesita su contrario. El amor se manifiesta en el deseo, la sabiduría en la duda, la vida en la muerte. Negar uno de los polos es negar la totalidad. El mago, al comprender esto, deja de dividir el mundo en bien y mal, luz y sombra, y comienza a ver su tejido interior. Su mirada se vuelve integradora, su voluntad equilibrada. Entonces el fuego interior se estabiliza, y su energía, antes dispersa, se convierte en poder consciente.

El equilibrio del Baphomet es también el del universo moral. La justicia sin misericordia se vuelve crueldad, la misericordia sin justicia se vuelve debilidad. El sabio sostiene ambas en armonía. Sabe que la compasión necesita del orden, y que el orden sin compasión no es divino. En el gesto del Baphomet, estas dos corrientes fluyen en perfecta concordia, mostrando que el equilibrio no es compromiso, sino plenitud.

Eliphas Lévi veía en el equilibrio la clave del dominio espiritual. Decía que quien logra mantenerse sereno en medio del cambio se ha convertido en reflejo del Absoluto. El universo entero vibra, pero el centro permanece. El Baphomet es ese centro, la piedra inmóvil en torno a la cual gira la rueda de la vida. Su fuego arde sin consumir, su gesto une sin confundir, su reposo es movimiento en paz.

El equilibrio dinámico de las fuerzas es, en última instancia, el estado del alma realizada. Es el punto en que toda tensión se convierte en música, todo conflicto en armonía, todo opuesto en complemento. En ese estado, el hombre deja de ser arrastrado por las fuerzas del mundo y se convierte en su mediador. Ya no sufre los vaivenes del destino, porque ha comprendido que el destino es la danza del Espíritu. Su vida se vuelve espejo del Baphomet: estable y vibrante, inmóvil y vivo, sereno y ardiente.

Así, el equilibrio no es un fin, sino una forma de ser. Es la presencia constante del espíritu en cada instante de la existencia. El Baphomet nos enseña que solo quien encuentra ese centro interior puede sostener el fuego sin quemarse y la luz sin deslumbrarse. En su gesto, el universo entero se revela como una balanza en movimiento, donde cada fuerza encuentra su medida, y donde el alma del hombre, al comprenderlo, participa de la obra eterna del equilibrio divino.

El gesto como enseñanza silenciosa

El Baphomet no habla, no grita, no impone. Su enseñanza se manifiesta en el silencio de sus gestos, en la inmovilidad que contiene el universo entero. Allí donde la palabra se detiene, el símbolo comienza a hablar. Sus manos, su mirada, su postura, son el lenguaje de la sabiduría eterna, el idioma que no se pronuncia con la voz, sino con el ser. El gesto, en el arte sagrado, es la huella de la idea en la materia, la forma que el espíritu adopta para revelarse sin profanarse. Por eso el Baphomet enseña sin decir, ilumina sin ruido, comunica sin palabra.

Eliphas Lévi decía que el silencio es el guardián del misterio. Todo lo que es verdaderamente divino se expresa de manera velada, como una música que solo el alma afinada puede escuchar. El gesto del Baphomet pertenece a ese lenguaje secreto. Cada movimiento, cada dirección de sus manos, cada inclinación de su cuerpo, posee una exactitud simbólica. Nada en él es arbitrario. Su quietud no es pasividad, sino dominio consciente del movimiento interior. Su silencio no es vacío, sino plenitud contenida.

El gesto del Baphomet es enseñanza porque contiene la ley. Una mano elevada, otra descendente, el equilibrio de lo alto y lo bajo, el rostro que mira al frente con serenidad, el fuego que brilla sobre la frente, el signo de unión entre los contrarios: todo en él es doctrina encarnada. Su cuerpo es el libro del iniciado, su postura, la cátedra del maestro. Quien lo contempla con atención, sin prejuicio ni temor, percibe que cada línea de su figura repite una verdad antigua: el universo es un acto de comunión, y el hombre, su intérprete silencioso.

Eliphas Lévi comprendió que la magia no se enseña con palabras, sino con presencia. El maestro no explica la luz, la irradia. Así también el Baphomet, símbolo supremo del equilibrio, enseña con su forma lo que el lenguaje no podría expresar sin perderlo. En su mutismo resuena la voz de los sabios que supieron que todo conocimiento profundo debe ser velado, no por temor, sino por respeto. El silencio protege el misterio del desgaste, y el gesto lo traduce sin profanarlo.

El verdadero iniciado aprende a leer los gestos del universo. Sabe que el movimiento de las estrellas, la caída de una hoja, el murmullo del agua, son letras del mismo alfabeto cósmico. Todo cuanto existe habla sin hablar, revela sin mostrarse. El Baphomet concentra en sí ese lenguaje universal. En sus manos se cruzan los signos del cielo y de la tierra, en su cuerpo se unen las fuerzas del alma y de la materia, en su fuego se funden la razón y la fe. Su gesto es el punto donde todos los lenguajes coinciden y se reconocen como uno.

Eliphas Lévi enseñaba que el símbolo es un espejo del alma. Quien lo contempla con pureza ve reflejada su propia verdad, quien lo mira con temor solo ve su sombra. Así también el gesto del Baphomet actúa como espejo iniciático. No comunica ideas, despierta estados. Su enseñanza no consiste en transmitir conceptos, sino en provocar una transformación interior. El discípulo que lo observa en silencio comienza a experimentar en sí mismo el equilibrio que el símbolo representa. La mirada se aquieta, el pensamiento se ordena, la respiración se vuelve templo, y el alma comprende sin palabras.

El silencio del Baphomet es el mismo silencio del altar cuando el sacerdote eleva la hostia, el mismo silencio del sabio cuando contempla la eternidad. Es el silencio fecundo, el espacio donde el Verbo se gesta. No es ausencia de sonido, sino plenitud de sentido. Allí donde cesa la dispersión, comienza la revelación. El gesto del Baphomet señala ese instante sagrado en que la conciencia humana se abre a la conciencia divina.

Eliphas Lévi afirmaba que el mago verdadero no actúa con ruido ni violencia. Su poder está en la armonía. El gesto que bendice, la mirada que comprende, el silencio que irradia, son sus instrumentos. El mundo moderno, lleno de ruido y movimiento, ha olvidado el poder del gesto puro, el gesto que procede del alma y no de la intención exterior. El Baphomet nos recuerda ese lenguaje perdido, en el cual la postura del cuerpo refleja la postura del espíritu. Su quietud es oración, su simetría, sabiduría, su silencio, palabra de eternidad.

El gesto del Baphomet es también enseñanza moral. Invita al discípulo a encontrar en su propia vida el equilibrio entre acción y contemplación, entre palabra y silencio, entre movimiento y reposo. Enseña que no se trata de renunciar al mundo, sino de actuar en él con conciencia. Cada acto puede ser un gesto sagrado si nace del centro del ser. La mano que ayuda, la mirada que consuela, el paso que se detiene ante la belleza, son también formas del mismo lenguaje silencioso del Espíritu.

Contemplar al Baphomet en su inmovilidad serena es recordar que la verdad no necesita defensa. La luz no grita, brilla. El fuego no discute, transforma. Así enseña el símbolo, con el poder de la presencia, con la autoridad del silencio. En su mutismo el alma del iniciado percibe una invitación: callar para escuchar, aquietarse para ver, detenerse para comprender. Entonces el gesto del Baphomet deja de ser figura externa y se convierte en actitud interior. El cuerpo entero del mago se vuelve signo de equilibrio, su palabra, eco del silencio, su vida, enseñanza viva.

Eliphas Lévi decía que el sabio es aquel cuya sola presencia enseña. No necesita hablar porque su ser irradia el orden que ha conquistado. Así también el Baphomet, inmóvil en su misterio, enseña a quien puede ver más allá de las formas. En su quietud resuena la voz del cosmos, en su silencio se revela la palabra del espíritu. Comprender su gesto es comprender la esencia de toda iniciación: que el conocimiento más alto no se dice, se encarna; que la luz más pura no se impone, se irradia; que el verbo más sagrado no se pronuncia, se vive.

VIII

El pentagrama y el Verbo

El pentagrama derecho e invertido

Entre todos los signos de la tradición esotérica, ninguno posee la elocuencia y la pureza del pentagrama. Es la estrella de cinco puntas, el sello del microcosmos, el signo del hombre equilibrado entre el cielo y la tierra. En su forma sencilla se encierra la proporción del universo, el misterio de la vida, el poder del Verbo creador. Eliphas Lévi lo llamó "la estrella del mago", porque en ella se resume la sabiduría de la Alta Magia: la unidad que se manifiesta en la diversidad, el Espíritu que gobierna sobre los elementos.

El pentagrama, cuando se traza con la punta superior hacia arriba, representa el dominio del espíritu sobre la materia.

Es el hombre en pie, con la cabeza elevada hacia el cielo y los brazos extendidos en cruz. En su centro brilla el principio de la conciencia, la chispa divina que ordena el caos. Cada punta de la estrella corresponde a uno de los cinco elementos: el fuego, el agua, el aire, la tierra y el éter. La punta superior, símbolo del Espíritu, los unifica y los armoniza. En este sentido, el pentagrama derecho es el emblema de la victoria del alma sobre la naturaleza, del orden sobre la confusión, de la luz sobre las sombras interiores.

Eliphas Lévi decía que el pentagrama es el signo del poder humano cuando está en armonía con la ley divina. No es un talismán externo, sino una figura interior. El hombre que se conoce a sí mismo es el pentagrama viviente, porque ha reunido en su ser las cinco fuerzas del cosmos. Su mente es el fuego, su corazón el agua, su aliento el aire, su cuerpo la tierra, y su conciencia el éter que los une. Quien ha equilibrado estos elementos dentro de sí, porta en silencio el pentagrama en su frente, como un sello de realeza espiritual.

Pero cuando la estrella se invierte y su punta superior se dirige hacia abajo, el símbolo se trastoca. El espíritu ya no gobierna, sino que se somete a la materia. El hombre se inclina ante sus propios instintos, y la armonía se disuelve en desorden. El pentagrama invertido representa la caída del principio superior, el extravío del alma que olvida su origen. No es un signo del mal en sí mismo, sino del desequilibrio, del poder sin sabiduría, del conocimiento que ha perdido su centro. En él, la cabeza del hombre se hunde bajo la tierra y los pies se alzan hacia el cielo, imagen del mundo al revés, donde la oscuridad suplanta a la luz.

Eliphas Lévi advirtió que el pentagrama invertido se convierte en símbolo de la magia degradada, aquella que busca dominar sin amar, conocer sin purificarse, actuar sin comprender. Es la ciencia sin conciencia, la voluntad separada del orden divino. No es el símbolo el que se vuelve perverso, sino el alma que lo invierte en sí misma. Por eso Lévi insistía en que el pentagrama es un espejo moral: revela el estado del espíritu que lo contempla. Cuando el alma está en equilibrio, la estrella se alza luminosa; cuando el alma se extravía, la estrella se oscurece y cae.

En el pentagrama derecho, la punta superior forma el vértice de un triángulo ascendente que representa la llama del espíritu. En el invertido, ese triángulo se vuelve descendente, y el fuego que debía iluminar se convierte en fuego que consume. El mago que ignora esta diferencia corre el riesgo de despertar en sí fuerzas que no puede dominar. Eliphas Lévi veía en esta inversión la raíz de todas las aberraciones del ocultismo profano: la idolatría de la forma, el culto al poder, la pérdida de la luz interior.

El pentagrama derecho es, por el contrario, el signo del adepto que ha vencido sus pasiones y ha sublimado sus instintos. En él, la luz del espíritu guía a la materia, y la materia sirve al espíritu. Es la imagen del Cristo triunfante, del Hermes coronado, del Adán restablecido en su dignidad original. Representa la victoria del orden universal en el alma humana. Por eso, al colocarlo sobre la frente del Baphomet, Eliphas Lévi quiso expresar que el símbolo, lejos de ser demoníaco, es la afirmación del dominio del espíritu sobre la naturaleza, la consagración de la inteligencia como mediadora de la divinidad en el mundo.

El pentagrama, ya sea trazado en el aire o inscrito en el corazón, actúa como llave de correspondencias. Su forma contiene la proporción áurea, la armonía que los antiguos llamaron número de la vida. En sus cinco puntas se reflejan los cinco sentidos y las cinco virtudes del iniciado: voluntad, sabiduría, pureza, amor y fe. Cada una corresponde a un elemento, y todas se reúnen en el centro, donde habita el Verbo. Quien medita en el pentagrama no invoca un poder externo, sino que despierta en sí la memoria de su origen divino.

Eliphas Lévi enseñaba que el pentagrama, correctamente comprendido, es el más poderoso talismán del universo, porque encarna la imagen del hombre en equilibrio con la ley eterna. Es el signo de la libertad espiritual, la afirmación de que el hombre es hijo del cielo y de la tierra, mediador entre ambos. En la frente del Baphomet, brilla como testimonio de la reconciliación del símbolo con la verdad. No hay en él sombra de idolatría, sino resplandor de comprensión. La estrella, en su orientación justa, es promesa de redención; en su caída, advertencia del peligro del desequilibrio.

Así, el pentagrama derecho y el invertido son dos rostros de una misma ley, la del uso de la fuerza. La energía que puede elevar al hombre también puede precipitarlo. Todo depende de la dirección de su intención. El Baphomet, al mostrar la estrella sobre su frente, invita al iniciado a mantenerla en su posición recta, recordándole que el verdadero poder no se impone, se irradia. El mago no domina, ordena. No conquista, armoniza. Su estrella no brilla sobre los demás, sino dentro de sí.

El pentagrama es el corazón mismo del misterio hermético. Representa la unión entre el cielo y la tierra, el espíritu y la materia, la idea y la forma. En su trazado se resume la geometría de la creación. Es la estrella del alma humana cuando ha comprendido su origen y su destino. En su forma recta, la conciencia asciende hacia la unidad; en su forma invertida, se dispersa en la multiplicidad. Por eso el sabio, al contemplarlo, no lo teme ni lo adora: lo comprende. Sabe que su verdadera orientación no está en el papel ni en el templo, sino en el interior del corazón, allí donde la luz del espíritu gobierna en silencio sobre las potencias de la naturaleza.

El Hombre como microcosmos

Desde los albores de la sabiduría hermética, el ser humano ha sido considerado un reflejo viviente del universo. En su cuerpo, en su mente y en su alma, se reproducen las mismas leyes que rigen a las estrellas. Por eso los antiguos lo llamaron *microcosmos*, pequeño mundo, porque en él se halla la síntesis del Todo. Eliphas Lévi, heredero de esta tradición, afirmaba que el hombre es la medida del universo y su espejo más perfecto, porque en su naturaleza se conjugan los cuatro elementos, las siete fuerzas planetarias y las diez emanaciones divinas que la Cábala llama *sefirot*. Comprender al hombre es comprender al cosmos, y conocerse a sí mismo es conocer a Dios en su manifestación.

El pentagrama, símbolo del microcosmos, representa precisamente esa correspondencia entre el hombre y el universo. Cada punta de la estrella corresponde a una parte del cuerpo y a un principio del alma. La superior simboliza el espíritu, la cabeza orientada hacia la divinidad; las dos laterales, los brazos extendidos que obran en el mundo; las dos inferiores, las piernas que caminan sobre la tierra. En el centro brilla el corazón, el fuego sagrado que une todas las potencias. Así el pentagrama no es solo una figura geométrica, sino la imagen del hombre realizado, del ser equilibrado que ha armonizado en sí la naturaleza terrestre y la celeste.

Eliphas Lévi enseñaba que el hombre, en su estructura, es un templo. Su cuerpo es el altar, su mente la lámpara, su corazón el fuego. Cuando se vuelve consciente de este santuario interior, el universo entero responde a su llamado, porque ambos obedecen a la misma ley. Las corrientes de la naturaleza son las mismas que fluyen por su sangre, las mareas del mar siguen el ritmo de su respiración, los astros giran en el cielo como los pensamientos en su mente. El sabio, al descubrir estas correspondencias, deja de sentirse separado del cosmos y comienza a vivir en comunión con él.

El microcosmos humano refleja las jerarquías del macrocosmos. En lo más profundo de su ser mora la chispa divina, el punto inmutable donde el Espíritu habita. Alrededor de esa chispa giran las fuerzas del alma, como planetas en torno a su sol. La razón, la imaginación, la voluntad, el deseo y la memoria son los orbes de este pequeño universo. Cuando el hombre se desconoce, estos astros giran en desorden y producen caos interior; cuando se reconoce, los ordena según la ley de la armonía. En ese momento, su alma se convierte en cosmos consciente.

Eliphas Lévi decía que el hombre es mediador entre los reinos. En su naturaleza se encuentran lo mineral, lo vegetal, lo animal y lo divino. Su cuerpo pertenece a la tierra, su alma al cielo, su espíritu al Eterno. Por eso su misión es unir, reconciliar los extremos de la creación. Cuando eleva su pensamiento, redime la materia; cuando actúa con amor, espiritualiza el mundo. Su vida, comprendida desde esta perspectiva, es una liturgia cósmica donde cada acto puede ser sagrado si se realiza en conciencia.

En la frente del Baphomet brilla el pentagrama, símbolo de este misterio. No representa un poder ajeno al hombre, sino su propia naturaleza iluminada. El pentagrama en la frente significa el pensamiento consciente de su divinidad, la inteligencia que domina las pasiones, la mente que refleja la luz sin deformarla. Es el hombre que ha ascendido de la condición animal a la humana, y de la humana a la espiritual. En él, la bestia se ha vuelto templo, y el instinto se ha transformado en sabiduría.

El microcosmos contiene en sí todas las leyes del universo. Eliphas Lévi afirmaba que la anatomía humana es la geometría del Espíritu. Los cinco dedos de la mano corresponden a los cinco elementos, las siete aberturas de la cabeza a los siete planetas, los doce pares de nervios a los signos del zodíaco. Nada en el cuerpo es casual: todo responde a una proporción cósmica. Por eso el mago, al estudiar su propio ser, estudia al mismo tiempo el universo. Su cuerpo es laboratorio, su alma es templo, su pensamiento es altar.

Eliphas Lévi enseñaba también que el microcosmos no es solo reflejo del cosmos, sino su intermediario consciente. El universo, por sí mismo, no puede mirarse; necesita del hombre para contemplarse. En la mente humana, Dios se reconoce. En la palabra humana, el Verbo se pronuncia. El hombre es, por tanto, el espejo donde la divinidad se vuelve consciente de su propia imagen. Por eso la misión del iniciado no es huir del mundo, sino consagrarlo, revelar en cada cosa la luz que lo habita.

El equilibrio del microcosmos depende del dominio de los cinco elementos interiores. Cuando el fuego del deseo se desborda, debe ser templado por el agua del amor; cuando el aire del pensamiento se dispersa, debe ser centrado por la tierra de la acción; y sobre todos ellos, el éter del espíritu debe mantener la armonía. Así el hombre se convierte en microcosmos ordenado, reflejo fiel del macrocosmos. Entonces su palabra tiene poder, su pensamiento irradia luz, su acción genera armonía.

Eliphas Lévi consideraba que la caída del hombre consiste en olvidar su condición de microcosmos. Cuando el alma se desconecta del espíritu, el cuerpo se convierte en prisión y la mente en laberinto. El redescubrimiento del pentagrama interior es el retorno a la unidad perdida. En ese instante, el hombre recuerda que no está separado del cosmos, sino que participa de su respiración. El aire que respira es el mismo aliento del universo, el fuego que lo anima es la chispa del Sol eterno, el agua de su sangre proviene del océano primordial, la tierra de su cuerpo del polvo estelar del principio.

Así, el hombre es la síntesis del cosmos y su culminación. En él, la creación alcanza conciencia de sí misma. Eliphas Lévi veía en esta verdad la base de toda magia y de toda religión. El hombre no es siervo de los dioses ni dueño del universo, es su sacerdote. Su misión es mantener el equilibrio entre las fuerzas, sostener el lazo que une lo visible con lo invisible, recordar al cielo la belleza de la tierra y a la tierra la pureza del cielo.

El Baphomet, con el pentagrama resplandeciendo en su frente, es el símbolo de este hombre consciente de su doble naturaleza. Su cuerpo pertenece al polvo, pero su mente al infinito. Su fuego interior ilumina el mundo sin consumirlo,

porque sabe que en él vive la misma llama que brilla en las estrellas. El hombre que alcanza esta comprensión ya no se ve como fragmento, sino como reflejo del Todo. En su interior, el universo canta su propia perfección.
El microcosmos humano es, en última instancia, el templo donde Dios y la Naturaleza se encuentran. Cada pensamiento, cada latido, cada respiración, es una oración cósmica que une los mundos. El hombre, cuando vive con conciencia, se convierte en pentagrama viviente, estrella encendida en el vasto firmamento del Espíritu. Y así, el símbolo del Baphomet deja de ser figura externa para convertirse en espejo interior, recordando que el universo entero habita dentro del alma que lo contempla.

El Verbo y el poder creador

Desde los orígenes de la tradición sagrada, se ha enseñado que el universo nació del Verbo, de la palabra pronunciada por el Espíritu. "Y dijo Dios: hágase la luz." En esa expresión eterna se encierra el misterio más profundo de la creación. El Verbo no es una palabra humana, sino una vibración primordial, una idea viva que, al ser emitida, se convierte en forma. Todo cuanto existe es sonido cristalizado, pensamiento hecho materia, energía convertida en orden. Eliphas Lévi enseñaba que el Verbo es la potencia mágica por excelencia, el instrumento del mago y la herramienta de Dios.

El pentagrama, símbolo del microcosmos, representa este poder creador. Cada una de sus puntas es una letra de la palabra del hombre, y su centro, el punto del Verbo divino que anima todas las cosas. Cuando el pentagrama está orientado hacia arriba, el Verbo resplandece en su pureza y el hombre se convierte en eco consciente del Logos eterno. Cuando está invertido, el Verbo se confunde con el ruido del mundo y pierde su poder creador, transformándose en palabra vacía o destructiva. Así, la orientación del símbolo refleja el estado interior del ser que lo pronuncia.

Eliphas Lévi afirmaba que el Verbo es la fuerza más sutil y más poderosa del universo. Es la corriente que une el pensamiento con la acción, la idea con la forma, el espíritu con la materia. Cada palabra humana, por insignificante que parezca, es una vibración que despierta energías invisibles. Por eso, en la Alta Magia, hablar es obrar. Pronunciar una palabra es crear una forma, trazar una línea en el tejido del mundo. De ahí la importancia del silencio y del control del lenguaje, porque quien no domina su palabra no domina su destino.

El Verbo humano es reflejo del Verbo divino. Cuando el hombre piensa con pureza y habla con verdad, su voz se convierte en instrumento de la creación. Cada palabra pronunciada con intención consciente participa del poder generador del Logos. En las antiguas escuelas herméticas se enseñaba que las letras son vehículos de fuerzas y que las palabras sagradas son llaves que abren los planos invisibles. Eliphas Lévi, en su doctrina, identificó esta verdad con el arte de la evocación mágica, donde la palabra, unida a la voluntad y al conocimiento, hace visible lo invisible.

El Verbo no solo crea el mundo exterior, sino también el interior. Lo que el hombre dice de sí mismo, lo que afirma o niega en su corazón, modela su alma. La palabra es semilla de destino. Siembra la duda y recogerás sombra; pronuncia la esperanza y nacerá la luz. Por eso los sabios enseñaron que la oración y la maldición son dos aspectos de la misma fuerza. La una ordena la energía hacia la armonía, la otra hacia la disolución. El poder del mago consiste en hablar desde el centro, donde el Verbo no divide, sino que une.

Eliphas Lévi consideraba que el silencio precede al Verbo como la noche precede al día. Solo quien ha aprendido a callar puede pronunciar la palabra creadora. El silencio purifica la mente y permite que la palabra surja de la fuente más profunda del ser. Hablar sin haber meditado es derramar energía sin dirección. Por eso los antiguos maestros guardaban sus fórmulas en secreto, no por egoísmo, sino por respeto al poder que contienen. El Verbo es fuego, y quien no está preparado puede quemarse con su propia voz.

El pentagrama, en su centro, es el símbolo del Verbo encarnado. Representa al hombre que ha logrado armonizar su palabra con la ley universal. En la tradición cristiana, el Verbo se hizo carne; en la hermética, el Verbo se hace hombre consciente. Ambas expresan el mismo misterio: la unión del Espíritu con la materia, del pensamiento con la forma. En ese punto de encuentro, el sonido se vuelve luz, y la luz se vuelve vida. El hombre, al pronunciar su palabra en armonía con el orden divino, se convierte en creador de mundos.

Eliphas Lévi enseñaba que la verdadera magia no consiste en dominar fuerzas externas, sino en gobernar el propio verbo interior. Pensar, sentir y hablar en unidad con la ley del equilibrio es el acto más alto del mago. Cuando el pensamiento es claro, el corazón puro y la palabra justa, el universo entero responde, porque la vibración del alma coincide con la del cosmos. La oración, el canto, la invocación y la meditación son formas diversas del mismo acto: pronunciar el Verbo desde el centro del ser.

En el Baphomet, el pentagrama en la frente representa esta conciencia activa del Verbo. Su antorcha, símbolo del pensamiento iluminado, y su boca cerrada, signo del silencio, revelan la doble enseñanza del poder de la palabra: hablar con sabiduría y callar con inteligencia. El mago no derrocha sonidos, porque sabe que cada palabra tiene vida propia y que todo lo pronunciado regresa a su fuente. Hablar es sembrar en el éter, y el silencio es el terreno donde esa semilla germina.

El Verbo es el puente entre el espíritu y la materia, el instrumento de la creación y la herramienta de la redención. Por él, el pensamiento desciende al mundo y el mundo asciende al pensamiento. Quien pronuncia el Verbo con conocimiento participa del poder de Dios; quien lo profana rompe la armonía y se aparta de la luz. Por eso el sabio mide sus palabras como el alquimista mide sus elementos, y las combina con intención precisa para que produzcan armonía.

Eliphas Lévi decía que el mago debe ser dueño de su palabra, porque en ella reside la llave de su destino. El silencio guarda el poder, la palabra lo revela. Ambas son necesarias, como el reposo y el movimiento, el día y la noche. En el equilibrio de ambas nace la sabiduría. Así, el Verbo no es simple sonido, sino acto de conciencia. Cuando el hombre comprende esto, su voz se convierte en oración permanente y su pensamiento en eco del Verbo eterno.

El Baphomet, con el pentagrama encendido sobre su frente, nos recuerda que el poder creador no pertenece a los dioses lejanos, sino al hombre consciente. Cada palabra que pronuncia, cada idea que sostiene, cada emoción que expresa, contribuye a la sinfonía del universo. Si su verbo es puro, eleva el mundo; si es impuro, lo enturbia. De ahí que la magia del Verbo sea la más alta y la más peligrosa. El iniciado aprende a hablar con el corazón en el fuego y la mente en la luz. Así su voz se convierte en llama, y su pensamiento, en creación.

Eliphas Lévi enseñó que la última palabra del sabio es el silencio, porque el silencio es el Verbo antes de la forma, la vibración pura antes del sonido. En ese silencio se escucha la música del cosmos, el canto eterno del Espíritu que sostiene a los mundos. Comprender esto es poseer la verdadera palabra mágica, aquella que no se pronuncia con los labios, sino con el alma. Es el Verbo interior que dice sin decir: "Yo soy", y en ese pronunciamiento silencioso el universo entero responde: "Tú eres".

El pentáculo en la frente del Baphomet

En el centro de la frente del Baphomet brilla el pentáculo, la estrella de cinco puntas que es a la vez signo de sabiduría y sello de poder. Este símbolo, colocado sobre el lugar del pensamiento, revela que la inteligencia iluminada es la corona del iniciado. El fuego que arde en su antorcha y la estrella que resplandece en su frente son manifestaciones de una misma luz: la conciencia despierta. El pentáculo no adorna al Baphomet, lo consagra. Es el signo de que la mente ha alcanzado su equilibrio, de que el pensamiento ha sido purificado por la llama del espíritu y se ha convertido en instrumento de la verdad.

Eliphas Lévi enseñaba que el pentáculo es la figura de la razón divina en el hombre. Es el sello de la mente que gobierna sobre los instintos y los sublima. Por eso, al colocarlo sobre la frente del Baphomet, quiso representar el triunfo de la inteligencia espiritual sobre la naturaleza inferior. En las tradiciones antiguas, la frente era el trono de la luz interior, el lugar donde la divinidad tocaba al hombre. Allí los egipcios colocaban el uraeus, la serpiente solar que simbolizaba la sabiduría, y los hindúes representaban el ojo de Shiva, el centro de la visión trascendente. En el Baphomet, el pentáculo ocupa ese mismo lugar, como signo de que el alma ha abierto el ojo de la comprensión y ve el universo tal cual es, sin ilusión ni temor.

El pentáculo en la frente es la proclamación silenciosa de que el conocimiento ha sido reconciliado con la fe. No hay ya separación entre pensar y creer, entre ciencia y religión, entre razón y misterio. Todo ha sido integrado en una visión única. La estrella, con su punta superior orientada hacia el cielo, indica la supremacía del espíritu sobre los elementos, pero también la armonía entre ellos. Es la inteligencia que ha encontrado el equilibrio entre la lógica y la intuición, entre el análisis y la contemplación. Eliphas Lévi veía en esta unión la verdadera iluminación: la mente que se vuelve transparente a la luz del alma.

El pentáculo del Baphomet es también un espejo. Quien lo contempla con pureza ve reflejada su propia divinidad; quien lo mira con prejuicio, ve solo su sombra. De ahí que este símbolo haya sido malinterpretado por los ignorantes y temido por los supersticiosos. No es un emblema de maldad, sino de poder espiritual. Representa el dominio del pensamiento sobre el deseo, del orden sobre el caos, de la comprensión sobre el instinto. Es la señal del hombre que ha vencido en sí la guerra de los contrarios y ha establecido el reino de la paz interior.

Eliphas Lévi enseñaba que la mente es el espejo del universo, y que su claridad depende de su pureza. Si el pensamiento se oscurece por el orgullo o el miedo, el reflejo del mundo se distorsiona. El pentáculo en la frente del Baphomet brilla porque su mente está en reposo. No piensa para poseer, sino para comprender; no analiza para juzgar, sino para unir. Su inteligencia no divide, reconcilia. Por eso su mirada, fija y serena, no expresa juicio, sino contemplación. El pentáculo es la forma visible de ese estado de conciencia: el pensamiento hecho luz.

Eliphas Lévi escribió que el verdadero poder del mago se encuentra en su pensamiento, porque pensar es crear. La mente que domina sus imágenes y sus palabras gobierna las fuerzas invisibles. Cada idea es una semilla, cada símbolo un canal, cada pensamiento una vibración que modela el éter. El pentáculo, como sello de la mente ordenada, representa la perfección de esta ciencia sagrada. No es instrumento de dominio, sino de armonía. Quien lo lleva en la frente no impone su voluntad al universo, sino que se ajusta al ritmo eterno de la voluntad divina.

En el lenguaje cabalístico, la frente es el asiento de Tiferet, la esfera de la belleza y de la armonía. Allí se unen las energías ascendentes y descendentes del Árbol de la Vida. El pentáculo, colocado en ese punto, indica la función mediadora del alma humana. Es el puente entre la sabiduría de lo alto y la fuerza de lo bajo, entre la comprensión de lo divino y su expresión en la tierra. Así, el Baphomet se convierte en el símbolo del equilibrio perfecto, del mago que ha alcanzado la unidad interior y refleja en su ser la armonía del cosmos.

El fuego que corona su cabeza es la inteligencia divina, y el pentáculo, el orden con que esa luz se manifiesta. Juntos forman la corona del iniciado. La antorcha es la llama viva del Espíritu, el pentáculo es la geometría de su expresión. La una representa la inspiración, el otro la forma. En su

unión se cumple la obra del pensamiento iluminado. Así como el fuego sin forma es caos, la forma sin fuego es muerte. Solo cuando la luz interior encuentra su estructura, el hombre se convierte en verdadero mago, capaz de comprender y de manifestar el orden divino.
Eliphas Lévi advertía que el poder del pensamiento es también su peligro. La mente puede iluminar o cegar, liberar o esclavizar. Por eso el pentáculo, símbolo del equilibrio mental, es también un talismán de protección. No protege contra enemigos exteriores, sino contra los fantasmas interiores. Su luz impide que la mente se pierda en su propio laberinto. Es el recordatorio de que toda inteligencia debe estar al servicio del amor, y que toda sabiduría sin compasión se convierte en orgullo estéril.

El pentáculo en la frente del Baphomet es, por tanto, la consagración del pensamiento. Representa el triunfo del intelecto iluminado por el espíritu, la mente que ha aprendido a callar para escuchar la voz de la verdad. Su brillo no procede del exterior, sino del interior. Es la luz del alma reflejada en el espejo de la mente. Quien alcanza ese estado se convierte en espejo vivo de la sabiduría eterna, en sacerdote del pensamiento divino.

En su serenidad majestuosa, el Baphomet enseña que la verdadera realeza del hombre no está en su poder sobre los demás, sino en su dominio sobre sí mismo. El pentáculo que brilla en su frente es la corona del sabio, la señal de que el pensamiento se ha reconciliado con el corazón y que la mente se ha vuelto templo de la luz. En ese estado, el hombre deja de pensar desde la división y comienza a pensar desde la unidad. Su razón se convierte en oración, su silencio en comprensión, su mirada en palabra del Espíritu.

Así, el pentáculo en la frente del Baphomet no es un signo de oscuridad, sino de iluminación. Es la estrella de la inteligencia divina que guía al alma a través del laberinto del mundo. Es el sello del pensamiento redimido, la lámpara encendida en el santuario de la mente. En su luz, el iniciado reconoce que la sabiduría no consiste en saber mucho, sino en comprender con pureza, y que el más alto conocimiento es aquel que, al comprender, ama.

El dominio del espíritu sobre la materia

El misterio del Baphomet culmina en la afirmación de que el espíritu gobierna sobre la materia. Toda su forma, toda su enseñanza, todo su gesto, convergen en este principio. El universo no es una prisión de la carne ni un juego ciego de fuerzas, sino un templo viviente en el que la luz invisible se reviste de forma para manifestarse. La materia no es enemiga del espíritu, es su espejo y su instrumento. Eliphas Lévi decía que la materia es el alma dormida de Dios, y que el trabajo del iniciado consiste en despertarla, en elevarla hasta su origen.

En la frente del Baphomet brilla el pentáculo, símbolo de ese dominio. Su punta superior, orientada hacia el cielo, indica la supremacía del espíritu sobre los elementos inferiores. No hay tiranía en ese dominio, sino orden. El espíritu no oprime a la materia, la organiza; no la desprecia, la consagra. Es el principio que da sentido al caos, la inteligencia que estructura la energía. La verdadera victoria del espíritu no consiste en negar la materia, sino en penetrarla con su luz. Cuando el fuego de la conciencia desciende hasta la raíz de la forma, la redime y la transforma.

Eliphas Lévi enseñaba que el espíritu es la causa, la materia el efecto. Lo que el espíritu piensa, la materia realiza. En el universo todo es pensamiento encarnado. Las montañas, los mares, los astros, son ideas divinas convertidas en sustancia. El hombre participa de esta misma ley: su cuerpo es la forma de su alma, y su destino, la proyección de su pensamiento. Por eso el mago, al dominar su mente, domina su mundo. No necesita alterar la materia por la fuerza, sino dirigir la causa interior que la rige. Su poder consiste en alinear su voluntad con la del Espíritu universal.

Eliphas Lévi consideraba que el error de las religiones degradadas había sido separar lo espiritual de lo material, y el error del materialismo, negar lo espiritual. La Alta Magia, en cambio, une ambos polos. Enseña que el espíritu es el fuego y la materia su combustible, y que solo juntos producen la luz de la vida. La materia sin espíritu es oscuridad, el espíritu sin materia es inacción. La creación surge de su unión. El Baphomet, con su doble naturaleza, es la figura de esa unión sagrada, el testimonio de que el espíritu puede habitar la forma sin perder su pureza y que la forma puede reflejar al espíritu sin degradarse.

El dominio del espíritu sobre la materia no implica huida del mundo, sino transfiguración del mundo. El sabio no rechaza la carne, la santifica; no huye del deseo, lo eleva; no destruye la naturaleza, la ilumina. Comprende que la materia es el campo donde el espíritu se experimenta a sí mismo. Cada átomo contiene una chispa de conciencia esperando ser despertada. El trabajo del mago consiste en liberar esa chispa, en devolver al mundo su sentido original. Su obra es alquímica: transformar el plomo de la existencia en oro de sabiduría.

Eliphas Lévi veía en la alquimia la expresión práctica de este principio. El alquimista no buscaba oro vulgar, sino la perfección de la materia mediante la acción del espíritu. En el laboratorio, el fuego simboliza la inteligencia, y la sustancia, la materia a redimir. Cuando el fuego actúa con constancia y medida, la materia se purifica, se vuelve transparente, se eleva. Así también el alma humana: cuando se deja penetrar por la luz del espíritu, se vuelve luminosa, capaz de reflejar la divinidad sin deformarla. En este proceso reside el secreto de la Gran Obra.

El Baphomet, mitad materia y mitad espíritu, sentado en el centro del universo, representa ese equilibrio dinámico. Su cuerpo, compuesto de elementos opuestos, no está dividido, sino armonizado. La antorcha en su cabeza es el espíritu que ilumina; su cuerpo, la materia que recibe esa luz. Su gesto, señalando hacia arriba y hacia abajo, indica la circulación de la energía entre ambos planos. El dominio del espíritu no es un acto de imposición, sino de comunión. El espíritu no manda sobre la materia desde fuera, sino que la guía desde dentro, como el alma anima al cuerpo.

Eliphas Lévi enseñaba que el hombre reproduce en sí el drama del cosmos. Su espíritu busca elevarse, su materia lo retiene, y entre ambos surge la conciencia. En esa tensión se desarrolla la historia del alma. El dominio del espíritu consiste en que la conciencia asuma su papel de mediadora, integrando las fuerzas que la habitan. Cuando el pensamiento, el sentimiento y la acción se alinean con la luz interior, la materia obedece al espíritu espontáneamente, sin violencia. El cuerpo se vuelve instrumento dócil, el deseo, energía creadora, la mente, canal de la sabiduría.

El mago, decía Lévi, es aquel que ha aprendido a reinar en su propio reino. No domina a otros, se domina a sí mismo. Su cuerpo obedece a su alma, su alma obedece a su espíritu, y su espíritu obedece a la ley eterna. En ese orden jerárquico se refleja el cosmos. El dominio del espíritu sobre la materia no es despotismo, sino armonía. Es la realeza interior que surge cuando cada nivel del ser ocupa su lugar y cumple su función. El resultado de ese orden es la paz, el silencio fecundo en el que el universo entero parece descansar.

Eliphas Lévi afirmaba que el espíritu no destruye la materia, sino que la glorifica. La materia es la manifestación visible del espíritu; negarla es negar la encarnación divina. Por eso el sabio venera la tierra, el agua, el aire y el fuego. Los ama no por su poder, sino por su belleza, porque en ellos ve los rostros del Eterno. Sabe que el universo es el cuerpo de Dios, y que cada átomo es un templo donde arde su presencia. Comprender esto es alcanzar la verdadera espiritualidad: no una evasión del mundo, sino una comunión con él.

El Baphomet enseña que la redención de la materia no se logra por el rechazo, sino por la integración. La bestia que lleva en su forma no es enemigo del espíritu, sino su vehículo. El sabio no mata a su animal interior, lo doma; no niega su cuerpo, lo consagra; no reprime su energía, la sublima. En este acto de reconciliación se cumple el misterio del dominio. La materia deja de ser obstáculo y se convierte en aliada, la sombra deja de ser amenaza y se convierte en espejo. El hombre se redime al aceptar y transfigurar su propia naturaleza.

El dominio del espíritu sobre la materia es también el secreto del amor. El amor es la fuerza que une lo superior y lo inferior, el fuego que hace que el espíritu descienda y la materia ascienda. Eliphas Lévi decía que el amor es la ley suprema del universo, porque en él el espíritu se hace carne y la carne se hace espíritu. El Baphomet, con su rostro sereno y su corazón oculto, es imagen de ese amor equilibrado, amor que no posee ni huye, amor que transforma.

Así, el pentáculo en la frente del Baphomet brilla como el emblema de la conciencia que ha conquistado su trono. Su luz proclama que el espíritu ha descendido a la materia sin perder su pureza, y que la materia se ha elevado al espíritu sin perder su forma. Este es el misterio de la encarnación universal, el matrimonio de la luz y la sombra, la alquimia del ser. Quien comprende esta enseñanza no teme la materia ni adora el espíritu: los une. En esa unión se revela la verdad del cosmos, la victoria de la conciencia sobre la inercia, la paz del fuego que arde sin consumir.

IX

El Baphomet y la Cábala

Relación con el Árbol de la Vida

La figura del Baphomet, con su compleja armonía de opuestos y su profunda estructura simbólica, encuentra su raíz más secreta en la Cábala hebrea. Ningún símbolo puede comprenderse por completo fuera de su contexto espiritual, y el del Baphomet se ilumina cuando se contempla a la luz del Árbol de la Vida. Este árbol, que los sabios llamaron *Etz Chaim*, es la imagen del universo ordenado según las emanaciones del Ser divino. En él, cada esfera, cada sendero, cada correspondencia, refleja un aspecto de la creación y un grado de conciencia. Eliphas Lévi reconoció en el Baphomet la síntesis viviente de ese Árbol, la encarnación de sus diez sefirot en una sola forma, el espejo de la unidad que se expresa a través de la multiplicidad.

El Árbol de la Vida es la estructura oculta del cosmos y del alma. Su raíz se hunde en lo inmanifestado, su copa se abre hacia la luz infinita, y su tronco es el canal por donde el Espíritu desciende para vivificar la materia y donde la materia asciende para regresar al Espíritu. El Baphomet, sentado entre el cielo y la tierra, representa ese mismo flujo. Su cuerpo es el tronco del Árbol, sus manos son los extremos por donde la energía divina desciende y asciende, su antorcha es Kéter, la corona del Espíritu puro, y su base, donde reposa, corresponde a Malkut, el Reino, la manifestación visible. Entre ambos extremos se despliega la escala completa de la existencia, desde la luz más alta hasta la forma más densa.

Eliphas Lévi decía que el Árbol de la Vida no es solo un diagrama, sino un ser vivo, un organismo de luz que respira en cada alma y en cada mundo. El Baphomet es la imagen de esa vida en equilibrio. Su forma integra las tres columnas de la Cábala: la de la severidad, la de la misericordia y la del equilibrio. En su lado izquierdo, la fuerza descendente de Binah, la inteligencia que estructura; en su lado derecho, la fuerza ascendente de Chokmah, la sabiduría que irradia; en su centro, el equilibrio de Tiferet, la belleza que reconcilia. Así, su cuerpo entero es un diagrama animado del Árbol, un mapa vivo del camino que une lo humano con lo divino.

Cada parte del Baphomet corresponde a una sefirah y a una virtud. Su antorcha ardiente, símbolo de Kéter, representa la voluntad divina que ilumina la creación. Su frente, donde brilla el pentáculo, es Chokmah, la sabiduría pura, la chispa del pensamiento original. Sus pechos, que alimentan, son

Binah, la inteligencia madre que da forma a la idea. Su corazón invisible es Tiferet, la belleza del alma equilibrada. Sus brazos extendidos expresan Hesed y Geburah, la misericordia y la fuerza que sostienen el universo. Su cintura, donde se entrelazan los símbolos masculino y femenino, corresponde a Yesod, el fundamento, el punto donde las energías superiores se preparan para manifestarse. Finalmente, sus pies y su trono representan Malkut, la tierra, la materia, la obra cumplida.

Eliphas Lévi veía en esta correspondencia la clave para entender que el Baphomet no es un ídolo ni una criatura demoníaca, sino un jeroglífico del equilibrio universal. Cada una de sus partes expresa una de las emanaciones divinas, y todas juntas forman el hombre perfecto, el Adam Kadmon de la Cábala. En él, la creación vuelve a su origen. El fuego de Kéter desciende a Malkut, y la tierra de Malkut se eleva a Kéter, cerrando el ciclo eterno de la manifestación. El Baphomet, como mediador, simboliza el alma que realiza esa ascensión interior.

El Árbol de la Vida enseña que toda existencia es una corriente entre polos, una respiración entre la unidad y la multiplicidad. El Baphomet encarna esa corriente en su doble gesto. Su mano derecha, alzada hacia lo alto, señala el retorno del alma a su fuente; su mano izquierda, dirigida hacia abajo, muestra la emanación del espíritu en la materia. Entre ambas circula el flujo de la vida divina, que nunca se detiene. El equilibrio entre ambas direcciones es el secreto de la estabilidad universal. Cuando una domina, se produce la caída; cuando ambas se armonizan, nace la luz.

Eliphas Lévi afirmaba que el Baphomet es el Árbol del Conocimiento reconciliado con el Árbol de la Vida. En el

Edén simbólico, ambos árboles estaban separados: el del bien y del mal, que da la ciencia de la dualidad, y el de la Vida, que da la unidad eterna. El Baphomet, con su sabiduría equilibrada, une ambos en uno solo. En su fuego se disuelve la oposición entre lo puro y lo impuro, lo sagrado y lo profano. En él, la ciencia y la fe se reconcilian. Es el signo del retorno del hombre al estado edénico, no por ignorancia, sino por comprensión.

El Árbol de la Vida no es solo una estructura cósmica, sino también un mapa del alma. Cada sefirah corresponde a un estado de conciencia, y ascender por ellas equivale a elevar el alma desde la densidad de la forma hasta la claridad del espíritu. El Baphomet, en su forma simbólica, representa ese proceso. Su cuerpo, mitad animal y mitad humano, indica el punto de partida; su antorcha y su pentáculo, el punto de llegada. Entre ambos se extiende el camino de la iniciación, la escalera interior que une la tierra con el cielo. Eliphas Lévi veía en esa ascensión el verdadero sentido del trabajo mágico: hacer descender la luz y hacer ascender la conciencia, hasta que ambos se encuentren en el corazón.

En la Cábala, el equilibrio entre las columnas es indispensable. Cuando la severidad actúa sin misericordia, el mundo se endurece; cuando la misericordia se expresa sin justicia, el orden se disuelve. El Baphomet mantiene ambas en tensión perfecta. Su expresión no es de crueldad ni de indulgencia, sino de comprensión. Su mirada contiene el juicio y la gracia, el rigor y la ternura. Es el rostro de Tiferet, la armonía de los opuestos. Por eso su belleza no es humana ni divina, sino cósmica, síntesis de todas las formas y de todos los mundos.

Eliphas Lévi afirmaba que la verdadera Cábala enseña a ver a Dios en todas las cosas y todas las cosas en Dios. El

Baphomet, al integrar los principios cabalísticos, revela esta misma verdad. Su forma no separa, une; no excluye, incluye. Es la imagen de la divinidad manifestada en la materia y de la materia redimida en la divinidad. En él, el Árbol de la Vida florece en la tierra.
Contemplar al Baphomet con los ojos del cabalista es ver el universo entero reflejado en una sola figura. Cada línea, cada proporción, cada elemento corresponde a una sefirah, a un nombre divino, a una ley del ser. Es el Árbol hecho carne, la sabiduría convertida en forma. Quien comprende este misterio comprende también la enseñanza central de la Cábala: que no hay nada fuera de la divinidad, y que todo cuanto existe es expresión de su equilibrio eterno.

Así, el Baphomet y el Árbol de la Vida son dos representaciones de una misma verdad. Uno expresa la doctrina mediante la imagen, el otro mediante el número y la palabra. Ambos revelan el secreto del universo: que la luz y la sombra, el cielo y la tierra, el espíritu y la materia, son los rostros de un solo Dios que se contempla a sí mismo en el espejo de la creación.

Los tres pilares del equilibrio

El Árbol de la Vida se sostiene sobre tres columnas que equilibran el universo: la de la Severidad, la de la Misericordia y la del Equilibrio. Estas tres corrientes de energía fluyen eternamente entre lo alto y lo bajo, tejiendo la estructura de la creación y del alma humana. En ellas reside el secreto de la armonía cósmica, pues todo lo que existe se mantiene por la tensión entre los opuestos y su reconciliación en el centro. Eliphas Lévi veía en estas tres columnas la clave de la Alta Magia, y reconoció su reflejo en la figura del Baphomet, cuya postura encarna la ley suprema del equilibrio dinámico.

La columna de la Severidad, situada a la izquierda del Árbol, representa la fuerza que limita, ordena y concentra. Es la energía de Binah, la Inteligencia, madre de las formas, principio de disciplina y de estructura. Sin ella, el universo se disolvería en el caos. La columna de la Misericordia, a la derecha, encarna la expansión, la generosidad, la luz que se derrama. Es la energía de Chokmah, la Sabiduría, padre de la emanación, principio de movimiento y de creación. Si actuara sola, el mundo se perdería en el exceso de su abundancia. Entre ambas se alza la columna del Equilibrio, el eje central del Árbol, donde se encuentra Tiferet, la Belleza, corazón del cosmos y punto de unión entre la fuerza y la gracia.

Eliphas Lévi enseñaba que estas tres columnas no son simples conceptos, sino corrientes vivas que atraviesan toda manifestación. En el hombre, la Severidad se expresa como juicio, la Misericordia como compasión, y el Equilibrio como conciencia. El sabio no elige una sobre la otra, sino que las mantiene en armonía. Quien solo juzga se endurece; quien solo compadece se debilita; quien une ambas se ilumina. El equilibrio es el arte de la síntesis, la ciencia del mediador. Por eso, en el Baphomet, ambas manos, la que asciende y la que desciende, expresan este juego perpetuo de los contrarios en perfecta concordia.

El Árbol de la Vida enseña que el universo no se sostiene en la rigidez, sino en el movimiento. Las fuerzas de la Severidad y de la Misericordia no son enemigas, sino complementarias. Una desciende para dar forma, la otra asciende para dar vida. Su encuentro en el centro genera el equilibrio que mantiene la creación. Eliphas Lévi comparaba estas corrientes con las dos serpientes del caduceo de Hermes, que suben y bajan entrelazadas alrededor de una vara central. Cuando las dos fuerzas se encuentran en equilibrio, surge la luz, la conciencia despierta, el alma iluminada.

El Baphomet representa este equilibrio en su totalidad. Su mano derecha, levantada hacia el cielo, corresponde a la columna de la Misericordia; su mano izquierda, dirigida hacia la tierra, a la columna de la Severidad; su cuerpo, erguido entre ambas, es la columna central del Equilibrio. En él, las energías opuestas no se combaten, se complementan. Su quietud es el reflejo de una tensión perfectamente resuelta. Así como el Árbol de la Vida se mantiene entre la rigidez y la expansión, el Baphomet sostiene su paz interior entre la luz y la sombra.

Eliphas Lévi afirmaba que el secreto del poder mágico consiste en hallar el punto de equilibrio entre las dos fuerzas universales. El mago que se inclina demasiado hacia la Severidad se convierte en tirano; el que se entrega solo a la Misericordia, en esclavo de su propia bondad. Solo el que permanece en el centro domina ambas corrientes y las dirige hacia la armonía. En la Cábala, ese punto central se llama Tiferet, y es el corazón del Árbol. En la Alta Magia, se llama Voluntad equilibrada. En el alma del iniciado, es el estado de paz consciente donde toda dualidad se resuelve.

El equilibrio entre las columnas no es estático, sino dinámico. Las energías fluyen constantemente de una a otra, ascendiendo y descendiendo por los senderos del Árbol. La creación entera respira en ese vaivén. El día y la noche, el nacimiento y la muerte, la expansión y la contracción, son ritmos de esa misma respiración divina. Eliphas Lévi enseñaba que la sabiduría consiste en armonizarse con ese ritmo, en comprender que la justicia y la misericordia no son opuestas, sino aspectos de una misma ley que busca perpetuamente el equilibrio.

En el hombre, las tres columnas se reflejan en su mente, su corazón y su cuerpo. La mente representa la Severidad, porque juzga, distingue y define. El corazón simboliza la Misericordia, porque ama, une y comprende. El cuerpo, que las reconcilia en la acción, es el Equilibrio, el instrumento que transforma la idea en realidad. Cuando estas tres partes actúan en armonía, el hombre se convierte en imagen viva del Árbol de la Vida. Cuando se separan, el alma se fragmenta y pierde su centro. La iniciación, según Lévi, consiste precisamente en restaurar ese equilibrio interior.

El Baphomet, sentado en serenidad, es la imagen de ese hombre restablecido. Su antorcha simboliza la mente iluminada, su pecho maternal el corazón compasivo, su trono estable la acción equilibrada. No hay exceso en su forma, ni debilidad, ni violencia. Todo en él está en proporción. Esa proporción es el secreto de la belleza, que en la Cábala se llama Tiferet, la esfera donde los opuestos se reconcilian en armonía perfecta. En ese punto, la Severidad se vuelve sabiduría, la Misericordia se vuelve comprensión, y el Equilibrio se convierte en luz.

Eliphas Lévi enseñaba que todo el universo se sostiene por el equilibrio de tres fuerzas: la activa, la pasiva y la neutra. La activa impulsa, la pasiva recibe, la neutra equilibra. El Baphomet representa las tres en su totalidad. En su fuego arde la fuerza activa; en su forma receptiva, la pasiva; en su serenidad, la neutra. De la interacción de las tres nace la vida. Esta tríada está presente en todas las tradiciones: en la Cábala como las tres columnas, en la teología cristiana como las tres personas divinas, en la alquimia como azufre, mercurio y sal. Siempre el mismo misterio: la unidad expresada en tres.

Así, los tres pilares del Árbol de la Vida no son abstracciones teológicas, sino leyes universales. Están en los astros y en los átomos, en el alma y en la materia, en el pensamiento y en la respiración. El Baphomet, al reflejarlos, se convierte en el jeroglífico del equilibrio eterno. Su enseñanza no es adoración ni temor, sino comprensión. Nos recuerda que solo en el punto medio el alma se hace libre, que solo quien equilibra sus fuerzas alcanza la paz, y que el verdadero poder no se impone desde los extremos, sino que emana del centro, donde mora el Espíritu.

Binah y Chokmah: madre y padre

En lo alto del Árbol de la Vida, bajo la corona divina de Kéter, se manifiestan dos potencias eternas: Binah y Chokmah, la Madre y el Padre, los dos principios complementarios de la creación. En su unión nace toda forma, toda idea, todo ser. Ellos son la dualidad primordial que refleja en el universo la fecundidad del Uno. Eliphas Lévi, que conocía la profundidad de este misterio, enseñaba que Binah y Chokmah no son dos dioses ni dos fuerzas opuestas, sino los dos rostros del pensamiento divino, el aspecto activo y el aspecto pasivo de una sola inteligencia infinita.

Chokmah, situado a la derecha del Árbol, es la Sabiduría, el impulso creador, la luz que se expande sin límites. Es el principio masculino, la energía pura que irradia desde la fuente. Representa la idea en su estado naciente, el fuego que busca manifestarse. Su naturaleza es expansiva, afirmativa, luminosa. Es el Verbo en potencia, la chispa que enciende el cosmos. Binah, en cambio, ocupa el lado izquierdo. Es la Inteligencia, el principio femenino, el útero del pensamiento divino donde la idea se estructura. Si

Chokmah es el fuego que fecunda, Binah es el agua que recibe y da forma. Su naturaleza es receptiva, ordenadora, profunda. Ella transforma la luz en forma, la energía en ley, la inspiración en comprensión.

Eliphas Lévi enseñaba que Chokmah y Binah son las dos columnas de la sabiduría divina, la Severidad y la Misericordia en su aspecto más alto. Chokmah representa la libertad creadora, la fuerza que se derrama sin medida; Binah, la disciplina que la contiene, la matriz que la organiza. De su equilibrio nace la armonía del cosmos. Cuando la sabiduría actúa sin comprensión, se vuelve ciega; cuando la comprensión actúa sin sabiduría, se vuelve estéril. La creación requiere de ambas, porque solo el fuego contenido por la forma puede iluminar sin destruir.

El Baphomet refleja este principio en su propia naturaleza. Su cuerpo, mitad masculino y mitad femenino, simboliza la unión de Binah y Chokmah en una sola entidad equilibrada. En su pecho materno habita la inteligencia receptiva de Binah, que nutre y sostiene; en su antorcha flameante arde la sabiduría activa de Chokmah, que ilumina y fecunda. Su figura es el hijo de ambos, el fruto de su unión, el reflejo visible de su matrimonio eterno. En él, la luz del Padre se reviste con la comprensión de la Madre y se manifiesta en la creación como equilibrio perfecto.

Eliphas Lévi afirmaba que el universo entero es el diálogo incesante entre estos dos principios. Chokmah habla con el lenguaje de la expansión, Binah responde con el lenguaje de la forma. El uno pronuncia, la otra da cuerpo a la palabra. En este intercambio eterno se produce la música de las esferas, la vibración que sostiene la existencia. El mago que comprende este misterio aprende a equilibrar dentro de sí ambas corrientes: la inspiración y la razón, la libertad y la disciplina, el fuego de la voluntad y el agua del entendimiento.

En la Cábala, la unión de Binah y Chokmah se representa con el nombre de YHVH, el Tetragramatón sagrado. La yod inicial corresponde a Chokmah, el principio masculino, la semilla de la idea divina. La he siguiente corresponde a Binah, el principio femenino, la matriz que recibe y desarrolla esa semilla. De su interacción surgen las dos últimas letras, vav y he final, que representan las etapas posteriores de la manifestación. Así, todo el universo se genera por el juego armónico de estos dos principios, que no se oponen, sino que se complementan en el acto perpetuo de la creación.

Eliphas Lévi consideraba que el mago debía reproducir en su propia alma esta unión sagrada. En el hombre, Chokmah se manifiesta como la voluntad, y Binah como la inteligencia. La voluntad sin inteligencia es impulso ciego; la inteligencia sin voluntad es esterilidad. Cuando ambas se unen, surge el poder creador del pensamiento. El adepto trabaja para equilibrarlas: medita para ordenar su fuerza y actúa para vivificar su pensamiento. De esa unión interior nace el verdadero Verbo mágico, capaz de transformar el mundo porque procede de un alma equilibrada.

El Baphomet, con su rostro sereno y su antorcha ardiente, representa precisamente este estado del alma. En él, el fuego y el agua, el masculino y el femenino, el impulso y la forma, coexisten en paz. No hay lucha entre ellos, sino danza. Su figura es la imagen del equilibrio entre Binah y Chokmah llevado a su perfección. El mago que lo contempla aprende que no debe destruir su dualidad, sino integrarla. En la armonía de los contrarios encuentra su centro, y en ese centro su poder.

Binah, la Madre, enseña el valor del límite, la paciencia, la disciplina, el orden interior. Chokmah, el Padre, enseña el ímpetu, la fe, la expansión creadora. El uno dice: "Sé libre." La otra responde: "Sé sabio." Y en el silencio entre ambos, el alma escucha la voz del Espíritu, que dice: "Sé uno." Eliphas Lévi reconocía en este diálogo la esencia del conocimiento esotérico. Todo avance espiritual es fruto de su equilibrio: demasiado rigor ahoga el alma, demasiada indulgencia la dispersa. La vía del medio, el sendero del equilibrio, es la senda de la Maestría.

El Árbol de la Vida se alza sobre este matrimonio cósmico. Sin Chokmah y Binah no habría emanación ni retorno, ni universo visible ni pensamiento. Son los polos del imán divino, los eternos amantes cuyo abrazo sostiene el mundo. El Baphomet, al reflejarlos, nos recuerda que el universo no nace del conflicto, sino de la unión, y que la sabiduría más alta consiste en ver en cada polaridad una expresión del mismo amor primordial.

En la obra del mago, la reconciliación de Binah y Chokmah es la meta del trabajo interior. Cuando la mente y la voluntad se unifican, cuando la disciplina y la inspiración se abrazan, el alma se vuelve espejo de la divinidad. Entonces el fuego del cielo desciende a la tierra, y la tierra se eleva al cielo. El Baphomet, símbolo de esa fusión, enseña con su silencio que el Padre y la Madre no son dos, sino uno, que la dualidad es apariencia y que toda creación, toda sabiduría, todo amor, provienen de su eterno encuentro en la unidad.

Tiferet como reconciliación

En el corazón del Árbol de la Vida brilla Tiferet, la Belleza, la esfera del equilibrio perfecto, donde todas las fuerzas se encuentran y se reconcilian. Es el punto medio entre lo alto y lo bajo, entre la severidad y la misericordia, entre la sabiduría y la inteligencia. Tiferet es el corazón del cosmos, el alma del universo, el reflejo del Sol divino en el espejo de la creación. En ella, los contrarios dejan de oponerse y se reconocen como aspectos de una misma verdad. Eliphas Lévi veía en Tiferet la clave del equilibrio universal y el símbolo de la redención del alma.

La Belleza de Tiferet no es simple armonía estética, sino expresión visible de la unidad interior. Es la radiancia del orden divino manifestado en forma. Allí donde las fuerzas se equilibran, donde la luz y la sombra se abrazan sin destruirse, surge la Belleza. Por eso Tiferet es también la esfera de la Verdad, porque la verdad no es otra cosa que el equilibrio entre todas las perspectivas. En la Cábala, Tiferet es el Sol que refleja la luz pura de Kéter en los mundos inferiores, la conciencia que une al Espíritu con la materia, el mediador entre Dios y su creación.

Eliphas Lévi enseñaba que el mago verdadero trabaja siempre en Tiferet. Su tarea es reconciliar lo que está separado, unir lo que parece opuesto, armonizar lo que el error ha dividido. Así como el corazón bombea la sangre que da vida a todo el cuerpo, Tiferet distribuye la energía divina a todas las esferas del Árbol. Es el centro de la circulación de la luz. Cuando este centro se oscurece, el alma se disgrega; cuando se ilumina, todo el ser vibra en equilibrio.

El Baphomet encarna esta función de mediador. Su cuerpo se sitúa entre lo alto y lo bajo, entre el cielo que ilumina su frente y la tierra que sostiene su trono. En su pecho invisible late el corazón de Tiferet, el punto donde convergen todas las corrientes del Árbol. Su serenidad no es indiferencia, sino síntesis; su equilibrio no es inercia, sino vida en perfecta proporción. En él, la severidad y la misericordia no luchan, se abrazan; el fuego y el agua no se anulan, se fecundan. Por eso el Baphomet, contemplado con ojos cabalísticos, es la imagen viva de Tiferet, la Belleza que surge de la reconciliación de los contrarios.

Tiferet es también el símbolo del Hombre en su estado de armonía. En la estructura del Árbol, ocupa el mismo lugar que el corazón en el cuerpo humano. Representa al Hijo divino, el mediador entre el Padre y la Madre, entre el Cielo y la Tierra. Es el punto donde el Espíritu se hace alma y el alma se hace cuerpo. Por eso, en la tradición cristiana, Cristo corresponde a Tiferet: el Verbo encarnado que reconcilia a Dios con el hombre, la luz que desciende al mundo para elevarlo de nuevo al cielo. Eliphas Lévi veía en esta correspondencia la confirmación de que la Cábala y el Evangelio son dos lenguajes de una misma sabiduría.

El equilibrio que Tiferet representa no se logra por la negación de los extremos, sino por su integración. El sabio no destruye sus pasiones, las purifica; no renuncia a la razón, la ilumina. En el corazón de Tiferet, todas las fuerzas encuentran su justa medida. La voluntad se une al amor, el pensamiento a la emoción, la acción a la contemplación. Es el centro donde el alma deja de oscilar entre el exceso y la carencia, y encuentra la paz. Por eso Tiferet es también símbolo del alma iluminada, que ya no busca dominar, sino comprender, ya no desea poseer, sino reflejar la luz.

Eliphas Lévi decía que la verdadera Belleza no se crea, se revela. Surge cuando la forma se ajusta a la ley interior del espíritu. En la obra mágica, alcanzar Tiferet equivale a realizar la Gran Obra en uno mismo. El alquimista espiritual transforma el plomo de la confusión en oro de claridad al hacer que todas sus potencias giren alrededor del Sol interior. Ese Sol es Tiferet, el punto donde el alma se vuelve espejo del orden divino. Cuando el mago se alinea con ese centro, su vida entera se vuelve armonía, y cada acto, cada palabra, cada pensamiento, irradia la luz de la Belleza.

El Baphomet, con su antorcha en la cabeza y su serenidad en el rostro, es la imagen del alma que ha alcanzado ese estado. En él, la inteligencia ya no lucha con el deseo, la voluntad ya no combate con el instinto, el espíritu ya no teme a la materia. Todo está reconciliado. Su gesto, mitad ascendente y mitad descendente, es el movimiento perpetuo del equilibrio que nunca se rompe. Su belleza no es humana ni divina, sino cósmica: la belleza del orden eterno.

En la Cábala, Tiferet es también el lugar del sacrificio, porque solo a través del acto de ofrecerse el alma se unifica. El sacrificio no es renuncia, sino transformación. Lo que el hombre entrega, el Espíritu lo eleva. Eliphas Lévi enseñaba que la Belleza nace del sacrificio consciente, del amor que da sin esperar. En Tiferet, el alma aprende que la verdadera reconciliación no consiste en obtener, sino en ofrecer. La paz del corazón surge cuando el ego se disuelve en la luz del centro.

Tiferet es la imagen de la unidad restablecida. En su luz se reflejan todas las sefirot, como en un espejo perfecto. La Cábala enseña que cuando el alma alcanza ese nivel de conciencia, ve a Dios en todas las cosas y todas las cosas en Dios. La multiplicidad ya no confunde, revela. Cada forma se vuelve transparencia de lo eterno. Eliphas Lévi afirmaba que el sabio que alcanza Tiferet vive en el mundo sin pertenecerle, actúa sin deseo, ama sin temor. Su vida entera se convierte en oración silenciosa.

El Baphomet, como representación de este equilibrio, invita al alma a encontrar su propio centro. No enseña a huir del mundo, sino a ordenarlo desde dentro. Su mirada serena y su postura inmóvil son símbolos del estado que el iniciado alcanza cuando ha reconciliado todos sus contrarios. En su corazón, que no se ve pero se intuye, arde el sol de Tiferet, la llama dorada de la conciencia unificada. Quien lo contempla con entendimiento percibe que esa llama no está fuera, sino dentro de sí.

Así, Tiferet no es solo una esfera del Árbol, sino una experiencia interior. Es el punto donde el alma humana y la divinidad se encuentran, donde la vida deja de ser lucha y se convierte en canto. Es la Belleza que nace del orden, la luz que surge de la comprensión, la paz que resulta del amor. En su resplandor, el Baphomet se revela no como un enigma oscuro, sino como el símbolo del alma reconciliada, el testimonio de que toda dualidad se disuelve en la luz del corazón.

El misterio de Daath y el conocimiento oculto

Entre las diez sefirot del Árbol de la Vida, los sabios cabalistas hablaron de una undécima, invisible, situada entre Binah y Chokmah, justo debajo de Kéter. Su nombre es Daath, el Conocimiento, y su misterio ha fascinado a los iniciados de todas las épocas. No es una sefirah propiamente dicha, sino una puerta, un umbral, una región intermedia donde la luz del espíritu se transforma en comprensión y la comprensión en palabra. Daath es el punto donde el pensamiento divino se vuelve consciente de sí mismo, el espejo donde el Espíritu se reconoce.

Eliphas Lévi enseñaba que Daath representa la ciencia oculta, el saber que une la sabiduría y la inteligencia, el

Padre y la Madre. Si Chokmah es la idea pura y Binah la forma inteligible, Daath es el hijo de ambos, el conocimiento viviente que surge de su unión. En Daath, el pensamiento divino se concentra, se individualiza, se prepara para manifestarse. Es la cámara secreta donde el Verbo se reviste de luz antes de descender a los mundos inferiores. Por eso los cabalistas lo llamaron la sefirah invisible, el misterio del conocimiento que no se enseña con palabras, sino que se revela en el silencio de la contemplación.

El Baphomet, como jeroglífico de la sabiduría universal, encarna este punto oculto del Árbol. Su antorcha flameante en la cabeza simboliza la luz de Daath, la llama del entendimiento superior que ilumina sin consumirse. Esa antorcha no pertenece al mundo de las formas, sino al de las ideas puras. Arde en el espacio intermedio entre el pensamiento y la palabra, entre la sabiduría y la inteligencia. Es el fuego que une a Chokmah con Binah, el puente de la conciencia que conecta el Espíritu con la mente. En el Baphomet, este fuego se alza sobre la cabeza porque el conocimiento verdadero no se adquiere por el razonamiento, sino por la iluminación interior.

Daath no puede ser comprendido con la mente discursiva. Representa la gnosis, el conocimiento directo, el saber que se experimenta como presencia. Eliphas Lévi decía que el verdadero conocimiento no consiste en acumular ideas, sino en penetrar su esencia. En Daath, el alma no piensa sobre la verdad: la ve. No reflexiona sobre Dios: lo contempla. No busca la luz: es luz. Este estado de conciencia es el que distingue al adepto del simple erudito, al iniciado del curioso. En la ciencia profana, se aprende para saber; en la ciencia sagrada, se sabe para ser.

Eliphas Lévi relacionaba Daath con el Santo Nombre de Dios pronunciado en el corazón. No es el nombre audible, sino el vibrante, el que resuena en el silencio del alma. Es el punto donde la palabra humana se convierte en eco del Verbo divino. Cuando el mago alcanza Daath, su pensamiento ya no le pertenece: se ha convertido en canal de la sabiduría eterna. Cada idea que surge en su mente proviene del espíritu, cada palabra que pronuncia participa del poder creador. Por eso Daath es también el lugar del peligro: quien penetra en él sin purificación puede ser consumido por la luz que intenta comprender.

En la Cábala, Daath se halla en el abismo que separa las sefirot superiores, llamadas intelectuales, de las inferiores, llamadas morales y materiales. Ese abismo simboliza el salto entre el conocimiento divino y la comprensión humana. Daath es el puente que permite cruzarlo. Eliphas Lévi explicaba que el alma debe construir ese puente en sí misma, elevando su pensamiento hasta el nivel donde la razón y la intuición se funden. Allí, la mente deja de ser instrumento del ego y se convierte en reflejo del Espíritu. Ese tránsito es el momento iniciático por excelencia: el paso de la ciencia a la gnosis.

El Baphomet representa este puente con su doble gesto. Su mano derecha señala hacia lo alto, hacia las sefirot superiores, donde habita el misterio; su mano izquierda desciende hacia la materia, donde el conocimiento se encarna. En su frente arde la luz de Daath, y en su silencio se revela su enseñanza. Él no habla, porque el conocimiento que guarda no puede expresarse en palabras. Solo quien se ha purificado en el fuego del equilibrio puede recibirlo sin perderse. Su antorcha es la lámpara de la mente despierta, pero también el fuego de la prueba.

Eliphas Lévi afirmaba que Daath es el punto donde el alma humana se convierte en sacerdotisa del Espíritu. Es el grado de la conciencia en que el hombre deja de preguntar y comienza a comprender. Allí se disuelve la dualidad entre el conocedor y lo conocido, porque ambos son uno. El conocimiento ya no se busca, se revela. La luz que antes parecía exterior brilla desde dentro. Este es el significado más profundo de la antorcha del Baphomet: la iluminación que no viene de los libros, sino del alma que se abre al infinito.

El conocimiento de Daath no se impone, se conquista. No se recibe como don gratuito, sino como fruto de la transmutación interior. Es el resultado de haber equilibrado los polos de la sabiduría y la inteligencia, de haber unido el pensamiento y el amor, la razón y la fe. Eliphas Lévi enseñaba que solo el corazón purificado puede soportar el fuego del conocimiento. Sin pureza, la luz enceguece; con pureza, ilumina. Por eso el camino de la iniciación pasa primero por la moral antes que por la ciencia, porque sin virtud no hay verdadera gnosis.

El Baphomet, sentado entre el cielo y la tierra, custodia este secreto. Su figura enseña que el conocimiento no es una conquista del intelecto, sino una apertura del alma. Daath no se alcanza acumulando saberes, sino disolviendo la ignorancia. La ignorancia no es ausencia de datos, sino separación de la unidad. Saber, en el sentido esotérico, es unirse. El conocimiento oculto consiste en reconocer en todas las cosas la presencia del Espíritu. En ese instante, el alma se convierte en espejo de la divinidad, y la luz de Daath brilla en su interior como sol que nunca se apaga.

Eliphas Lévi decía que el hombre que ha alcanzado Daath ya no estudia los misterios, los vive. Para él, cada símbolo es una puerta abierta, cada palabra un rayo de la verdad, cada ser un reflejo de lo eterno. Vive en el mundo, pero su mente habita en la frontera del cielo. Sabe que el conocimiento no tiene fin, porque el Espíritu es infinito, y que la sabiduría no consiste en poseer la verdad, sino en dejarse poseer por ella. Ese es el estado del verdadero adepto, cuya alma se ha convertido en templo de Daath, santuario del Conocimiento viviente.

Así, el misterio de Daath, como el del Baphomet, no pertenece al reino de lo profano. Ambos son puertas entre mundos, umbrales de luz donde la conciencia se transforma. Daath es el punto donde el pensamiento se vuelve visión, y el Baphomet, la figura que guarda ese fuego. En el alma que alcanza su centro, ambos se unen: la antorcha arde sin consumir, el conocimiento ilumina sin dividir, y la mente se disuelve en la luz del Espíritu. Entonces el iniciado comprende que el verdadero saber es amor, y que el conocimiento oculto no consiste en ver más, sino en ver con más pureza.

X

El Baphomet en la alquimia

Solve et Coagula

En los brazos del Baphomet se leen dos palabras que resumen todo el misterio de la alquimia y de la transmutación espiritual: *Solve et Coagula*. Disolver y coagular, separar y unir, romper las formas para restablecer la unidad, esa es la ley eterna que rige la vida del cosmos y del alma. Nada permanece inmóvil, nada existe fuera del flujo de la creación y de la destrucción. La naturaleza entera obedece a esta fórmula sagrada, que es a la vez el secreto de la materia y el principio del espíritu. Eliphas Lévi veía en esas palabras la síntesis de la magia universal, la clave que abre los dos portales de la existencia: el de la disolución y el de la reintegración.

El *solve* es el acto de liberación. Es el fuego que disuelve las formas, el viento que dispersa las nubes, la muerte que abre el paso a la vida nueva. En el alma del iniciado, el *solve* representa la disolución de los apegos, de las falsas creencias, de las estructuras mentales que aprisionan la conciencia. Es la renuncia al yo ilusorio, la entrega del ego a la llama purificadora. Nada que no haya sido deshecho puede ser realmente transformado. Por eso el primer trabajo del adepto es romper la forma interior, vaciarse, destruir en sí toda cristalización de la ignorancia.

El *coagula*, en cambio, es el acto de reintegración. Es el agua que condensa el vapor, la semilla que vuelve a nacer, la forma que se reconstruye sobre nuevas bases. Representa la unión de los elementos purificados, el renacer del alma en una nueva conciencia. Después de haber disuelto, el mago vuelve a coagular, pero esta vez según la ley de la luz. La materia, purificada por el fuego del espíritu, se vuelve transparente; la mente, despejada de sus sombras, se vuelve espejo del universo. En este doble movimiento se cumple el ciclo de la creación: todo se deshace para volverse a hacer, todo muere para renacer más puro.

Eliphas Lévi enseñaba que *Solve et Coagula* es la fórmula de la Gran Obra, tanto en el plano material como en el espiritual. En el laboratorio alquímico, el adepto disuelve los metales impuros en el fuego para separarlos de sus escorias, y luego los coagula en una nueva sustancia, más noble y luminosa. En el laboratorio del alma, hace lo mismo: disuelve las pasiones, las ideas falsas, los temores; luego coagula en sí las virtudes, el conocimiento y la serenidad. Lo que en la materia es transformación, en el espíritu es iluminación.

El Baphomet, sentado en equilibrio entre lo alto y lo bajo, muestra en su cuerpo la síntesis de estos dos movimientos. Su mano derecha, alzada hacia el cielo, es el *solve*, la aspiración del alma hacia la luz, la liberación del espíritu. Su mano izquierda, apuntando hacia la tierra, es el *coagula*, la cristalización de la idea en forma, la encarnación de la luz en la materia. Su misma naturaleza dual, mitad animal y mitad divina, expresa este eterno intercambio entre disolución y cohesión. Nada en él está separado, todo está en proceso. En su quietud aparente late el dinamismo eterno de la creación.

Eliphas Lévi decía que la alquimia es el arte de la vida, porque todo cuanto vive obedece al ritmo de *Solve et Coagula*. La célula que muere para dar lugar a otra, el pensamiento que se desvanece para dejar espacio a la comprensión nueva, el amor que se transforma para alcanzar su forma más pura, todos son manifestaciones de esa misma ley. El sabio no teme la disolución, porque sabe que en ella comienza la renovación. No teme la muerte, porque en ella reconoce la semilla de la resurrección. La sabiduría consiste en dejar que la corriente siga su curso sin resistirse, en aceptar que la destrucción no es un final, sino una puerta.

El fuego de la antorcha del Baphomet simboliza precisamente el principio disolvente del espíritu. Es el fuego alquímico que separa lo sutil de lo denso, lo eterno de lo pasajero. Pero ese fuego no destruye, transforma. Purifica lo que toca, lo eleva, lo vuelve oro. En cambio, la solidez de su trono, la firmeza de su cuerpo compuesto, representan el *coagula*, la estabilidad alcanzada después de la purificación. Es la materia espiritualizada, la forma perfecta que contiene al fuego sin extinguirlo. El mago debe ser como el Baphomet: en su mente, fuego que disuelve; en su acción, tierra que coagula; en su alma, equilibrio entre ambos.

En la alquimia interior, el *solve* corresponde a la disolución del ego, y el *coagula* a la integración del ser superior. Eliphas Lévi afirmaba que el error del hombre común consiste en aferrarse a las formas y temer su disolución. Por eso no progresa. El iniciado, en cambio, comprende que solo se pierde lo que debe morir, y que lo que es verdadero no puede ser destruido. Cuando el alma acepta ser disuelta en el fuego del espíritu, renace en su naturaleza esencial. Este es el sentido profundo de la muerte iniciática: no la extinción del ser, sino su transfiguración.

El *solve* enseña al adepto a dejar ir, el *coagula* le enseña a permanecer. Disolver sin perder, unir sin aprisionar, esa es la alquimia del corazón. El fuego de la conciencia debe ser constante, pero el recipiente del alma debe ser firme. Si el fuego se apaga, la obra se enfría; si el vaso se rompe, el fuego se dispersa. Por eso el mago trabaja con equilibrio, sin exceso ni carencia, manteniendo el calor justo que permite que lo sutil se una con lo denso. Así se realiza la Gran Obra, tanto en el atanor del alquimista como en el templo del alma.

Eliphas Lévi veía en la fórmula *Solve et Coagula* una aplicación práctica de la ley de los opuestos. Disolver es el acto de la inteligencia que analiza; coagular, el acto del amor que une. En el equilibrio de ambos se encuentra la sabiduría. Quien solo disuelve, destruye; quien solo coagula, se estanca. El sabio disuelve lo que debe morir y consolida lo que debe permanecer. Su obra no es de ruina ni de construcción, sino de renovación perpetua. Así actúa el universo: cada día muere el sol para volver a nacer, cada estación se disuelve en la siguiente, cada respiración destruye y crea.

En el Baphomet, el *Solve et Coagula* brilla como el mantra de la creación. Es el ritmo eterno que mantiene el universo en equilibrio, la respiración de Dios que inhala y exhala mundos. En el alma del iniciado, este ritmo se convierte en una práctica consciente: disolver el error y coagular la verdad, disolver la sombra y coagular la luz. El adepto que vive según esta ley alcanza la libertad, porque ya no teme los cambios ni se aferra a las formas. Sabe que toda pérdida es transformación, y toda transformación, ascenso.

Así, el *Solve et Coagula* no es solo una fórmula alquímica, sino una ley de vida. En ella se resume la enseñanza del Baphomet y de la Alta Magia: que el universo es un proceso perpetuo de purificación y de unión, y que el espíritu y la materia, lejos de oponerse, son los dos movimientos de un mismo acto divino. Comprenderlo es participar conscientemente en la obra de la creación, y convertirse, como el Baphomet, en testigo vivo de la eterna alquimia del ser.

El Andrógino alquímico

En el corazón de la alquimia, más allá de las fórmulas y de los símbolos, brilla una imagen eterna: la del Andrógino. Este ser doble, que contiene en sí mismo el principio masculino y el femenino, representa la perfección de la naturaleza y la culminación de la Gran Obra. No es hombre ni mujer, sino ambos a la vez, no es dualidad, sino unidad reconciliada. Eliphas Lévi veía en el Andrógino alquímico la expresión más pura de la armonía universal, el reflejo visible del equilibrio entre el Sol y la Luna, entre el azufre y el mercurio, entre el fuego y el agua.

El Baphomet, con su cuerpo hermafrodita, es la encarnación de este misterio. En su pecho se dibujan los rasgos femeninos de la madre universal, y en su cintura, el símbolo fálico del caduceo, emblema de la energía creadora. Su naturaleza doble no es ambigüedad, sino plenitud. En él, la polaridad se vuelve comunión, la diferencia se convierte en canto. Representa el estado del ser que ha trascendido las divisiones, que ha fundido en su interior lo activo y lo receptivo, lo celeste y lo terrestre. El Andrógino alquímico no es un cuerpo, es una conciencia que ha alcanzado la totalidad.

Eliphas Lévi enseñaba que el error del hombre moderno es buscar fuera de sí la mitad que le falta, sin comprender que la verdadera unión debe realizarse dentro. El alma humana está compuesta por dos principios: la voluntad y el amor, el pensamiento y el sentimiento, el sol y la luna. Mientras permanezcan separados, el ser vive dividido, incompleto, sujeto a la alternancia del deseo y la insatisfacción. Pero cuando el mago logra reconciliarlos en su interior, nace en él el Andrógino, el ser completo, el hijo del cielo y de la tierra, que ya no necesita buscar porque se ha encontrado.

En la alquimia, este estado se representa por el *Rebis*, el doble ser que surge al final de la Obra. Es el resultado de la unión de los contrarios después de haber sido purificados. Primero el alquimista separa los elementos, los disuelve en el fuego de la conciencia, los libera de sus impurezas; luego los une de nuevo, pero en un orden superior. Así el alma, después de haber pasado por la disolución de sus pasiones, se vuelve transparente y capaz de reflejar en sí el Espíritu. La unión de lo masculino y lo femenino en el Andrógino no es carnal, sino espiritual: es la integración de todas las potencias del ser en un solo centro de luz.

Eliphas Lévi veía en el Andrógino la clave de toda teología y de toda magia. Decía que Dios mismo es Andrógino, porque contiene en su naturaleza la potencia creadora y la sabiduría receptiva, la energía que engendra y la inteligencia que ordena. En el principio no había dos, sino uno; y de ese uno emanaron todas las cosas. Por eso, cuando el iniciado alcanza la unión interior, participa del estado divino. En su alma se restablece el equilibrio primordial, el Edén perdido. No hay ya guerra entre sus fuerzas, sino comunión, no hay ya deseo de poseer, sino gozo de ser.

El Andrógino alquímico no es una fantasía, sino un símbolo de realización espiritual. Representa la conciencia que ha superado la dualidad, que ha comprendido que el masculino y el femenino no son opuestos, sino manifestaciones complementarias del Uno. En el lenguaje de la alquimia, el azufre corresponde al fuego activo, principio masculino, y el mercurio al agua pasiva, principio femenino. Cuando el alquimista logra unirlos en equilibrio, produce la sal, la sustancia estable que contiene a ambos. En términos espirituales, esta unión equivale a la paz interior, al dominio del alma sobre sus propias polaridades.

Eliphas Lévi afirmaba que la creación entera tiende hacia este estado. Todo lo que está dividido busca unirse, todo lo que está separado anhela volver al Uno. La flor que se abre al sol, la tierra que se entrega a la lluvia, el alma que se eleva hacia el espíritu, todo sigue el mismo impulso de reconciliación. El Andrógino es la meta de ese proceso. No representa la negación de la diferencia, sino su trascendencia. En él, la luz no se impone a la sombra, la sombra no teme a la luz. Ambas se reconocen como necesarias, como dos rostros del mismo misterio.

El Baphomet enseña este equilibrio con elocuencia silenciosa. Su antorcha encendida en la cabeza representa el fuego solar, principio masculino, y su pecho maternal, el poder lunar, principio femenino. La serpiente que asciende por su cuerpo es el caduceo de Hermes, símbolo del ascenso de la energía cuando ambos polos se armonizan. No hay conflicto en su forma, sino circulación. El fuego asciende, el agua desciende, y en su encuentro surge la luz. El Andrógino alquímico es ese punto de equilibrio donde las fuerzas dejan de enfrentarse y comienzan a danzar.

En el alma del iniciado, esta unión se traduce en una transformación profunda. El pensamiento, antes frío y analítico, se vuelve luminoso y compasivo; el sentimiento, antes caótico y desbordado, se vuelve consciente y ordenado. La razón se abre al amor, el amor se eleva a la sabiduría. Entonces nace una nueva conciencia, donde cada acto es reflejo del equilibrio universal. Eliphas Lévi decía que quien ha alcanzado este estado ya no piensa desde la mente ni siente desde el corazón, sino desde el alma, donde ambos son uno.

El Andrógino alquímico es también símbolo del retorno a la inocencia primordial. En él se restaura el estado edénico del ser, cuando el hombre y la mujer no estaban separados, cuando la creación entera vivía en unidad con el Creador. En el Génesis, la división de los sexos simboliza la caída, la pérdida de la unidad interior. La Gran Obra busca revertir ese proceso, no para negar la dualidad, sino para integrarla en una conciencia superior. Así, el Baphomet, con su forma hermafrodita, no representa corrupción ni perversión, sino redención, la recuperación del equilibrio perdido.

Eliphas Lévi enseñaba que el Andrógino es también la clave del poder creador. En la unión del masculino y el femenino se produce la energía generadora del universo. En el nivel cósmico, es la fuerza que mantiene los mundos; en el nivel humano, es la capacidad de crear, de transformar, de dar vida. El mago que ha unificado en sí estas potencias participa de esa energía divina. Su palabra crea, su pensamiento ordena, su amor fecunda. No actúa desde el deseo, sino desde la conciencia de la unidad. Por eso su poder no destruye ni domina, sino que armoniza.

El Andrógino es la piedra filosofal del alma, el resultado final de todas las transmutaciones. Eliphas Lévi afirmaba que la obra del alquimista no termina con la obtención del oro material, sino con el nacimiento del ser perfecto. Este ser no necesita dominar la naturaleza, porque es uno con ella. Ha comprendido que todo cuanto existe es expresión del mismo principio divino, y que el verdadero poder consiste en servir a la armonía. En su mirada no hay separación, en su corazón no hay conflicto. Vive en la unidad, y su vida entera es un acto de amor consciente.

Así, el Andrógino alquímico no es solo un símbolo, sino una promesa. Representa el destino del alma humana, llamada a reconciliar en sí todas las fuerzas del cosmos. Es el ser que ha realizado la Gran Obra interior, que ha unido el cielo y la tierra, el fuego y el agua, el espíritu y la materia. En su rostro se refleja la paz de la totalidad, en su cuerpo la danza de los contrarios. El Baphomet, al encarnarlo, nos recuerda que el propósito de toda alquimia no es fabricar oro, sino despertar al Dios que duerme en la materia y devolver al alma su naturaleza divina.

El mercurio y el azufre

En la ciencia sagrada de los alquimistas, dos principios universales se reconocen como las raíces de toda manifestación: el mercurio y el azufre. No son sustancias materiales, sino fuerzas vivas, energías que penetran todos los niveles del ser. Uno es el principio del alma, el otro el del espíritu; uno fluye y recibe, el otro arde y transforma. Eliphas Lévi enseñaba que en la unión de estos dos principios se encuentra el secreto de la creación y de la transmutación, porque el mercurio es la vida en movimiento y el azufre, la conciencia que la enciende.

El mercurio, llamado por los sabios *Spiritus Mundi*, es el principio femenino y receptivo, el alma universal que se adapta, que refleja, que acoge. Es agua y aire al mismo tiempo, cambiante, flexible, misteriosa. Es la sustancia sutil que llena el espacio, la matriz donde las formas se gestan. En el alma humana, el mercurio corresponde a la imaginación, a la intuición, al poder de reflejar la luz del espíritu. Es el elemento que media entre lo visible y lo invisible, el puente que une la mente con la materia. Eliphas Lévi lo llamaba el vehículo del Verbo, el fluido magnético del universo.

El azufre, por su parte, es el principio masculino, el fuego creador que impulsa, que fecunda, que da dirección. Representa la voluntad, la fuerza que irrumpe y ordena, la energía que define las formas. Es el Sol interior, el poder activo del Espíritu que transforma lo que toca. En el alma, el azufre es la chispa de la intención, el fuego de la decisión consciente, la llama de la fe. Es el impulso divino que habita en todo ser, la esencia de la individualidad espiritual. Eliphas Lévi enseñaba que el azufre sin mercurio es ciego y que el mercurio sin azufre es inerte. Solo juntos producen la vida.

El Baphomet, en su figura doble, expresa esta unión sagrada. Su antorcha encendida simboliza el azufre, el fuego de la voluntad divina que arde en lo alto. Su cuerpo, mitad terrestre y mitad etéreo, representa el mercurio, la sustancia que recibe y distribuye esa luz. En él, el fuego no destruye el agua, y el agua no apaga el fuego. Ambos se equilibran en perfecta armonía. Este equilibrio es el secreto de la Gran Obra. El mago que logra reconciliar en sí estas dos potencias se convierte en canal de la fuerza universal, capaz de obrar milagros porque ha alcanzado la unidad interior.

Eliphas Lévi afirmaba que el mercurio y el azufre son los dos polos del alma del mundo. Todo lo que existe participa de ambos: la tierra, el aire, el fuego y el agua, los astros, las plantas, los animales y el hombre. En el ser humano, el azufre actúa como la voluntad que dirige, el mercurio como la sensibilidad que percibe. Cuando la voluntad domina sin sensibilidad, el alma se endurece; cuando la sensibilidad actúa sin voluntad, se dispersa. Solo en su equilibrio florece la sabiduría. Así, el trabajo del iniciado consiste en hacer que el fuego del azufre penetre en el mercurio sin consumirlo, y que el mercurio envuelva al azufre sin apagarlo.

En la alquimia espiritual, el mercurio es la mente, y el azufre, el corazón. La mente, por sí sola, refleja sin comprender; el corazón, sin mente, ama sin dirección. La unión de ambos produce la luz interior, que es conocimiento viviente. Eliphas Lévi enseñaba que el mago verdadero piensa con amor y ama con inteligencia. Su pensamiento es cálido y su amor, luminoso. En él, el fuego y el agua no se combaten, se fecundan. Esta unión de mente y corazón es el secreto del equilibrio mágico, el punto donde el alma se vuelve espejo del cosmos.

El Baphomet enseña este principio con su lenguaje simbólico. La serpiente que asciende por su cuerpo representa el movimiento del mercurio, la energía que se eleva en espiral buscando el fuego del espíritu. La antorcha que arde en su cabeza es el azufre, la chispa que ilumina el ascenso. En el encuentro de ambos, en el punto medio donde el fuego toca el agua, surge la luz dorada de la conciencia. Este es el fuego secreto de los alquimistas, el fuego que no quema, el fuego que ilumina.

Eliphas Lévi decía que todo acto mágico es una combinación de azufre y mercurio. El verbo es mercurial, porque transmite; la intención es sulfúrica, porque enciende. El pensamiento es mercurio, la voluntad es azufre. Cuando ambos se unen, la palabra se vuelve creadora. De ahí el poder del mago, que no proviene de fórmulas exteriores, sino de la armonía interior entre su mente y su espíritu. Cuando el pensamiento es puro y la voluntad firme, el universo responde, porque en esa unión resuena la ley eterna de los opuestos reconciliados.

En la naturaleza, el mercurio y el azufre son los agentes del cambio. Todo proceso de generación, de destrucción o de transformación es su obra. El agua que evapora al calor del sol, la semilla que germina en la tierra, el relámpago que divide el cielo, todo manifiesta su interacción. El alquimista observa estos movimientos en el mundo exterior para comprender los de su propio ser. Lo que sucede en su alma es un reflejo del cosmos: su mente fluye como el mercurio, su espíritu arde como el azufre. Cuando logra unirlos, se convierte en creador consciente, en reflejo viviente del Uno.

Eliphas Lévi enseñaba que el azufre y el mercurio son también los símbolos de la fe y la razón. La fe, como el fuego, enciende, da sentido, impulsa hacia lo invisible. La razón, como el agua, enfría, clarifica, da forma al impulso. Cuando la fe actúa sin razón, se vuelve fanatismo; cuando la razón actúa sin fe, se vuelve esterilidad. Solo unidas producen sabiduría. El equilibrio entre ambas es el camino del iniciado. En el Baphomet, la llama de la antorcha y la serenidad de su mirada representan esta reconciliación: una fe iluminada por la razón, una razón animada por la fe.

En la obra interior, el mercurio y el azufre son los elementos del alma que deben ser purificados y unidos para formar la piedra filosofal. El mercurio debe limpiarse de su volatilidad, el azufre de su impureza. Cuando ambos han sido refinados por la meditación y la virtud, se unen en el vaso del corazón y producen la sal, símbolo de la sabiduría encarnada. Esta sal es el fruto de la unión del amor y del conocimiento, del fuego y del agua, de la energía y de la paz. Es el equilibrio conquistado, la estabilidad en medio del cambio, la perfección que no teme la disolución porque sabe que renacerá.

Así, el mercurio y el azufre son los dos rostros del alma divina en el hombre. Uno le enseña a recibir la vida, el otro a darle forma. Uno le revela la dulzura del amor, el otro la fuerza de la voluntad. Cuando ambos se abrazan, el espíritu se manifiesta plenamente y el universo se refleja en el corazón humano. El Baphomet, que los une en su ser, nos muestra que toda creación, todo acto mágico, toda transformación interior, nace de esa unión eterna entre el fuego que asciende y el agua que desciende, entre la voluntad divina que impulsa y el alma universal que acoge.

La sal como punto de unión

En la trinidad alquímica de los sabios, después del mercurio y el azufre, se encuentra la sal. Si aquellos son el alma y el espíritu, la sal es el cuerpo que los reúne, el punto donde el fuego y el agua se reconcilian, donde la luz invisible se cristaliza en forma. Es el tercer principio que completa la obra, la sustancia estable que conserva la vida y fija la energía. Eliphas Lévi enseñaba que sin la sal no habría equilibrio posible, porque ella es el nudo sagrado que mantiene unidas las fuerzas opuestas del universo.

El mercurio fluye, el azufre arde, la sal permanece. En ella descansa la armonía de los contrarios. Es la memoria del cosmos, la piedra sobre la cual se edifica el templo de la creación. Todo cuanto existe, desde el átomo hasta la estrella, contiene en sí el principio salino, que da consistencia a la idea y duración al movimiento. La sal es el símbolo de la estabilidad en medio del cambio, de la encarnación del espíritu en la materia. Es el cuerpo transfigurado, la forma purificada por el fuego del alma y santificada por el soplo del espíritu.

Eliphas Lévi veía en la sal el misterio de la conservación divina. Así como la sal preserva la sustancia de la corrupción, el principio salino del universo preserva la forma de la disolución. Es el guardián de la vida, la matriz que protege lo creado mientras cumple su ciclo. Pero esa estabilidad no es rigidez, sino equilibrio dinámico. La sal une sin aprisionar, fija sin impedir el movimiento. Es la paz del centro, el punto donde el fuego del azufre y la fluidez del mercurio encuentran reposo.

En el Baphomet, la sal está simbolizada por el cuerpo mismo, ese trono de equilibrio donde el fuego y el agua se abrazan. Su forma compuesta, mitad animal y mitad divina, representa la reconciliación de las potencias en una estructura única. Su trono de piedra es la solidez de la sal, la base donde descansa la creación. La sal no brilla como la antorcha ni fluye como el aliento, pero sin ella la antorcha no tendría sostén y el aliento se dispersaría. Es la encarnación de la sabiduría en la materia, el templo que el espíritu habita para manifestarse.

Eliphas Lévi enseñaba que en el alma humana la sal es el cuerpo transfigurado por la conciencia. No el cuerpo físico, sino el cuerpo sutil, el vehículo de la luz interior. Cuando la mente y el corazón se armonizan, el cuerpo se vuelve instrumento del alma, y la sal espiritualiza la carne. El iniciado, al alcanzar este estado, ya no siente que su cuerpo es una prisión, sino un altar. Cada gesto, cada respiración, cada palabra, se convierte en acto sagrado, porque en él actúan el fuego del espíritu y el agua del alma en perfecta comunión.

La sal representa también la sabiduría encarnada. No es el conocimiento abstracto del filósofo ni la fe ardiente del místico, sino la comprensión viva del mago que ha hecho descender la luz al mundo. En la sal se realiza la encarnación de la idea. Es el verbo hecho carne, la verdad convertida en obra. Eliphas Lévi decía que el sabio no se contenta con pensar la verdad, sino que la cristaliza en sus actos, la coagula en su vida. Así como el alquimista transforma los elementos en piedra filosofal, el iniciado transforma sus pensamientos en virtud, su fe en acción, su conocimiento en servicio.

El símbolo de la sal está presente en todas las tradiciones. En la Biblia, se llama "sal de la tierra" a aquel que preserva la pureza del mundo; en el Evangelio, Cristo dice a sus discípulos: "Vosotros sois la sal de la tierra", porque son quienes fijan la luz divina en el plano humano. En la alquimia hermética, la sal es el resultado de la unión del azufre y el mercurio purificados. Es el cuerpo glorioso, incorruptible, que surge después de la obra. En el plano espiritual, equivale al alma que ha alcanzado la estabilidad de la sabiduría, que ya no oscila entre el deseo y el temor, porque ha encontrado su centro en el amor.

El Baphomet, sentado con majestad, representa esa estabilidad conquistada. Su serenidad no es inmovilidad, sino dominio. Nada en él es arbitrario: cada elemento tiene su lugar, cada símbolo su función. Su cuerpo es el templo donde el fuego del espíritu se encarna sin destruir, donde el agua del alma nutre sin dispersar. Esta unión perfecta es la sal de la obra, la substancia permanente que da testimonio de la reconciliación de los elementos. En su silencio resplandece la paz de quien ha vencido el desorden interior y ha hecho del mundo un reflejo del cosmos.

Eliphas Lévi afirmaba que la sal es el símbolo de la sabiduría práctica, la aplicación del conocimiento al arte de vivir. El azufre y el mercurio representan las teorías, las fuerzas, las posibilidades; la sal, en cambio, es el resultado, la manifestación concreta de la armonía. El verdadero mago no se queda en las ideas, las encarna; no se pierde en el fuego del entusiasmo ni en la fluidez del pensamiento, sino que establece su templo en la solidez de la sal. Su palabra es estable, su voluntad constante, su acción medida. Esa es la verdadera fuerza mágica: la firmeza que surge de la comprensión.

La sal, en su dimensión más profunda, es el punto de unión entre el cielo y la tierra. Representa la alianza eterna entre el espíritu y la materia, entre Dios y la creación. Es la piedra

sobre la cual se edifica el templo del universo, la substancia donde el Verbo descansa. Eliphas Lévi decía que quien comprende el misterio de la sal ha comprendido la esencia del equilibrio. Porque la sal es el alma del mundo fijada en forma, la sabiduría del espíritu encarnada en sustancia, el reposo de la luz en el seno de la oscuridad.
Así, la sal es el último paso de la Gran Obra, el testimonio de que el fuego y el agua se han reconciliado en una nueva sustancia. Es el cuerpo glorioso del adepto, el templo del alma redimida, el universo hecho uno con su Creador. En el Baphomet, su presencia se expresa en la serenidad del conjunto, en la firmeza de su trono y en la paz de su mirada. Contemplarlo es comprender que toda creación divina necesita un cuerpo donde reposar, y que la verdadera alquimia no termina en la disolución, sino en la encarnación. Porque el espíritu, para manifestar su luz, necesita de la materia, y la materia, para alcanzar su gloria, necesita del espíritu.

El Baphomet como atanor universal

En el centro de todo laboratorio alquímico se alza el atanor, el horno sagrado donde las materias se purifican, se descomponen y renacen transfiguradas. En ese recinto cerrado, bajo la acción del fuego constante, los elementos se disuelven y se unen hasta alcanzar su perfección. El Baphomet, en su naturaleza simbólica, es ese mismo atanor, pero elevado al plano universal. No es un simple recipiente de transformación material, sino el crisol del cosmos donde los contrarios se reconcilian, donde la vida y la muerte, la luz y la sombra, el espíritu y la materia, se funden en la unidad eterna.

Eliphas Lévi enseñaba que el universo entero es un vasto laboratorio donde opera la Gran Obra divina, y que el alma

humana, creada a imagen del cosmos, contiene en sí el mismo proceso. En ella se encuentra el fuego del espíritu que purifica, el agua del alma que disuelve, el aire del pensamiento que eleva y la tierra del cuerpo que fija. El Baphomet representa la síntesis de estos cuatro elementos actuando en armonía dentro del atanor universal. Su figura no es una imagen monstruosa, sino el símbolo del proceso cósmico de regeneración, el testimonio de que todo cuanto existe se halla en perpetua alquimia.
El atanor, en su sentido espiritual, no está hecho de piedra ni de metal, sino de conciencia. El fuego que lo enciende es el del espíritu divino, y las materias que en él se transforman son los pensamientos, las emociones y las pasiones del alma. El Baphomet, con su antorcha en la frente, representa ese fuego interior que opera la transmutación. Su rostro sereno y su postura estable muestran que la obra no se cumple en la violencia del deseo, sino en la calma del equilibrio. En su silencio arde el fuego invisible que todo lo purifica, sin destruir lo que toca, porque su acción es la de la sabiduría, no la del capricho.

Eliphas Lévi afirmaba que el mago es el atanor viviente. En su interior, los elementos del ser se combinan y se depuran. Sus pensamientos son vapores que ascienden, sus emociones son metales que se funden, su voluntad es el fuego que los transforma. Cada experiencia, cada dolor, cada gozo, son materias primas que el fuego del espíritu convierte en oro. Así, el alma humana participa del mismo proceso que anima al universo. El Baphomet es el espejo de esa obra secreta: el fuego del cielo descendiendo a la tierra para elevarla de nuevo hacia la luz.

El atanor universal trabaja en todos los niveles de la creación. En las estrellas, transforma la energía en materia; en la tierra, convierte la muerte en vida; en el hombre, transmuta la ignorancia en sabiduría. Todo cuanto existe está sujeto a esa ley. Eliphas Lévi decía que la evolución es el nombre profano de la alquimia, y que el Baphomet es su jeroglífico sagrado. Lo que la ciencia llama energía, el sabio lo llama espíritu; lo que llama materia, el sabio lo llama forma. En el atanor del universo, ambos son uno, y su unión perpetua mantiene encendido el fuego de la existencia.

El fuego del atanor debe ser constante, ni demasiado débil ni demasiado intenso. Si se apaga, la obra se interrumpe; si se desborda, la materia se destruye. Lo mismo sucede en el alma. El fuego del espíritu debe mantenerse firme, alimentado por la oración, la disciplina y la comprensión. El Baphomet enseña este equilibrio con su serenidad inmutable. Su fuego arde, pero no consume; su calma es intensa, pero no inerte. En él, el fuego está en reposo, y el reposo está en fuego. Esa es la perfección de la obra alquímica: un estado de incandescencia contenida, de movimiento en quietud, de eternidad en el tiempo.

Eliphas Lévi consideraba que el Baphomet simboliza la reconciliación entre el cielo y el infierno, no como lugares, sino como estados del ser. En el atanor universal, las sombras del alma se funden con su luz, las pasiones se transforman en virtudes, el error se convierte en conocimiento. El infierno es la materia sin conciencia; el cielo, la conciencia sin materia; el Baphomet, el atanor que los une. Su fuego purifica el mal sin negarlo, porque sabe que el mal no es más que el bien en estado bruto, la luz aún no reconocida. La alquimia del alma no destruye las sombras, las ilumina.

El atanor del cosmos y el del hombre obedecen a la misma ley: todo debe morir para renacer, todo debe pasar por el fuego. Eliphas Lévi enseñaba que el alma que teme la prueba nunca alcanzará la sabiduría. El fuego de la transformación puede parecer doloroso, pero es necesario. Quien huye de él, huye de su propia perfección. El Baphomet, sentado sobre su trono de piedra, enseña que la paciencia y la fe son las llaves del proceso. La obra no se cumple en un instante, sino en el tiempo, y el tiempo es también un fuego, lento pero constante.

Eliphas Lévi veía en la figura del Baphomet el atanor del mundo reconciliado. En él, los elementos no se oponen, sino que cooperan. Su antorcha es el fuego de la inteligencia divina; sus alas, el aire del espíritu; su pecho materno, el agua del alma; su trono, la tierra de la manifestación. Todo en su ser participa del gran ciclo de *solve et coagula*, disolución y unión, muerte y renacimiento. En él se resume la obra entera del alquimista y del universo. Quien contempla su imagen con los ojos del alma ve no un ídolo, sino un mandala cósmico, una representación del fuego eterno en equilibrio.

Eliphas Lévi afirmaba que la verdadera alquimia no se realiza en los hornos del mundo, sino en el corazón del hombre. El atanor universal está en el interior del alma que acepta transformarse. Allí, el fuego de la voluntad divina actúa sin descanso, disolviendo lo impuro y cristalizando lo perfecto. Cada pensamiento elevado, cada acto de amor, cada sacrificio consciente, alimenta ese fuego sagrado. El Baphomet, como atanor universal, recuerda al iniciado que él mismo es el instrumento de su transmutación, el templo donde la divinidad obra silenciosamente su milagro.

Así, el Baphomet no es un símbolo de destrucción, sino de purificación. Representa el horno eterno de la creación, donde todo se transforma para volver a la unidad. Su fuego no condena, redime; su calor no devora, vivifica. Es el fuego de la conciencia divina que opera en todas las cosas, la fuerza invisible que mantiene en movimiento los mundos y en ascenso las almas. El atanor universal es el corazón del cosmos, y el Baphomet, su imagen visible. Quien comprende este misterio sabe que la alquimia no es un arte antiguo, sino la vida misma en su perpetua transfiguración.

XI

El malentendido y la redención del símbolo

El diablo y el imaginario cristiano

De todas las imágenes que han poblado la mente humana, ninguna ha sido más temida, más malinterpretada ni más poderosa que la del diablo. Su figura, mezcla de terror y fascinación, ha recorrido los siglos como una sombra proyectada por la ignorancia del alma ante el misterio de lo divino. Eliphas Lévi enseñaba que el diablo no es una entidad autónoma, sino el reflejo invertido de la divinidad en la conciencia del hombre caído. Es la luz no comprendida, la fuerza divina percibida a través del prisma del miedo. En su raíz, el diablo no existe como ser, sino como símbolo del desequilibrio, del exceso, del abuso de la libertad espiritual.

El cristianismo medieval, heredero de la lucha entre el bien y el mal de las antiguas religiones dualistas, convirtió este principio simbólico en una figura concreta, dotada de cuerpo, voluntad y reino. Así nació el Satán antropomórfico, señor de los abismos, adversario de Dios, enemigo del alma. Pero esta imagen, útil para la enseñanza moral de los pueblos, ocultó el verdadero sentido esotérico del mal: el de una energía desviada, una fuerza que ha perdido su centro. Para Lévi, el diablo es la energía divina desordenada, la potencia creadora fuera de equilibrio. No es el opuesto de Dios, sino su sombra, y toda sombra, por más oscura que parezca, necesita de la luz para existir.

Eliphas Lévi afirmaba que el error del pensamiento teológico fue personificar el mal, separarlo de su fuente y convertirlo en un ser independiente. Así se instauró el miedo como principio de fe, y el hombre, en lugar de mirar hacia dentro para vencer su oscuridad, la proyectó hacia fuera en la figura del demonio. El resultado fue un universo dividido, una humanidad temerosa de sí misma. La imagen del diablo se convirtió en espejo deformante de la naturaleza humana, en la representación de todo aquello que el alma se negaba a reconocer. Lo reprimido en el hombre se volvió demoníaco, y lo demoníaco, perseguido, acabó por encarnarse en su imaginación.

En las iglesias y catedrales de la Edad Media, el diablo fue tallado con cuernos, alas, patas de cabra y rostro animal. Era la caricatura de las antiguas divinidades paganas, el disfraz impuesto por la incomprensión. Pan, el dios de la naturaleza y de la fertilidad, se transformó en Satán; el macho cabrío de los ritos dionisíacos, símbolo de fuerza vital, fue degradado en emblema de perversión. Lo que antes era celebración de la vida se volvió signo de condena. Así, el instinto, el cuerpo y la materia quedaron marcados como enemigos del espíritu. Eliphas Lévi, al contemplar este proceso, reconoció en él la raíz del gran malentendido: el rechazo del principio terrestre como parte divina de la creación.

Para Lévi, el diablo de la teología no es más que la distorsión del Baphomet. Lo que los templarios veneraban como jeroglífico de la sabiduría universal, la Inquisición lo interpretó como ídolo infernal. En su figura de cabra alada, el sabio francés no vio una encarnación del mal, sino el símbolo del equilibrio de las fuerzas. Su luz y su sombra son dos mitades de una misma totalidad. Pero el ojo profano, habituado a ver en lo desconocido la amenaza, no pudo comprender la profundidad de ese misterio. Donde el iniciado veía un emblema de la unidad, el ignorante vio un demonio.

Eliphas Lévi comprendió que la figura del diablo debía ser redimida. No eliminada, sino reinterpretada, comprendida en su sentido esotérico. El diablo, decía, es el guardián del umbral, la sombra que protege la luz. Quien lo enfrenta sin miedo y lo reconoce en su interior, atraviesa el velo de la ilusión y penetra en la sabiduría. Pero quien lo rechaza o lo teme, queda prisionero de su propio reflejo. En este sentido, el diablo no es enemigo del hombre, sino su prueba. Es el fuego que purifica, la tentación que enseña, el obstáculo que revela la fuerza del espíritu.

La teología popular hizo del diablo un objeto de terror, pero la tradición hermética lo transformó en maestro. Cada vez que el alma desciende en sí misma para enfrentar su sombra, cumple la parábola del ángel caído que busca redención. Lucifer, cuyo nombre significa "portador de luz", representa esta verdad oculta: la caída no es castigo, sino proceso, el descenso de la luz en la materia para volver a ascender con mayor conciencia. Eliphas Lévi veía en esta alegoría la esencia del trabajo del mago, que debe descender al fondo de su propia naturaleza para rescatar la chispa divina oculta en la oscuridad.

El Baphomet, al reunir en su forma la belleza y lo monstruoso, lo humano y lo animal, encarna esta reconciliación. Es la imagen del diablo redimido, del espíritu que ya no teme su cuerpo, del alma que ha hecho las paces con la naturaleza. En su mirada no hay malicia, sino sabiduría. En su fuego no hay condena, sino luz. Él es el testimonio de que el mal no tiene existencia propia, sino que es el reverso del bien, la materia prima de su revelación. El iniciado que comprende esto ya no lucha contra el diablo, porque ha comprendido que su poder consiste en el miedo, y que el miedo se disuelve con el conocimiento.

Eliphas Lévi escribió que "el diablo es Dios comprendido al revés". Esta frase, de apariencia paradójica, resume todo su pensamiento. La sombra no es otra cosa que la luz que no hemos aprendido a mirar. Cuando el hombre purifica su visión, descubre que el diablo desaparece, porque nunca fue una realidad exterior, sino una proyección de su propia ignorancia. En ese instante, el símbolo se redime y recobra su función sagrada: revelar la totalidad de la existencia. El Baphomet, en su equilibrio perfecto, representa este conocimiento reconciliador. Es el testimonio de que la luz y la sombra son dos fases de un mismo movimiento divino, dos rostros de un único amor.

Así, el diablo del imaginario cristiano, tan temido y odiado, encuentra su redención en la comprensión hermética. Lo que la religión condenó como monstruo, la sabiduría reconoce como jeroglífico de la verdad oculta. El Baphomet no es el adversario de Dios, sino su reflejo en la materia. No es el enemigo del hombre, sino su espejo. Quien lo contempla con ojos purificados comprende que el infierno no está fuera, sino dentro, y que su fuego no es castigo, sino purificación. En ese fuego se consumen la ignorancia y el miedo, y en sus cenizas resplandece el oro de la conciencia liberada.

De demonio a maestro oculto

La evolución del símbolo del Baphomet, desde su condena como ídolo infernal hasta su comprensión como emblema de sabiduría, representa uno de los más profundos procesos de redención en la historia del pensamiento esotérico. Lo que fue llamado demonio por la superstición se ha revelado como maestro por la luz del conocimiento. Este tránsito no fue solo una reinterpretación intelectual, sino una transformación espiritual, el paso del miedo a la comprensión, de la condena a la integración. En él se manifiesta la ley eterna del espíritu: aquello que se teme y se rechaza, cuando es comprendido, se convierte en guía y revelación.

Eliphas Lévi, con su mirada de mago y filósofo, fue el primero en devolver al Baphomet su dignidad perdida. Para él, no era el demonio de la teología, sino la figura del sabio que domina las fuerzas del cielo y de la tierra. En su libro *Dogma y Ritual de la Alta Magia*, el francés proclamó que el Baphomet era el jeroglífico de la reconciliación universal, la imagen de la luz en la sombra, del espíritu en la materia. En su enseñanza, el diablo no era enemigo del hombre, sino su aspecto no redimido, el poder natural en espera de ser consagrado. Transformar ese poder en sabiduría era la verdadera obra del iniciado.

El demonio se convierte en maestro cuando el alma deja de huir de su sombra. Mientras el hombre teme su propio abismo, el símbolo del diablo reina sobre él. Pero cuando se atreve a descender en su interior, a mirar de frente sus deseos, sus pasiones y sus contradicciones, descubre que en ellos habita una energía que puede ser elevada. Eliphas Lévi llamaba a esta energía "la fuerza astral", el fuego que anima tanto a los cielos como a los infiernos. En las manos del ignorante, esa fuerza destruye; en las del sabio, crea. De ahí que el Baphomet, con una mano señalando al cielo y la otra a la tierra, represente el dominio de esa fuerza doble y su uso equilibrado.

El tránsito de demonio a maestro no es una simple inversión de significado, sino una purificación del símbolo. La figura infernal, cargada de temor, fue despojada de su máscara para revelar al instructor que se ocultaba bajo ella. En los antiguos misterios, los guardianes del umbral siempre aparecían bajo formas terribles, porque su tarea era probar la fortaleza del aspirante. Solo quien vencía el miedo podía acceder a la sabiduría. El diablo, en este sentido, es el guardián de la puerta del conocimiento, el centinela del santuario interior. El Baphomet, comprendido desde la gnosis, cumple esa misma función: es la imagen que vela el misterio hasta que el alma está lista para recibirlo.

Eliphas Lévi decía que el verdadero adepto debe reconciliar en sí el ángel y el demonio. El ángel representa las aspiraciones del espíritu; el demonio, las potencias de la naturaleza. Si el alma rechaza al demonio, su luz se vuelve estéril; si rechaza al ángel, su poder se vuelve ciego. Solo al unirlos alcanza la plenitud. En este equilibrio reside la enseñanza del Baphomet. Su figura andrógina y serena no expulsa a ninguno de los dos, los hace convivir. En ella, la bestia obedece al espíritu y el espíritu ama a la bestia. La redención no consiste en negar la naturaleza, sino en iluminarla.

El demonio se transforma en maestro cuando el hombre comprende que el mal es una forma de ignorancia. Todo error, toda caída, toda sombra, son oportunidades de conocimiento. El fuego que quema al necio ilumina al sabio. Eliphas Lévi explicaba que el infierno no es un lugar, sino un estado del alma que se aparta de la ley de la armonía. El paraíso tampoco es un sitio, sino un estado de equilibrio. En esta comprensión, el diablo deja de ser figura exterior para convertirse en símbolo interior, en el fuego de la conciencia que, al ser comprendido, deja de quemar y comienza a iluminar.

El Baphomet, como maestro oculto, enseña sin palabras. Su silencio es más elocuente que mil discursos. Quien lo contempla con pureza de corazón percibe en su mirada no la amenaza del mal, sino la invitación al conocimiento. Sus cuernos, símbolos de la fuerza vital, recuerdan al iniciado que el poder no es condena si está guiado por la luz. Su antorcha, que arde entre los cuernos, es la mente iluminada que domina al instinto. Su media sonrisa expresa la serenidad de quien ha comprendido que no hay nada en el universo que no pueda ser redimido.

Eliphas Lévi veía en el Baphomet la imagen del maestro interior, el guía silencioso que habita en cada alma. En la tradición hermética, este maestro no impone doctrina ni exige adoración: revela. Su enseñanza es experiencia, no dogma; transformación, no creencia. El mago que alcanza este estado se convierte él mismo en reflejo del maestro oculto. Ya no busca fuera la autoridad, porque ha encendido su propia antorcha. El Baphomet le ha mostrado que la sabiduría consiste en unir lo que el miedo separó, y que solo en la integración de la sombra y la luz nace la verdadera comprensión.

La Iglesia enseñó a temer al demonio, pero la iniciación enseña a conocerlo. La una quiso expulsarlo del mundo, la otra lo reconoció como parte del orden divino. Eliphas Lévi no negó la existencia del mal, pero enseñó que su raíz es el desequilibrio, y que el equilibrio lo disuelve. Así, el Baphomet no destruye al demonio, lo redime. Lo reintegra al círculo de la luz, lo convierte en guardián de la sabiduría. En lugar de enemigo, se vuelve colaborador; en lugar de tentador, instructor. La sombra deja de ser cárcel cuando se la ilumina con conciencia.

El Baphomet, maestro oculto, representa la última lección del camino iniciático: que no hay fuerza que no pueda servir al bien si se la dirige con amor y conocimiento. En él, el poder y la sabiduría no están enfrentados, sino armonizados. Su fuego enseña al hombre a no temer el poder, sino a consagrarlo; a no huir del deseo, sino a sublimarlo; a no negar la materia, sino a espiritualizarla. Ese es el arte del mago: transformar la energía del caos en orden, del instinto en amor, del miedo en luz.

Eliphas Lévi afirmaba que el verdadero discípulo del Baphomet no adora un ídolo, sino un principio: el principio de la unidad en la dualidad, de la redención en la caída, de la sabiduría en el error. El maestro oculto enseña que toda oscuridad existe para revelar una luz más profunda. Por eso su lección no es de condena, sino de esperanza. Donde la teología ve un abismo, el iniciado ve un portal. Allí donde la fe teme, la sabiduría reconoce. Allí donde el hombre ve al demonio, el sabio reconoce al maestro.

Así, el símbolo se redime, el miedo se disuelve y la sombra se ilumina. El Baphomet deja de ser figura de horror para convertirse en jeroglífico del despertar. Su trono, su antorcha, sus alas y su mirada son las cuatro claves del magisterio oculto: estabilidad, iluminación, libertad y comprensión. Quien las integra en su vida ya no ve demonios fuera de sí, porque ha encontrado la luz en su propio interior. Y en esa luz, el maestro oculto revela su verdadero rostro: el del Espíritu que enseña a través de toda forma, incluso la más temida, que no hay oscuridad que no contenga en su centro una chispa divina.

El miedo como velo de la verdad

El miedo es la primera sombra que se interpone entre el alma y la luz. Nace del desconocimiento y se alimenta de la separación. Allí donde el hombre ignora, teme; y allí donde teme, su mirada se nubla, su juicio se oscurece, su alma se contrae. Desde los orígenes de la humanidad, el miedo ha sido el guardián de lo desconocido, el velo que oculta la verdad hasta que el espíritu está preparado para sostenerla. Eliphas Lévi enseñaba que todo misterio se protege a sí mismo bajo la forma del temor, porque solo quien vence el miedo es digno de la revelación.

En las antiguas iniciaciones, los discípulos debían atravesar pruebas que despertaban el terror: tinieblas, soledad, ruidos de abismos, símbolos de muerte. No eran castigos, sino pedagogía del alma. El miedo debía ser visto, comprendido y dominado. Solo así el neófito podía entrar en el templo interior. El mismo principio rige en la vida espiritual. El miedo no es un enemigo, sino un umbral. Lo que llamamos oscuridad no es otra cosa que la presencia de la luz aún no comprendida. Por eso Lévi afirmaba que "toda sombra es una promesa de luz".

El miedo, en su raíz, no es sino el reflejo de la grandeza divina percibida por una conciencia limitada. Cuando el alma se enfrenta a lo infinito, tiembla. Pero ese temblor no proviene del mal, sino de la incomprensión. El hombre teme al poder del fuego porque no lo conoce, teme al misterio porque no se sabe parte de él. El miedo es la señal de que la conciencia se encuentra ante algo más vasto que ella misma. Superarlo no consiste en negarlo, sino en abrirse a su enseñanza. En el temor se esconde una invitación al crecimiento.

Eliphas Lévi veía en el miedo el origen de la superstición y del dogma. La religión del temor, decía, es la que convierte a Dios en tirano y al hombre en esclavo. Cuando el alma no comprende la ley divina, la imagina arbitraria; cuando no comprende su libertad, la teme. Así nacen los infiernos, los castigos eternos, los demonios exteriores. La humanidad ha proyectado su propio miedo en el cielo y en la tierra, poblando el mundo de fantasmas que no son más que reflejos de su propia ignorancia. La fe que nace del miedo no libera, encadena; la sabiduría que lo disuelve abre las puertas del espíritu.

El Baphomet, incomprendido durante siglos, fue víctima de ese mismo miedo. Su forma ambigua, su mirada profunda, su fuego encendido fueron interpretados como signos del mal. Pero en realidad, cada uno de esos elementos representa una verdad que la mente temerosa no pudo aceptar. Sus cuernos no son símbolo de perversión, sino de fuerza vital; su cuerpo mixto no es blasfemia, sino equilibrio; su antorcha no es llama infernal, sino iluminación. El miedo distorsiona la visión y transforma en monstruo lo que es sagrado. Solo cuando la luz del conocimiento disipa la sombra del temor, el símbolo revela su belleza.

Eliphas Lévi explicaba que el miedo es la negación de la fe en el orden divino. Quien teme al universo, desconfía de Dios; quien desconfía de sí mismo, teme su propia naturaleza. Pero la verdadera fe no consiste en creer sin prueba, sino en conocer la armonía oculta de las cosas. El iniciado no teme ni al bien ni al mal, porque sabe que ambos son expresiones del mismo principio. En su mirada, los contrarios se reconcilian. Por eso el Baphomet, símbolo de esa reconciliación, es también el antídoto del miedo. Su enseñanza invita a mirar de frente lo temido hasta descubrir en él la luz que contiene.

El miedo actúa como velo de la verdad porque separa al hombre de su propia esencia. Cuando el alma teme, se repliega; al replegarse, pierde su contacto con el todo. La verdad no puede revelarse donde hay contracción. El primer paso del iniciado es aprender a abrirse al misterio, a mantener la calma ante lo desconocido. No se trata de coraje físico, sino de serenidad espiritual. Eliphas Lévi decía que el mago debe mirar el abismo sin temblar, porque sabe que el abismo no es vacío, sino plenitud invisible. En el fondo del miedo habita la presencia divina esperando ser reconocida.

Eliphas Lévi enseñaba también que el miedo no se destruye por la fuerza, sino por la comprensión. La ignorancia lo alimenta; el conocimiento lo disuelve. Así como la oscuridad desaparece cuando se enciende una lámpara, el miedo se disuelve cuando la conciencia ilumina aquello que temía. Quien conoce la ley no teme sus efectos; quien comprende el poder del fuego no se quema, lo utiliza. El Baphomet, con su antorcha encendida, representa esa lámpara interior que disipa las tinieblas del temor. La luz de su frente no es otra que la del espíritu que ha comprendido.

En la senda de la iniciación, el miedo aparece cada vez que el alma se acerca a un nuevo grado de conciencia. Es la última defensa de lo conocido ante el misterio de lo que está por revelarse. Por eso los sabios dicen que antes de cada iluminación hay un temblor. Eliphas Lévi comparaba este temblor con el parto del alma. El miedo anuncia el nacimiento de una verdad mayor. Si el hombre huye, pierde la revelación; si atraviesa el miedo, renace. El fuego que parecía amenazarlo se convierte en luz que lo guía.

El Baphomet enseña que no hay monstruos fuera del alma, sino aspectos no comprendidos de ella misma. El miedo es el espejo que muestra esas partes no integradas. Quien huye del miedo huye de su propio conocimiento; quien lo enfrenta con serenidad penetra en la verdad. Así se disuelve el velo. Lo que era oscuro se vuelve claro, lo que parecía enemigo se revela como aliado. El mago aprende que el miedo no es más que la sombra de la fe, y que donde hay fe iluminada, el miedo no puede existir.

Eliphas Lévi concluía que el miedo es la iniciación de los ignorantes y la lección de los sabios. El ignorante teme porque no comprende; el sabio comprende y, por eso, ya no teme. Cuando el alma alcanza esta comprensión, el universo deja de ser amenaza y se convierte en revelación. El Baphomet, redimido del miedo que lo envolvió durante siglos, se convierte entonces en símbolo de la verdad que libera. En su mirada serena, el iniciado reconoce que la luz nunca estuvo ausente: era su propia ceguera la que proyectaba sombras. Y al disiparse el miedo, la verdad resplandece como el sol después de la tormenta.

El símbolo como espejo del alma

Desde los orígenes del pensamiento humano, el símbolo ha sido el lenguaje del misterio. Es la forma visible de lo invisible, el reflejo de lo eterno en el tiempo. No habla a la razón discursiva, sino al alma profunda, que reconoce en él un eco de su propio ser. Eliphas Lévi enseñaba que todo símbolo es un espejo, y que en ese espejo el hombre no ve al universo, sino a sí mismo. Cuanto más pura es su mirada, más fiel es el reflejo. Cuanto más oscurecida por el miedo o la ignorancia, más deformada aparece la imagen. De este principio nace el malentendido del Baphomet: no fue el símbolo el que cambió, sino la conciencia que lo contemplaba.

El símbolo es el mediador entre el mundo visible y el invisible. Contiene en sí el poder de unir lo que la mente separa. No es una invención humana, sino una emanación de la verdad misma, que se reviste de forma para hacerse comprensible. Eliphas Lévi afirmaba que la naturaleza entera está compuesta de símbolos: cada piedra, cada estrella, cada criatura, es una letra del gran alfabeto divino. El sabio no adora la forma, la lee; no se detiene en la apariencia, la atraviesa. El símbolo, comprendido en su pureza, no encierra, libera. Pero cuando el alma olvida su lenguaje, lo convierte en ídolo y lo teme.

Así ocurrió con el Baphomet. Su figura, concebida como espejo del equilibrio universal, se transformó en objeto de horror. La mirada profana no pudo soportar el reflejo de su propia dualidad y la proyectó como mal exterior. Lo que en realidad mostraba la armonía entre el cielo y la tierra, entre el espíritu y la carne, fue interpretado como perversión. El símbolo no cambió; cambió el ojo que lo miraba. Eliphas Lévi comprendió que el Baphomet era el espejo donde la humanidad debía enfrentarse a su sombra. Solo quien se atreve a mirar en ese espejo sin huir de sí mismo puede alcanzar la verdad.

El espejo del símbolo no halaga ni condena, revela. Muestra al alma lo que es, no lo que imagina ser. Por eso, el contacto con el símbolo puede resultar perturbador. En él se reflejan las luces y las sombras interiores, los deseos ocultos, los temores no resueltos. Eliphas Lévi enseñaba que el iniciado debe contemplar el símbolo como quien se contempla en el agua: sin impaciencia, sin juicio, con serenidad. Entonces, poco a poco, el reflejo se aclara y el rostro de la verdad aparece. El Baphomet, en este sentido, no es un ser externo, sino el espejo donde el hombre ve su propia complejidad reconciliada.

El símbolo no impone significado, lo despierta. Cada alma lo interpreta según su grado de conciencia. Para el ignorante, el fuego quema; para el sabio, ilumina. Eliphas Lévi decía que la diferencia entre el profano y el iniciado no está en los símbolos que contemplan, sino en el modo de mirarlos. El primero ve formas, el segundo ve fuerzas. El símbolo es un libro sellado que solo se abre con la llave del entendimiento interior. En él, cada detalle tiene un sentido, cada línea una enseñanza. Pero solo quien ha purificado su mirada puede leer sin distorsión.

El Baphomet, en su perfección simbólica, encierra toda la doctrina de la Alta Magia. Su cuerpo une lo animal y lo divino, su antorcha revela la luz del espíritu, sus alas simbolizan la libertad, su trono la estabilidad, sus manos el equilibrio de los contrarios. Nada en él es arbitrario, todo obedece a la ley del reflejo. Es el espejo del universo y, al mismo tiempo, del alma humana. Quien lo contempla con temor ve en él la imagen del demonio; quien lo contempla con sabiduría ve la figura del ángel. El símbolo devuelve al observador su propio rostro espiritual.

Eliphas Lévi enseñaba que el mago, para dominar las fuerzas del mundo, debe primero dominar las imágenes de su mente. Porque el símbolo actúa como un imán: atrae y amplifica aquello que el alma proyecta en él. Si el corazón está turbado, el símbolo se vuelve espejo de confusión; si está en paz, se vuelve fuente de revelación. De ahí la necesidad del equilibrio interior antes de emprender cualquier obra mágica. El Baphomet, en su serenidad inmutable, enseña precisamente esta lección: el símbolo no puede hacer daño a quien ha alcanzado la armonía, porque solo refleja lo que en él ya está reconciliado.

En el espejo del Baphomet, el iniciado reconoce su dualidad como parte de un orden superior. Descubre que el bien y el mal, la luz y la sombra, el espíritu y la materia, no son enemigos, sino fases complementarias del mismo proceso. Esa comprensión disuelve la ilusión del conflicto. El alma se ve a sí misma como microcosmos, reflejo del gran universo. Entonces el símbolo deja de ser espejo y se convierte en ventana: ya no refleja al hombre, revela a Dios. En ese momento, la contemplación se vuelve oración silenciosa, y el símbolo, camino de unión.

Eliphas Lévi afirmaba que la magia comienza en el símbolo y culmina en la experiencia. El símbolo despierta, la experiencia transforma. Pero el símbolo no actúa por sí solo: necesita la luz del alma que lo comprende. Por eso, el estudio del símbolo es también un trabajo interior. El mago que medita sobre el Baphomet no busca entenderlo intelectualmente, sino vivenciarlo. En cada una de sus formas descubre una ley del ser, en cada uno de sus gestos una verdad del alma. Su contemplación es espejo y espejo es revelación.

En última instancia, el símbolo es el alma que se contempla a sí misma bajo forma. El universo entero es un gran espejo donde la divinidad se reconoce. El Baphomet es uno de esos espejos, un jeroglífico donde el Absoluto se refleja en la creación. Quien lo comprende ha aprendido a mirar más allá de las apariencias. Ya no teme a la sombra ni idolatra la luz, porque sabe que ambas son necesarias para que el espejo exista. Eliphas Lévi llamaba a esta comprensión la sabiduría del equilibrio, el conocimiento que libera al alma del juicio y la reconcilia con el todo.

Así, el símbolo del Baphomet cumple su verdadera misión: revelar al hombre su propia divinidad. No enseña dogmas ni promesas, sino conocimiento interior. Le muestra que la sombra que teme es su propia ignorancia, y que la luz que busca brilla desde siempre en su interior. Quien alcanza a verse reflejado en ese espejo sin temor ha atravesado el velo de la dualidad. Entonces el símbolo se disuelve, porque ya no hay nada que reflejar: el alma y la verdad son una sola cosa. En ese silencio resplandece el rostro del Baphomet, no como ídolo, sino como espejo eterno de la conciencia divina.

Reconciliación del iniciado con su sombra

Todo camino iniciático culmina en una reconciliación. No con los dioses, no con los astros, sino con la propia sombra. Porque la sombra es el primer velo del alma, el guardián interior que separa la conciencia de su plenitud. Eliphas

Lévi enseñaba que el verdadero enemigo del hombre no está fuera, sino dentro, y que ese enemigo es también su maestro. La sombra no es el mal en sí, sino la parte de la luz que el alma aún no ha comprendido. En ella viven las potencias no integradas, los recuerdos de la materia, las pasiones sin transmutar. Rechazarlas es perpetuar el conflicto; abrazarlas con sabiduría es alcanzar la redención.

El hombre común lucha contra su sombra, intenta ocultarla o negarla. En su miedo la alimenta, porque lo que se reprime en la oscuridad crece en fuerza. El iniciado, en cambio, desciende hacia ella con serenidad. Sabe que en sus profundidades se halla la llave del equilibrio. Eliphas Lévi decía que la sombra es el taller secreto de la luz. Todo impulso oscuro, cuando se comprende y se orienta, se convierte en energía espiritual. El deseo se transforma en amor, el orgullo en nobleza, la cólera en voluntad. La alquimia interior consiste en transmutar la sombra, no en destruirla.

El proceso de reconciliación es una muerte y un renacimiento. Morir al miedo es nacer a la comprensión. El alma debe atravesar su propio infierno para alcanzar el cielo de la conciencia. Este infierno no es un lugar, sino un estado: el de la resistencia al cambio, el de la negación del propio ser. El Baphomet representa precisamente esta travesía. Su figura, mitad luz y mitad oscuridad, simboliza la integración de los opuestos. El iniciado que contempla su imagen reconoce que no puede ascender sin descender, que no puede iluminar sin penetrar en la sombra. Cada descenso en la oscuridad prepara un ascenso hacia la luz.

Eliphas Lévi afirmaba que la reconciliación con la sombra comienza cuando el alma deja de juzgar. Mientras el hombre se considera dividido entre bien y mal, permanece prisionero del conflicto. El juicio separa, la comprensión une. El sabio ve en sus errores lecciones, en sus debilidades, oportunidades de fortaleza. La sombra, vista con ojos de luz, se convierte en maestra. No hay nada en el alma que no pueda ser redimido, porque todo proviene de la misma fuente. El mal es el bien en proceso de despertar, y el pecado, una verdad que aún no se ha comprendido.

El Baphomet, en su quietud majestuosa, enseña esta reconciliación. Su fuego no rechaza la oscuridad, la ilumina. Su cuerpo no niega la materia, la transfigura. Su mirada no condena, comprende. En él, el espíritu y la carne se abrazan, el cielo y la tierra se reconocen como partes de un mismo cuerpo divino. Por eso, para Eliphas Lévi, el Baphomet es la imagen del alma reconciliada, del iniciado que ha hecho las paces con su naturaleza y ha encontrado la divinidad en lo que antes consideraba profano. Su equilibrio no es la ausencia de sombras, sino la conciencia que las integra.

El camino de la reconciliación exige sinceridad y valor. El iniciado debe enfrentarse a su propio reflejo sin adornos ni excusas. Debe aceptar su historia, sus errores, sus heridas. Porque todo lo que ha sido negado pide ser reconocido, y todo lo que ha sido rechazado clama por amor. Eliphas Lévi enseñaba que el mago no teme mirarse en el espejo del alma, porque sabe que nada de lo que ve es ajeno a la luz. Incluso la tiniebla más densa es una forma de la divinidad esperando redención. Cuando el alma abraza su sombra, se ilumina por dentro, y lo que antes era peso se vuelve poder.

La reconciliación con la sombra es también la victoria sobre la culpa. Eliphas Lévi decía que el sentimiento de culpa es la herida del alma que aún no ha comprendido la ley del equilibrio. No existe acción sin causa ni causa sin propósito. Todo error contiene una enseñanza, todo dolor una semilla de sabiduría. La culpa detiene el movimiento, el arrepentimiento lo transforma. El iniciado no se condena por sus caídas, las estudia. En cada una de ellas descubre un aspecto de sí mismo que necesitaba ser conocido. Así, la sombra deja de ser castigo y se convierte en camino.

El Baphomet muestra que la divinidad no se encuentra solo en la luz pura, sino también en la materia imperfecta. Su figura híbrida enseña que la perfección no consiste en huir de lo bajo, sino en elevarlo. El alma que rechaza su humanidad se aleja del espíritu, porque niega la obra del Creador. La reconciliación con la sombra es la aceptación plena de la existencia. Es ver a Dios en todo, incluso en lo que asusta o hiere. En ese instante, la dualidad desaparece y el alma se reconoce como parte viva del todo.

Eliphas Lévi enseñaba que quien ha reconciliado su sombra se convierte en espejo del equilibrio cósmico. Ya no reacciona desde el miedo, sino desde la comprensión; ya no busca dominar el mundo, sino servir a la armonía. Su presencia irradia paz, porque ha pacificado en sí las fuerzas que combatían. El fuego y el agua se han unido, el sol y la luna giran en su interior en perfecto ritmo. El Baphomet, con su gesto sereno, representa ese estado de perfección: la unión de lo humano y lo divino, de lo consciente y lo instintivo, de lo visible y lo invisible.

Esta reconciliación es la meta de toda iniciación. No se alcanza en un instante, sino en una obra continua, en la vigilancia constante del alma sobre sí misma. Cada día ofrece nuevas sombras que integrar, nuevas luces que comprender. El mago no huye del conflicto, lo transforma en armonía. En su interior, la sombra y la luz ya no se enfrentan: dialogan. Así, el alma se vuelve transparente, y a través de ella el espíritu brilla sin obstáculo. El Baphomet, símbolo de esa transparencia conquistada, se revela entonces como lo que siempre fue: no un demonio, sino un espejo, no un ídolo, sino un maestro, no una sombra, sino la totalidad reconciliada del ser.

XII

El Baphomet en la Alta Magia moderna

La figura en las corrientes esotéricas posteriores

Tras la muerte de Eliphas Lévi, el Baphomet no volvió a las sombras del olvido, sino que resurgió con nueva fuerza en el horizonte del ocultismo occidental. Su imagen, reinterpretada por distintas escuelas, órdenes y magos, se convirtió en uno de los símbolos más fecundos y polémicos del pensamiento esotérico moderno. Lo que en la Edad Media fue objeto de persecución y calumnia, en los siglos XIX y XX se transformó en emblema de la libertad espiritual, de la gnosis redentora y del equilibrio universal. Eliphas Lévi había sembrado la semilla de la comprensión, y esa semilla germinó en el corazón de quienes vieron en el Baphomet no un ídolo, sino un espejo del misterio divino.

La figura del Baphomet inspiró a generaciones de ocultistas que, al igual que Lévi, comprendieron el poder del símbolo como mediador entre lo humano y lo divino. En el seno de la Orden Hermética de la Aurora Dorada, por ejemplo, su imagen fue estudiada como representación del equilibrio entre los elementos y de la energía universal que anima toda magia ceremonial. En el contexto rosacruz, se le interpretó como emblema de la sabiduría oculta del templo interior, donde la luz y la oscuridad se reconcilian en la conciencia del adepto. Cada corriente, a su manera, vio en el Baphomet una clave de la unidad y un recordatorio del poder de la mente sobre la materia.

Eliphas Lévi había restituido al símbolo su dignidad filosófica y hermética, pero fueron sus herederos espirituales quienes ampliaron su horizonte. Aleister Crowley, el mago inglés que heredó y reformuló gran parte del legado léviano, se declaró a sí mismo "Baphomet", nombre que adoptó como título iniciático en la Ordo Templi Orientis. Para él, el Baphomet representaba el poder del amor como fuerza mágica y el principio andrógino que une a Nuit y Hadit, la diosa del infinito y el dios del punto de conciencia. En su visión, el símbolo se transformó en la afirmación del ser libre de culpa, reconciliado con su cuerpo y con su divinidad interior.

Aunque muchos consideraron las reinterpretaciones de Crowley como heréticas, en esencia no contradijeron la enseñanza de Lévi, sino que la actualizaron. Ambos vieron en el Baphomet la imagen del equilibrio supremo, la síntesis de las polaridades, la unión del espíritu y la materia. En el siglo XX, esta comprensión se extendió a nuevas formas de espiritualidad esotérica, desde el ocultismo cabalístico hasta las escuelas gnósticas contemporáneas. En todas ellas, el Baphomet fue comprendido como la figura del adepto completo, aquel que ha unido en sí las fuerzas celestes y terrestres y ha hecho de su propia alma el templo del conocimiento.

En la masonería esotérica, especialmente en las ramas más simbólicas del Rito Escocés y en las órdenes templarias de inspiración hermética, el Baphomet fue reivindicado como emblema de la sabiduría oculta del Temple. Ya no como ídolo, sino como jeroglífico de la ciencia sagrada que los caballeros guardaban en secreto. Representaba la luz interior que brilla en medio de la noche del mundo, la verdad que los ignorantes condenan porque no la comprenden. En algunos ritos, su imagen llegó a asociarse con la idea del "Hombre Perfecto", el iniciado que equilibra la espada y la copa, el intelecto y el amor, la fe y la razón.

Eliphas Lévi había descrito al Baphomet como la síntesis de la tradición mágica universal, y los movimientos esotéricos posteriores confirmaron esa intuición. Para los ocultistas de la Teosofía, el símbolo representaba la ley de la evolución espiritual, la ascensión del alma a través de los planos de existencia. Para los alquimistas modernos, era la imagen de la transmutación interior, el fuego secreto del alma que convierte el plomo de la ignorancia en el oro de la sabiduría. Incluso en los círculos de la psicología esotérica del siglo XX, el Baphomet fue interpretado como el arquetipo de la integración del inconsciente, la unión de los opuestos en la totalidad del ser.

En el arte, la filosofía y la literatura, su presencia se volvió inevitable. Pintores, poetas y pensadores vieron en él una metáfora del alma humana, escindida entre cielo y tierra, razón e instinto, culpa y deseo de redención. En la figura del Baphomet hallaron una verdad que la religión institucional había olvidado: que el hombre no puede alcanzar la divinidad negando su naturaleza, sino reconciliándose con ella. El arte simbólico de Lévi, reinterpretado por mentes sensibles y audaces, abrió una nueva etapa del pensamiento espiritual, donde el símbolo dejó de ser dogma para convertirse en experiencia.

El Baphomet también inspiró movimientos de renovación mágica que vieron en su imagen una afirmación de la autonomía del ser espiritual. En la era moderna, marcada por la búsqueda de libertad y autoconocimiento, el símbolo se transformó en estandarte de quienes desean unir ciencia y espíritu, razón y misticismo. Algunos lo adoptaron como emblema de la rebelión contra la tiranía religiosa; otros, como representación de la unión del hombre con la naturaleza. Pero en todos los casos, la esencia permaneció: el Baphomet como signo del equilibrio, del conocimiento que redime, de la luz que surge en el corazón de las tinieblas.

Eliphas Lévi habría reconocido en estas interpretaciones la evolución natural de su obra. Sabía que el símbolo verdadero no pertenece a una época ni a una doctrina, sino al alma universal. Por eso, el Baphomet continúa revelando nuevos sentidos en cada generación. Su mensaje es siempre el mismo, aunque cambie el lenguaje: el llamado a integrar, a reconciliar, a comprender. En él, la magia y la filosofía, la ciencia y la fe, se dan la mano. En él, el iniciado de todos los tiempos puede reconocerse, porque su forma es el reflejo del equilibrio eterno que sostiene al universo.

Así, el Baphomet, de ser demonio condenado por la ignorancia, se convirtió en maestro de sabiduría en la Alta Magia moderna. En su fuego resplandece la chispa de la conciencia; en su trono se asienta la estabilidad del cosmos; en su rostro se refleja la serenidad del sabio que ha vencido el miedo. Ya no es el ídolo de los templarios, ni el demonio de los inquisidores, sino el arquetipo del hombre nuevo: libre, consciente y reconciliado. Su antorcha continúa encendida, iluminando a quienes buscan en la oscuridad no la condena, sino el conocimiento.

Influencia en el ocultismo contemporáneo

El símbolo del Baphomet, tal como fue revelado por Eliphas Lévi, trascendió las fronteras de su tiempo para convertirse en una piedra angular del pensamiento esotérico contemporáneo. Desde las escuelas herméticas de fines del siglo XIX hasta las nuevas corrientes gnósticas, alquímicas y mágicas del siglo XXI, su figura ha seguido inspirando a quienes buscan comprender la unidad de los contrarios y la naturaleza divina del ser humano. Lo que en manos del dogma fue caricatura de un demonio, en el corazón de los iniciados se transformó en mandala de sabiduría. En torno a su imagen se ha tejido una red invisible que une a los buscadores de la luz oculta, los herederos del fuego secreto que Lévi encendió.

Eliphas Lévi no creó al Baphomet como emblema de una religión, sino como un espejo del cosmos y del alma. Por eso su influencia ha trascendido credos y órdenes, hallando eco en toda corriente que aspire a la reconciliación del espíritu y la materia. En el siglo XX, su figura fue adoptada por los movimientos mágicos de orientación teúrgica, por las escuelas de ocultismo que veían en él la síntesis de las fuerzas cósmicas. En el marco de la Ordo Templi Orientis, el Baphomet fue reinterpretado como símbolo del poder de la voluntad divina encarnada, del hombre que, conociéndose a sí mismo, despierta el dios dormido en su interior.

En la tradición de la magia ceremonial, el Baphomet fue estudiado como modelo del equilibrio operativo. Su postura, con una mano alzada hacia el cielo y la otra señalando la tierra, encarna la ley hermética de correspondencia, la afirmación de que todo lo que está arriba es como lo que está abajo. Los magos contemporáneos han visto en esta enseñanza la clave del dominio sobre las fuerzas sutiles, la comprensión de que el universo no responde a la fe ciega, sino a la armonía interior. El Baphomet, en este contexto, no es objeto de adoración, sino principio de meditación: el símbolo de la conciencia que unifica lo que el pensamiento humano separa.

En el ámbito de la psicología hermética, el Baphomet ha sido reconocido como una figura arquetípica del inconsciente colectivo. En la obra de pensadores influenciados por la alquimia y la cábala, como Carl Gustav Jung, encontramos ecos de la enseñanza léviana. La unión de los opuestos, la reconciliación del ánima y el ánimus, la integración de la sombra y la conciencia, son procesos que reflejan la misma verdad expresada en el símbolo del Baphomet. Así, la psicología profunda del siglo XX dio nueva voz al mismo misterio: la totalidad del ser solo se alcanza cuando la luz abraza a la sombra.

Eliphas Lévi había afirmado que el Baphomet es el jeroglífico del equilibrio absoluto. Este concepto inspiró a los movimientos ocultistas contemporáneos que buscaron unir ciencia, espiritualidad y arte en una visión integradora del universo. En los círculos herméticos modernos, el Baphomet se convirtió en emblema de la alquimia interior, el trabajo por alcanzar la unidad de mente, cuerpo y espíritu. En sus templos simbólicos, su imagen preside como recordatorio de que el poder del mago no proviene de los ritos, sino del dominio de sí mismo. Su fuego es el fuego de la conciencia despierta, el mismo que arde en todo corazón que busca la verdad.

En la corriente gnóstica moderna, el Baphomet adquirió nuevos matices. Fue comprendido como símbolo de la Sophia encarnada, de la sabiduría que desciende a la materia para redimirla. En algunos textos contemporáneos se le asocia con el Cristo interior, el Logos que reconcilia lo divino y lo humano. Esta lectura, lejos de traicionar la enseñanza de Lévi, la profundiza: muestra que el Baphomet es una imagen viva, capaz de hablar en el lenguaje de cada época. Su esencia permanece: la de una fuerza que reconcilia y eleva, una llama que arde en el centro del ser.

En las corrientes esotéricas más recientes, influenciadas por el pensamiento ecológico y la espiritualidad del equilibrio natural, el Baphomet ha sido redescubierto como símbolo de la unidad de la vida. Su cuerpo mixto, mitad humano y mitad animal, ya no se percibe como monstruoso, sino como recordatorio de la alianza perdida entre el hombre y la naturaleza. En él, el espíritu no domina a la materia, la bendice; el ser humano no se impone al mundo, se armoniza con él. El Baphomet se convierte así en guardián de la ecología sagrada, de la sabiduría que reconoce en toda forma de existencia una expresión de lo divino.

Eliphas Lévi afirmaba que todo símbolo auténtico es eterno, porque se renueva en cada conciencia que lo comprende. Su Baphomet ha sobrevivido a los siglos porque no pertenece al pasado, sino al alma humana misma. En la Alta Magia contemporánea, su imagen continúa siendo un instrumento de meditación, un punto de equilibrio entre los extremos. En las logias herméticas, en las órdenes templarias reconstituidas, en los círculos de alquimia espiritual y en las prácticas individuales de contemplación, el Baphomet sigue presidiendo el altar invisible donde el iniciado se reconcilia con su doble naturaleza.

Su influencia no ha estado exenta de controversia. En la sociedad secular y en el ámbito religioso, aún se lo acusa de representar lo infernal o lo profano. Pero quienes lo estudian desde la sabiduría hermética saben que esa incomprensión es parte del símbolo mismo: su poder consiste en provocar al alma, en obligarla a mirar más allá de las apariencias. El Baphomet no exige adoración, exige comprensión; no pide culto, pide reflexión. Es el espejo donde cada época se contempla, revelando sus miedos y sus verdades.

En el ocultismo contemporáneo, el Baphomet encarna el ideal del adepto moderno: aquel que no huye del mundo, sino que lo ilumina; aquel que no teme su naturaleza, sino que la santifica; aquel que no separa la ciencia de la fe, sino que las reconcilia en la sabiduría. Su antorcha continúa ardiendo en el pensamiento de quienes reconocen que toda magia es ciencia del alma, y toda ciencia verdadera es magia del espíritu. En su equilibrio perfecto, el Baphomet sigue siendo el maestro silencioso del nuevo tiempo, el guardián del conocimiento que redime.

Así, su influencia no ha disminuido, sino que se ha expandido. Ha pasado de los templos secretos a las mentes despiertas, de los grimorios a la conciencia colectiva. En el mundo moderno, donde la fragmentación amenaza el alma, el Baphomet vuelve a recordarnos que la unidad no se conquista negando las partes, sino abrazándolas. Su presencia en el ocultismo contemporáneo no es un retorno del pasado, sino un despertar del presente. Y en el resplandor de su antorcha, el mago del siglo XXI puede encontrar la misma enseñanza que Eliphas Lévi transmitió hace más de un siglo: que la luz más pura nace del equilibrio entre el espíritu y la sombra.

Uso meditativo del símbolo

El símbolo, cuando se comprende en su esencia, no es un objeto de adoración, sino una puerta. Es un umbral entre lo visible y lo invisible, entre lo que el hombre cree ser y lo que realmente es. Eliphas Lévi enseñaba que meditar sobre un símbolo es participar de su energía, entrar en comunión con la idea que representa. El Baphomet, como jeroglífico universal, es una de las más altas llaves de contemplación del mago, porque encierra en su forma todos los principios de la creación: el equilibrio de los opuestos, la luz que nace de la oscuridad, la unión del espíritu y la materia.

La meditación sobre el Baphomet no busca venerarlo, sino comprenderse a través de él. Su figura es espejo del alma, laboratorio del pensamiento, altar de la conciencia. Quien lo contempla en silencio no busca visiones ni prodigios, sino claridad interior. Cada uno de sus elementos es una enseñanza en forma: la antorcha encendida entre los cuernos recuerda que la luz del espíritu debe dominar a las pasiones; las alas indican la libertad que surge cuando la voluntad está en equilibrio; el gesto de las manos, una hacia arriba y otra hacia abajo, enseña que el mago es mediador entre los mundos. Meditar sobre el Baphomet es recordar la estructura del universo y del propio ser.

Eliphas Lévi afirmaba que el poder de la meditación consiste en alinear el pensamiento con la verdad. Quien se concentra en un símbolo con pureza, despierta en sí la vibración que ese símbolo encarna. Así, meditar sobre el

Baphomet es participar de su armonía, interiorizar su equilibrio. El adepto que se sienta ante su imagen debe hacerlo en calma, respirando la luz del fuego que arde en su frente, sintiendo cómo esa antorcha se enciende en su propia mente. La contemplación del Baphomet es un ejercicio de integración: el alma aprende a mirar sin miedo su propia dualidad y a descubrir en ella la chispa del Uno.

El símbolo opera sobre el alma como el fuego sobre el metal. No impone su forma, revela la que estaba oculta. Por eso la meditación sobre el Baphomet no busca transformación exterior, sino interior. Eliphas Lévi enseñaba que todo mago debe crear dentro de sí el templo donde la divinidad pueda manifestarse. En ese templo, el Baphomet es el altar central, la síntesis de las fuerzas. Contemplar su figura es encender el horno de la alquimia interna, donde el pensamiento se vuelve oro, la emoción se vuelve compasión y la voluntad se vuelve luz.

El uso meditativo del símbolo requiere disciplina. No basta con mirar, es necesario penetrar. La mirada debe convertirse en presencia, el pensamiento en silencio. El mago debe dejar que el símbolo lo mire a él, que la sabiduría contenida en sus líneas penetre su alma. Eliphas Lévi decía que cuando el símbolo comienza a hablar, el intelecto debe callar. En ese instante, la conciencia entra en comunión con la idea eterna que el símbolo representa. Así, la meditación deja de ser ejercicio mental y se convierte en experiencia mística: el alma y el arquetipo se reconocen como uno.

El Baphomet, en su sereno equilibrio, es el maestro perfecto de este arte. Su figura no impone ni persuade, invita. Ante su mirada, el alma se aquieta y se observa. La antorcha en su frente es la lámpara de la mente iluminada; las serpientes entrelazadas, el flujo del pensamiento que asciende purificado; la media sonrisa, el secreto del sabio que ha comprendido. En la meditación, el iniciado visualiza esa antorcha en su propia cabeza, siente cómo su mente se llena de claridad, cómo su respiración se vuelve profunda y su corazón, centro del equilibrio, late al compás del universo.

Eliphas Lévi enseñaba que la meditación sobre el Baphomet debía realizarse con reverencia y serenidad. No como acto de invocación, sino de comunión. No se trata de pedir, sino de recibir. El alma debe estar limpia de superstición, el pensamiento libre de prejuicio. Solo así el símbolo revela su luz. El adepto no busca dominar las fuerzas que el Baphomet representa, sino unirse a su ley. Cuando la conciencia se armoniza con la imagen, el fuego interior despierta y el silencio se llena de presencia. En ese instante, el símbolo deja de ser forma y se convierte en energía viva.

En las escuelas de Alta Magia, la meditación sobre el Baphomet se consideraba un ejercicio de equilibrio entre lo alto y lo bajo, entre la razón y el instinto. El discípulo debía aprender a ver en su figura no un dios ni un demonio, sino la imagen del hombre completo. Al contemplarlo, debía repetir interiormente la máxima hermética: "Como es arriba, es abajo; como es adentro, es afuera". En esa frase se encierra el secreto de la obra. El Baphomet, entonces, se convierte en guía del pensamiento, en compañero del alma, en espejo donde el iniciado aprende a contemplar sin juicio la totalidad de su ser.

La meditación sobre el Baphomet puede adoptar muchas formas, pero su esencia es siempre la misma: la integración de los contrarios. Algunos lo contemplan en silencio, buscando la serenidad del espíritu; otros meditan sobre su imagen interior, visualizando el fuego ascendente de la antorcha como el despertar de la conciencia. En cualquier caso, el propósito es idéntico: unir la mente con el corazón, el fuego con el agua, el cielo con la tierra. El símbolo, entonces, deja de ser una figura exterior y se convierte en presencia interior. El Baphomet vive en la conciencia del adepto como fuego sereno y luz equilibrada.

Eliphas Lévi veía en la meditación el camino más directo hacia la sabiduría. Decía que los ritos, las fórmulas y los nombres sagrados no tienen poder si el alma no está despierta. La verdadera magia es interior. En la contemplación del Baphomet, el iniciado descubre que la antorcha de la sabiduría no está en el dibujo ni en la estatua, sino en su propia mente. Lo que el símbolo representa, él mismo puede encarnar. Cuando comprende esto, la figura exterior se disuelve y solo queda la presencia interior de la luz. Esa es la meta de toda meditación hermética: transformar el símbolo en experiencia, la experiencia en conciencia y la conciencia en unión con lo divino.

Así, el uso meditativo del Baphomet no busca poder, sino comprensión; no busca dominio, sino equilibrio. Es el arte de mirar con ojos nuevos el misterio de la existencia y reconocer en él la huella de lo eterno. Quien medita sobre el Baphomet con corazón puro no despierta fuerzas peligrosas, sino la serenidad del orden universal. En su silencio se escucha la voz de la sabiduría, que dice: "Nada está fuera de ti, todo está en ti". Y en ese reconocimiento, el símbolo cumple su misión más alta: conducir al alma desde la ilusión de la dualidad hasta la certeza de la unidad.

Baphomet como arquetipo iniciático

Todo símbolo que atraviesa los siglos sin perder su fuerza encierra en sí un arquetipo. No es solo una imagen, sino una forma viva del espíritu, una emanación del principio divino que se reviste de figura para guiar al alma humana en su camino hacia la totalidad. Así es el Baphomet, no un simple jeroglífico filosófico, sino un arquetipo iniciático, una presencia que despierta la conciencia de quien se atreve a mirarla sin miedo. Eliphas Lévi comprendió esto con profundidad: vio en su figura la representación del ser completo, del Adepto que ha atravesado el abismo de la dualidad y ha nacido de nuevo en la unidad del espíritu.

El arquetipo iniciático no enseña con palabras, sino con reflejos. Es una fuerza que actúa en silencio, modelando el alma según su imagen. Cuando el iniciado contempla el Baphomet, no observa una figura exterior, sino un espejo del proceso que debe cumplir dentro de sí. Cada elemento del símbolo representa una etapa de su camino. La antorcha en la cabeza es el despertar de la mente iluminada; las alas, el dominio de los planos sutiles; el cuerpo andrógino, la integración de las polaridades; el gesto de las manos, la realización del principio hermético: "Lo que está arriba es como lo que está abajo". Así, el Baphomet no es un maestro externo, sino la forma visible del maestro interior.

Eliphas Lévi decía que la iniciación no es transmisión de conocimiento, sino despertar de una memoria. Todo está ya contenido en el alma, y el arquetipo actúa como chispa que la hace recordar. El Baphomet cumple esa función. En su presencia simbólica, el alma reconoce lo que había olvidado: su doble naturaleza, su origen divino y su destino luminoso. Contemplarlo es encontrarse, descifrar el jeroglífico del propio ser. Por eso, el Baphomet no se explica, se vive. Su enseñanza no se traduce en conceptos, sino en transformaciones. Cada mirada profunda sobre su imagen abre una puerta interior.

El camino del iniciado es el proceso de hacerse semejante al arquetipo. En sus primeros pasos, el discípulo ve en el Baphomet una figura ambigua, mezcla de bien y mal, de luz y tiniebla. Más tarde comprende que esa ambigüedad no es contradicción, sino armonía. El alma humana también es así: un campo de fuerzas que deben equilibrarse. Cuando el iniciado aprende a ordenar esas fuerzas en sí mismo, el símbolo cambia de aspecto. Lo que antes parecía monstruoso se vuelve bello, lo que parecía ajeno se vuelve íntimo. Entonces el Baphomet deja de ser figura y se convierte en presencia viva, en guía interior.

Eliphas Lévi enseñaba que el verdadero iniciado es aquel que ha hecho de su alma un templo donde habita la totalidad. El Baphomet representa ese templo: su cuerpo es el altar, su fuego es el espíritu, su mirada es la sabiduría que observa sin juzgar. Meditar sobre él es reconstruir ese santuario en el interior. Cada parte de su forma corresponde a una facultad del alma. Sus cuernos, que se elevan hacia la antorcha, simbolizan la mente que busca la luz; su pecho femenino representa el amor que nutre; el caduceo en su abdomen, la energía vital que asciende purificada; sus alas, la libertad conquistada por el equilibrio. El iniciado que comprende estos símbolos ha entrado en el misterio del Baphomet.

El arquetipo iniciático no impone moral ni dogma. Enseña la ley universal del equilibrio. El Baphomet no es santo ni demonio, sino totalidad. En él, el bien y el mal son fases de una misma dinámica, y la virtud consiste en mantener su ritmo. Eliphas Lévi afirmaba que el sabio no teme las fuerzas del caos porque sabe ordenarlas. El Baphomet es la imagen de ese poder ordenante. Representa al mago que, con su antorcha encendida, ilumina la caverna del inconsciente y domina con serenidad las corrientes del alma. No lucha contra la naturaleza, la eleva. No suprime el deseo, lo consagra. No huye de la sombra, la transforma en luz.

El iniciado que contempla el Baphomet con el corazón despierto se reconoce en él. Descubre que el arquetipo no está fuera, sino en su interior, esperándolo. La iniciación es precisamente ese encuentro: el momento en que el alma reconoce en el símbolo su propio rostro eterno. En ese instante, el Baphomet deja de ser maestro y se convierte en espejo. La antorcha que arde sobre su cabeza se enciende en la mente del discípulo, y el fuego de la sabiduría comienza a arder en su interior. Desde ese momento, el iniciado ya no necesita mirar el símbolo exterior: lo lleva grabado en su alma.

Eliphas Lévi decía que la meta del mago no es imitar al Baphomet, sino encarnar su principio. Ser Baphomet significa haber alcanzado el equilibrio absoluto, haber unido el cielo y la tierra en el propio ser. El mago que llega a este estado se convierte él mismo en símbolo, en arquetipo viviente. Su vida entera se vuelve enseñanza silenciosa. Ya no actúa por deseo ni por temor, sino por armonía. En su mirada hay serenidad, en su palabra, poder, en su silencio, luz. Es el reflejo del principio universal que todo lo reconcilia.

El Baphomet, como arquetipo iniciático, representa también la coronación del trabajo alquímico. En él culmina la obra del alma: la integración de los contrarios, la fusión del azufre y el mercurio, la cristalización de la sal en piedra filosofal. Quien ha alcanzado este estado es libre, porque ya no depende de nada exterior para ser. Su fuego interior es suficiente. La antorcha del Baphomet brilla en su frente como signo de la conciencia iluminada. Su cuerpo se convierte en instrumento del espíritu, su mente en espejo de la sabiduría divina. Ha realizado la unión de los principios, la reconciliación de lo humano y lo divino.

Así, el Baphomet es más que un símbolo: es un destino. Representa lo que el alma humana está llamada a ser cuando completa su ascenso. No es un demonio al que temer ni un dios al que adorar, sino una forma de recordar que en el interior de cada ser arde el mismo fuego. Quien recorre el sendero de la iniciación encuentra en él no una figura ajena, sino la proyección de su propia divinidad latente. Eliphas Lévi lo sabía: todo hombre lleva en sí el misterio del Baphomet, y cada vida es un proceso de encender su antorcha interior.

Así, el arquetipo iniciático se cumple. El alma que ha atravesado las pruebas, que ha conocido su sombra y ha despertado su luz, se encuentra finalmente ante el espejo del Baphomet y reconoce su reflejo. Ya no hay maestro ni discípulo, ni arriba ni abajo, ni luz ni oscuridad: solo la conciencia que contempla su propia eternidad. Y en ese silencio sin nombre, el fuego de la antorcha se vuelve llama interior, y el iniciado comprende la enseñanza última de la Alta Magia: que el equilibrio es Dios manifestándose en el hombre.

La clave final: la luz en las tinieblas

Toda senda iniciática, desde los misterios antiguos hasta la Alta Magia, culmina en un mismo descubrimiento: la luz no se encuentra fuera de la oscuridad, sino dentro de ella.

No nace como un rayo que hiere las tinieblas, sino como una llama que surge de su corazón silencioso. Eliphas Lévi enseñaba que el secreto de toda sabiduría consiste en comprender este principio. La tiniebla no es el enemigo de la luz, sino su matriz. En el seno del caos duerme el orden, en la sombra del mundo palpita el germen del espíritu, en el fondo de la materia arde el fuego divino. El Baphomet, en su equilibrio perfecto entre luz y oscuridad, es la revelación de este misterio.

Desde la mirada profana, la oscuridad parece negación de la luz. Pero el iniciado sabe que sin sombra no hay forma, y sin forma no hay revelación. La luz absoluta, sin límite ni contraste, sería invisible. Solo cuando se reviste de oscuridad puede manifestarse. Por eso, el universo entero es un diálogo entre ambos principios: la noche y el día, la muerte y la vida, el silencio y el verbo. El Baphomet, sentado en su trono, encarna esa ley cósmica. Su fuego brilla precisamente porque está rodeado de tinieblas, y sus alas se despliegan sobre un cuerpo que pertenece a la tierra. La luz en las tinieblas es la conciencia en la materia, el espíritu hecho carne, el Dios que se revela en el hombre.

Eliphas Lévi decía que el mal es el bien en desorden, la sombra de una verdad no comprendida. Esta comprensión es la clave que libera al alma del miedo. La oscuridad deja de ser castigo y se convierte en escuela. Cada caída, cada error, cada noche interior es una iniciación disfrazada. La luz no destruye la tiniebla, la organiza. Así, el proceso del alma humana es el de la luz que desciende al abismo para alumbrarlo. Quien rechaza las tinieblas las perpetúa, quien las acepta las redime. El Baphomet, con su antorcha encendida sobre la frente, enseña que la iluminación verdadera consiste en amar la totalidad del ser, no solo su mitad luminosa.

El alma que busca la luz fuera de la oscuridad persigue un espejismo. La verdadera revelación ocurre cuando la conciencia penetra en su propia noche y descubre allí una claridad más pura. La antorcha del Baphomet simboliza ese instante. Arde entre los cuernos, que representan la fuerza vital, y su luz se proyecta hacia arriba, iluminando sin consumir. Es la inteligencia del espíritu guiando la potencia de la naturaleza, el fuego divino dominando el caos. En esa unión perfecta reside la clave final: la luz no vence a las tinieblas, las transfigura.

Eliphas Lévi afirmaba que el mago debe aprender a mirar las tinieblas sin temor. En su aparente vacío se ocultan los secretos de la creación. Todo lo que la mente llama "sombra" no es sino energía sin forma, esperando ser comprendida. El trabajo del iniciado consiste en traer esa energía a la conciencia, en darle nombre, en hacerla partícipe del orden divino. Así, las pasiones se convierten en virtudes, los instintos en sabiduría, la materia en templo. La luz que surge de las tinieblas no destruye el mundo, lo santifica. Por eso el Baphomet, lejos de ser un demonio, es el símbolo de la materia redimida, de la oscuridad iluminada por el espíritu.

El hombre moderno teme las tinieblas porque ha olvidado su lenguaje. En su prisa por la claridad, ha perdido el arte del silencio. Pero la oscuridad, cuando se la contempla sin miedo, revela su rostro sereno. Es el útero del mundo, el espacio donde germina la vida, el intervalo sagrado entre el pensamiento y la palabra. Eliphas Lévi decía que el mago no debe buscar la luz como conquista, sino como revelación natural. La luz surge cuando el alma deja de resistirse a la noche. En ese instante, la oscuridad se abre como un velo, y detrás de ella aparece el rostro de la sabiduría.

En el Baphomet, esta verdad se expresa en su estructura misma. Su fuego y su sombra no se oponen, se equilibran. Su mirada no busca hacia arriba ni hacia abajo, sino hacia el centro, donde todo se reconcilia. La luz en las tinieblas no es una metáfora moral, sino una ley cósmica: el equilibrio del universo depende de la coexistencia de ambos principios. El iniciado que comprende esto ya no teme su sombra ni idolatra su luz. Vive en armonía con ambos, sabiendo que cada respiración alterna inspiración y exhalación, cada día incluye su noche, cada muerte su renacimiento.

Eliphas Lévi veía en este misterio la verdadera gnosis, la sabiduría que disuelve la dualidad. Decía que el sabio no busca destruir las tinieblas, sino convertirlas en luz. Este proceso comienza en el corazón del hombre. Cuando el alma ilumina su inconsciente, la oscuridad interior se vuelve conocimiento. Entonces el Baphomet deja de ser un símbolo ajeno y se convierte en experiencia viva: el fuego del espíritu ardiendo en el cuerpo, la conciencia divina irradiando en la materia. Esa es la "luz en las tinieblas" de la que hablan los antiguos maestros, la llama que no se apaga, la presencia eterna en el fondo del ser.

El camino de la Alta Magia culmina allí. No en la evasión de la sombra, sino en su transfiguración. La luz pura que el iniciado descubre no brilla en los cielos, sino en su propia profundidad. Eliphas Lévi escribió que "el sol del sabio se levanta a medianoche". Esa frase encierra el secreto de toda iniciación. La verdadera iluminación no llega cuando todo está claro, sino cuando el alma puede ver con los ojos del espíritu en medio de la noche. En esa visión, el bien y el mal, el día y la noche, el Dios y el hombre, se funden en una sola llama.

Así, el Baphomet entrega su última enseñanza. No teme a las tinieblas, porque es su luz. No rechaza la materia, porque es su espíritu. En él, el iniciado aprende que la redención no consiste en huir del mundo, sino en reconocer lo divino en cada una de sus sombras. Allí donde la ignorancia ve confusión, el sabio ve equilibrio; donde la mente ve oscuridad, el alma ve germen de luz. Quien comprende esto ha encontrado la clave final de la Obra: la certeza de que toda sombra es camino hacia la revelación, y que en el fondo de cada noche arde, silenciosa y eterna, la antorcha del Espíritu.

Epílogo

El Baphomet como mandala hermético

En la vasta tradición del esoterismo occidental, el mandala representa la arquitectura secreta del cosmos y del alma. Es la imagen del orden divino que subyace a todo lo creado, el mapa simbólico del retorno del espíritu hacia su fuente. Si en Oriente el mandala adopta la forma de círculos y lotos que giran en torno a un centro, en Occidente esa función la cumple el Baphomet. Él es el mandala hermético, la síntesis de los contrarios en equilibrio, el espejo donde el universo se contempla y reconoce. Eliphas Lévi lo comprendió así: su figura no es un ídolo, sino un esquema viviente de la unidad. En su forma se encierra la geometría sagrada del ser, y en su fuego palpita el ritmo secreto del cosmos.

El mandala es, en esencia, un punto de convergencia. Toda línea, todo color, toda figura apunta hacia el centro, y en ese centro la multiplicidad se disuelve en silencio. Del mismo modo, el Baphomet organiza en sí los principios dispersos del universo. Sus alas, sus manos, sus cuernos, su fuego, su cuerpo dual, son las líneas del gran diseño que conduce hacia el equilibrio. Contemplarlo es adentrarse en la arquitectura divina que sostiene el mundo. Su trono es el cuadrado de la estabilidad, sus alas el triángulo del ascenso, su antorcha el círculo del espíritu. En él convergen los cuatro elementos y los tres principios, formando el número siete de la perfección oculta.

Eliphas Lévi enseñaba que quien contempla el Baphomet con el corazón puro ve desplegarse ante sí el plan del universo. Cada detalle de su figura es una puerta hacia un misterio, y cada uno de esos misterios conduce al centro. No es casual que su mirada esté fija en el infinito, porque el mandala hermético no encierra, expande. Su quietud es movimiento, su silencio es verbo. El iniciado que medita sobre él se convierte en testigo de la danza eterna de las fuerzas, el juego divino que hace girar a las estrellas y al pensamiento. Comprender el Baphomet es comprender el cosmos, porque en su equilibrio se refleja la armonía universal.

El mandala oriental representa el proceso de expansión y retorno del espíritu, el viaje del alma desde la unidad hacia la multiplicidad y de regreso al Uno. El Baphomet, en su estructura, expresa la misma verdad. La luz de su antorcha desciende hacia la materia de su cuerpo, y esa materia, santificada por la conciencia, vuelve a elevarse hacia la luz. Es el movimiento perpetuo de la creación, el flujo y reflujo de la energía divina. En su pecho, los pechos femeninos representan la nutrición del espíritu que se derrama sobre el mundo, mientras que el caduceo en su abdomen muestra el ascenso del fuego serpentino hacia la corona de la sabiduría. Así, el Baphomet enseña que la redención no es huida, sino retorno consciente.

Eliphas Lévi veía en esta imagen el mandala del equilibrio absoluto. En su simetría se expresa la ley de correspondencia: lo que está arriba es como lo que está abajo, lo que está adentro es como lo que está afuera. Su figura no pertenece a una religión, sino a una ciencia espiritual. Es el compendio de la Cábala, la Alquimia y la Magia, las tres columnas del templo de la sabiduría. Su fuego representa la inteligencia divina, su forma animal la vitalidad cósmica, su rostro humano la conciencia. Es la trinidad hermética hecha carne, la encarnación de la unidad en la diversidad.

Contemplar el Baphomet como mandala hermético es realizar un acto de alineación interior. El alma se ordena según su estructura, y la mente, al recorrer sus líneas, reproduce el ritmo del universo. Así, la contemplación se vuelve creación. El iniciado, al meditar sobre el símbolo, reconstituye dentro de sí la armonía perdida. Cada elemento del Baphomet despierta una fuerza correspondiente en el alma: su fuego enciende la inteligencia, su gesto equilibra la voluntad, su sonrisa serena purifica el corazón. Meditar sobre su figura es, pues, meditar sobre uno mismo, porque el mandala no está fuera, sino dentro del ser.

Eliphas Lévi enseñaba que el mandala occidental no se dibuja en el suelo del templo, sino en la conciencia del mago. Cada pensamiento ordenado según la ley del equilibrio contribuye a su construcción. Por eso el Baphomet, como mandala hermético, no requiere de culto exterior, sino de atención interior. Su templo es el cuerpo purificado, su altar es el corazón equilibrado, su fuego es la mente despierta. Quien alcanza este estado participa del orden universal. Ya no contempla el símbolo, lo vive. La geometría del Baphomet se convierte en la estructura misma de su alma.

El Baphomet, en su silencio de piedra o tinta, contiene más sabiduría que muchas palabras. Es la síntesis de la cábala, la alquimia y la teúrgia. Su forma, equilibrada y perfecta, es la proyección visible de la ley oculta que gobierna los mundos. Por eso Eliphas Lévi lo llamó "jeroglífico de la luz astral", porque en él se refleja el dinamismo del universo invisible. Quien lo contempla con devoción filosófica no busca poder ni milagro, sino comprensión. Comprender el mandala del Baphomet es comprender el misterio de la existencia: que todo lo creado, desde las estrellas hasta el pensamiento, obedece a una misma armonía.

El mandala hermético del Baphomet enseña al alma a girar en torno a su propio centro. En medio de las contradicciones del mundo, recuerda que la estabilidad se encuentra en el equilibrio interior. Así, su contemplación se convierte en medicina para la mente y el corazón. El iniciado que fija su atención en él no escapa de la realidad, sino que la comprende. Aprende que todo movimiento, toda pasión, todo dolor, tienen un lugar en el orden divino. El Baphomet no destruye las tensiones, las armoniza. Y en esa armonía resplandece la luz eterna, la geometría de la divinidad hecha símbolo.

Así, el Baphomet se revela como el mandala del Occidente, el diagrama de la sabiduría de Hermes y de Salomón, de la alquimia de los elementos y de la cábala del espíritu. En él se cumple la máxima de los antiguos: "Lo Uno se refleja en lo múltiple y lo múltiple se resuelve en lo Uno". Contemplar su figura es entrar en el corazón de ese misterio, donde toda oposición se disuelve y solo permanece la unidad. En el centro de su trono, entre el fuego y la sombra, arde el punto inmóvil del equilibrio. Quien llega allí comprende que el Baphomet no es un ser, sino una ley, no una forma, sino el reflejo de la eternidad en la conciencia humana.

El fin de la superstición y el comienzo de la gnosis

La historia espiritual de la humanidad puede ser comprendida como un tránsito: del temor al conocimiento, de la superstición a la gnosis, de la ignorancia que adora ídolos a la sabiduría que contempla principios. Este tránsito, que es también una ascensión, se cumple en el alma como se cumple en los siglos. Y en ese proceso, el Baphomet representa la gran redención del símbolo, el instante en que lo que fue temido se revela como portador de luz. Eliphas Lévi comprendió que la superstición no es más que la sombra de la fe, el reflejo distorsionado del deseo de saber. Allí donde el hombre no comprende, imagina; y allí donde imagina sin comprender, teme. La gnosis comienza cuando el alma sustituye el temor por la inteligencia amorosa, cuando deja de creer para empezar a conocer.

La superstición es la niebla que cubre el amanecer del espíritu. Nace del poder de la imaginación no gobernada por la razón y de la razón separada del corazón. En ella, los símbolos se convierten en ídolos, las formas en prisiones, y la divinidad en tirano. Durante siglos, la humanidad miró al Baphomet con esos ojos velados. Vio en él al enemigo, al demonio, al adversario del cielo, porque no comprendió que en su figura se escondía la reconciliación de todos los contrarios. La superstición condena lo que ignora, mientras que la gnosis busca comprender. La una divide, la otra une. La una teme la oscuridad, la otra la ilumina.

Eliphas Lévi enseñaba que la gnosis no destruye la fe, la purifica. No niega los símbolos, los interpreta. La superstición ve en el fuego castigo; la gnosis ve en él el poder creador. La superstición teme la serpiente; la gnosis reconoce en ella la fuerza de la vida que asciende hacia la conciencia. Así ocurre con el Baphomet: el supersticioso lo mira y retrocede, el gnóstico lo contempla y comprende. El primero ve la máscara, el segundo descubre el rostro. Eliphas Lévi, al dibujar su imagen, no quiso crear un ídolo nuevo, sino revelar la estructura oculta del conocimiento. Su Baphomet no exige adoración, exige reflexión; no pide culto, pide comprensión.

La gnosis es el despertar de la mente a la realidad del espíritu. No es creencia ni dogma, sino experiencia directa de la verdad. En ella, el alma se convierte en su propio templo y la conciencia en su propio sacerdote. Eliphas Lévi afirmaba que la verdadera religión del sabio es el estudio de las leyes divinas en la naturaleza y en sí mismo. Por eso la gnosis no se enseña, se despierta. El Baphomet, como símbolo del conocimiento equilibrado, es su emblema perfecto. Su antorcha encendida entre los cuernos representa la inteligencia que ha aprendido a iluminar sin quemar, a discernir sin destruir. Es la mente libre del temor, consagrada a la comprensión.

El fin de la superstición no llega por decreto ni por dogma, sino por iluminación interior. El alma abandona la superstición cuando deja de buscar fuera lo que está dentro. La gnosis comienza cuando el hombre se reconoce como imagen del universo, cuando comprende que las leyes del cosmos son las mismas que rigen su propio corazón. Eliphas Lévi decía que el mago no pide milagros porque conoce la causa de los milagros. La gnosis es precisamente eso: el conocimiento de la ley divina que actúa en todo. En ese conocimiento, el Baphomet deja de ser figura temida y se convierte en espejo del equilibrio universal.

El supersticioso necesita mediadores, porque no confía en su propia luz. La gnosis libera al alma de esa dependencia. El hombre que conoce no adora formas, sino que las atraviesa; no busca salvación, porque ya vive en la armonía. El Baphomet enseña esta libertad interior. Su mirada no se dirige hacia el cielo ni hacia la tierra, sino hacia el centro, donde ambos se encuentran. En su trono descansa la sabiduría que ya no necesita intermediarios. Eliphas Lévi lo expresaba con claridad: "El hombre verdaderamente sabio es su propio sacerdote, su propio profeta y su propio rey". La gnosis restituye al alma esa realeza perdida.

El fin de la superstición es también el fin del miedo. La superstición se alimenta del temor a lo desconocido, mientras que la gnosis transforma lo desconocido en revelación. Cuando el alma comprende, ya no teme. La figura del Baphomet, antes símbolo del horror, se convierte entonces en imagen del poder redimido. Su fuego, antes temido, se vuelve guía. Su sombra, antes maldita, se vuelve maestra. En la gnosis, todo se reconcilia. La luz no necesita destruir la oscuridad porque la ha comprendido. Así, el símbolo recupera su pureza original y el alma, su libertad.

Eliphas Lévi afirmaba que la superstición es la infancia de la sabiduría, y que la humanidad, como el alma individual, debe atravesar la niñez del miedo antes de alcanzar la madurez del conocimiento. Cada civilización, cada hombre, cada religión repite este ciclo. Primero teme, luego adora, después comprende. En ese tránsito, el Baphomet es el maestro del paso. Acompaña al alma desde la confusión hasta la claridad, desde la fe ciega hasta la inteligencia iluminada. Representa el momento en que el iniciado deja de mirar fuera de sí y se convierte en templo viviente de la divinidad.

El comienzo de la gnosis no es una ruptura, sino una transfiguración. Lo que antes fue superstición se purifica en luz. La fe se convierte en sabiduría, la obediencia en comprensión, la creencia en experiencia. El alma que ha recorrido este camino mira de nuevo al Baphomet y ya no ve en él un demonio, sino el rostro del equilibrio eterno. Comprende que toda forma de oscuridad fue solo preparación para la luz. Entonces, el símbolo se disuelve en la conciencia, y el conocimiento reemplaza a la creencia. Esa es la verdadera redención: no cambiar de ídolos, sino dejar de necesitarlos.

Eliphas Lévi veía en este proceso la promesa del porvenir espiritual del hombre. Decía que llegará un tiempo en que la humanidad dejará atrás la superstición y reconocerá en cada símbolo un lenguaje de la verdad. Ese tiempo comienza en cada alma que despierta. La gnosis no pertenece al pasado ni al futuro, sino al presente de la conciencia que se ilumina. En ese presente, el Baphomet resplandece no como figura prohibida, sino como signo de la libertad del espíritu. Representa el triunfo de la sabiduría sobre el miedo, del conocimiento sobre la ignorancia, de la luz sobre su propia sombra.

Así se cumple el fin de la superstición y el comienzo de la gnosis. Lo que fue temido se convierte en maestro, lo que fue condenado se vuelve guía. El Baphomet, redimido por la comprensión, se eleva como mandala de la nueva era espiritual: una era donde la divinidad no se busca en los cielos, sino en el corazón iluminado del hombre. Eliphas Lévi, visionario del equilibrio, había anunciado este despertar. En la antorcha del Baphomet brilla su profecía: la luz que surge de la inteligencia reconciliada, el fuego que no destruye, sino que revela.

El símbolo como puente entre la materia y el espíritu

Desde los albores del pensamiento humano, el símbolo ha sido el lenguaje sagrado que une lo visible y lo invisible. Allí donde la palabra no alcanza, el símbolo habla. No impone, sugiere; no describe, revela. Es el punto donde la materia se hace transparente y deja pasar la luz del espíritu. En este sentido, el Baphomet es la síntesis perfecta del símbolo como puente. En él, la forma y la idea, el cuerpo y el alma, el mundo y Dios, se encuentran en un mismo eje de equilibrio. Eliphas Lévi comprendió esta función sagrada del símbolo y la expresó con claridad al afirmar que toda forma verdadera es una manifestación del pensamiento divino. Lo que el espíritu concibe, la materia encarna; lo que la materia expresa, el espíritu interpreta.

El símbolo es el vehículo del misterio, el instrumento que permite al alma traducir lo eterno en temporal y lo temporal en eterno. En el acto de contemplarlo, el hombre se eleva sin dejar la tierra y desciende sin perder el cielo. Así, el Baphomet se convierte en el mediador entre los planos. Su fuego, que arde en la cima, representa la inteligencia divina; su cuerpo, anclado en la tierra, representa la sustancia cósmica. Entre ambos, el corazón del símbolo late como un puente vivo donde la energía del cielo desciende y la materia asciende. Meditar sobre él es participar de ese flujo sagrado, donde el espíritu se hace carne y la carne se hace luz.

Eliphas Lévi enseñaba que la función del mago es restablecer el lazo roto entre la materia y el espíritu. El hombre moderno, perdido en la separación, ha olvidado que todo lo visible es imagen de lo invisible. Ve el mundo como fragmento, no como reflejo. El símbolo restituye esa unidad perdida. Al mirarlo con comprensión, la mente percibe la correspondencia que une las cosas: el fuego del pensamiento con el fuego de las estrellas, el pulso del corazón con el ritmo de los planetas, la respiración del hombre con el aliento divino. En el Baphomet, esta correspondencia se revela en cada trazo: su gesto une cielo y tierra, su forma reconcilia lo animal y lo divino, su fuego expresa la comunión eterna entre lo alto y lo bajo.

El símbolo no separa la materia del espíritu, los reconcilia. En su lenguaje silencioso se cumple la ley de Hermes: "Lo que está arriba es como lo que está abajo". Cada línea de su figura, cada proporción, cada color, participa de una armonía que trasciende lo físico y lo metafísico. Eliphas Lévi veía en esto la esencia de la magia: el conocimiento de las correspondencias universales. Quien comprende el símbolo no lo adora, lo utiliza como llave. Al abrirlo con la mente y el corazón, penetra en el santuario donde la materia revela su alma y el espíritu, su cuerpo.

El Baphomet es la expresión más perfecta de este principio. En él, la materia no es caída, sino vehículo; el cuerpo no es prisión, sino templo. Su figura enseña que lo visible no es obstáculo para la divinidad, sino su manifestación. Por eso, el mago no huye del mundo, lo consagra. Su trabajo consiste en espiritualizar la materia y materializar el espíritu, en hacer visible lo invisible y tangible lo eterno. Eliphas Lévi afirmaba que el sabio no desprecia lo bajo, porque sabe que en lo más denso se oculta la chispa más pura. El Baphomet, con su rostro sereno y su cuerpo híbrido, proclama esa verdad: la divinidad no está fuera de la creación, sino en su corazón.

La materia es el espejo del espíritu, y el símbolo, el rayo de luz que los une. En la contemplación del Baphomet, el iniciado aprende que la dualidad no es contradicción, sino diálogo. Cada pensamiento elevado busca encarnación, cada acto justo tiene raíz celestial. Así, el símbolo enseña a vivir en correspondencia, a reconocer lo sagrado en lo cotidiano. Eliphas Lévi veía en la magia un arte de reconciliar opuestos: la ciencia del equilibrio universal. El símbolo es su herramienta más alta, porque une lo que la mente separa y despierta en el alma la memoria de su origen divino.

En la tradición de la Alta Magia, el símbolo no es un signo muerto, sino una entidad viva, una presencia que actúa sobre la conciencia. Quien medita sobre él participa de su naturaleza. Por eso, el Baphomet no es solo una representación, es una operación espiritual. Contemplarlo con pureza es abrir un canal entre el espíritu y la materia, dejar que la luz descienda y que la sustancia se eleve. En este intercambio, el alma se convierte en mediadora, como el símbolo mismo. Así se cumple el principio de la Obra: que el hombre sea el vínculo consciente entre el cielo y la tierra.

Eliphas Lévi afirmaba que el verdadero iniciado no busca escapar del mundo, sino transformarlo en imagen de la divinidad. En ese sentido, todo acto, toda palabra y todo pensamiento pueden ser simbólicos. El símbolo no está solo en los libros sagrados o en las imágenes de los templos, está en el gesto cotidiano, en la respiración, en la mirada. El Baphomet recuerda esta verdad: todo en el universo es puente si se lo mira con ojos iluminados. En cada átomo vibra el eco del espíritu, en cada pensamiento palpita la materia del mundo. La magia consiste en reconocer esa correspondencia y vivir en armonía con ella.

El símbolo es, en última instancia, un acto de amor entre la materia y el espíritu. La una ofrece su forma, el otro su luz.

En su unión, el universo se crea y se sostiene. El Baphomet, como mandala hermético, encarna ese amor cósmico. Su trono, hecho de piedra, sostiene el fuego de los cielos; su cuerpo, mezcla de animal y humano, une los reinos de la naturaleza; su mirada, mitad serena y mitad intensa, revela la conciencia que lo abarca todo. Quien comprende este misterio participa del equilibrio divino. La materia se ilumina, el espíritu se encarna, y ambos se reconocen como aspectos de una misma realidad eterna.

Así, el símbolo cumple su destino: ser puente, no frontera. Eliphas Lévi lo sabía cuando dijo que el mago es constructor de puentes entre lo visible y lo invisible. El Baphomet, símbolo supremo de la reconciliación, muestra que esa unión no ocurre fuera, sino en el interior del alma que ha aprendido a ver. En su antorcha arde la promesa de la integración final: la materia que se vuelve transparente al espíritu, el espíritu que se manifiesta en la materia. Y cuando el alma alcanza esa visión, toda forma se disuelve en significado, todo significado en luz, y toda luz en la paz eterna del Uno.

La misión del Adepto en el mundo

Cuando el alma ha comprendido el misterio del equilibrio, cuando ha reconciliado en sí la luz y la sombra, y ha hecho del conocimiento una forma de amor, comienza una nueva etapa: la del servicio. La iniciación no culmina en la iluminación personal, sino en la consagración universal. Eliphas Lévi enseñaba que el verdadero Adepto no se retira del mundo, sino que desciende a él con conciencia despierta. No busca la soledad de los montes ni el silencio de los templos, sino la obra secreta en medio de los hombres. Allí, en el corazón del ruido y del conflicto, manifiesta la armonía que ha conquistado. El mundo exterior es el taller donde el sabio forja la piedra viva del alma colectiva.

El Adepto es aquel que, habiendo unido en sí los opuestos, se convierte en mediador entre los planos. Es el puente consciente entre el cielo y la tierra, entre Dios y la humanidad. Su misión no es enseñar palabras, sino encarnar principios. Su sola presencia irradia equilibrio, y donde él está, el desorden se atenúa. No necesita predicar, porque su mirada enseña. Eliphas Lévi decía que el sabio es una lámpara encendida en medio del caos, y que su luz guía sin imponer. Esa es la tarea del Adepto: ser fuego en la oscuridad, no para dominarla, sino para revelarla.

El Adepto no pertenece a ninguna religión, aunque las comprenda todas. No defiende credos, sino verdades universales. Sabe que la divinidad se expresa en todas las formas, y que toda forma, al ser comprendida, se disuelve en la unidad. Por eso puede caminar entre los templos de los hombres sin perder su propio altar interior. En su silencio, respeta todos los nombres de Dios, porque sabe que todos son reflejos de un solo Verbo. Eliphas Lévi afirmaba que el mago ve en cada religión una letra del alfabeto divino, y que su tarea es leer la palabra completa. La misión del Adepto es, entonces, unir lo que la ignorancia separa, reconciliar lo que la historia dividió.

El Adepto no busca seguidores, busca despertar. Su magisterio no consiste en fundar escuelas ni en multiplicar discípulos, sino en encender conciencias. Sabe que cada alma es su propio maestro, y que el verdadero conocimiento no se transmite, se recuerda. Por eso su enseñanza es silenciosa. A menudo pasa desapercibido, oculto en la sencillez de su vida cotidiana. Su poder no es visible, pero actúa. Como el sol que no predica y, sin embargo, hace crecer las flores, el Adepto irradia sin querer. En su presencia, los corazones se aquietan, las mentes se abren, y la armonía comienza a obrar.

Eliphas Lévi enseñaba que el Adepto es el sacerdote invisible de la humanidad. No oficia ritos externos, sino internos. Su altar es el universo, su templo, el corazón humano. Cada pensamiento justo, cada palabra veraz, cada acto compasivo, son sus ofrendas. Su liturgia es la vida misma, consagrada al servicio de la ley del equilibrio. Vive en el mundo, pero no es del mundo. Observa las pasiones sin ser arrastrado por ellas, participa en la creación sin perder la serenidad. Es un eje en medio del torbellino, un punto fijo en el círculo del devenir. Allí reside su poder: en la inmovilidad del centro, donde nada puede corromperlo.

El Adepto no combate la ignorancia con disputa, sino con presencia. Sabe que el error se disuelve por comprensión, no por violencia. Donde otros condenan, él comprende; donde otros imponen, él sugiere; donde otros temen, él confía. Su espada es la verdad, pero su empuñadura es el amor. Por eso su autoridad es invisible y su influencia, profunda. Eliphas Lévi decía que el mago domina las fuerzas del mundo porque no las posee, las sirve. El Adepto no se eleva por encima de los hombres, sino que desciende hasta ellos para elevarlos. Su humildad es la forma más alta de poder.

El mundo contemporáneo, desgarrado entre extremos, necesita más que nunca la presencia silenciosa de los Adeptos. No como salvadores, sino como recordatorios vivientes de la armonía posible. Su misión no es cambiar las estructuras externas, sino sembrar equilibrio en las almas. Ellos saben que el verdadero cambio no se impone desde fuera, sino que germina desde dentro. Por eso trabajan en lo invisible, donde los ojos profanos no alcanzan. Un pensamiento luminoso proyectado desde la calma del Adepto puede alterar el curso de los acontecimientos, porque actúa en el nivel de las causas, no de los efectos.

Eliphas Lévi enseñaba que el Adepto es hijo de la luz y servidor de la ley. No actúa por ambición ni por deseo de gloria, sino por obediencia al principio de la armonía universal. Su alegría consiste en participar conscientemente de la obra divina, en colaborar con el impulso evolutivo del cosmos. No busca recompensa, porque ha comprendido que el acto mismo de servir es su recompensa. Vive sin pertenecer a nada y, sin embargo, todo le pertenece. Su tesoro no está en las manos, sino en el alma. Su poder no consiste en mandar, sino en irradiar.

El Adepto es, finalmente, la manifestación viva del Baphomet redimido. En él, la dualidad se ha resuelto. Es la antorcha que arde sin consumir, el equilibrio que se sostiene sin esfuerzo, la unión del espíritu y la materia convertida en presencia. Su vida es ejemplo de lo que el símbolo enseña: que la luz puede habitar en las tinieblas sin perder su pureza, que la sabiduría puede moverse en el mundo sin contaminarse de sus pasiones. Su misión es recordar al hombre que no hay frontera entre lo divino y lo humano, sino un puente. Y ese puente es la conciencia.

Así, el Adepto cumple su función en el gran mandala del universo. No busca reconocimiento ni huida, sino participación. Vive entre los hombres como uno más, pero su mirada abarca el infinito. Donde ve conflicto, percibe armonía; donde otros ven caos, él distingue ritmo; donde hay oscuridad, él ve germen de luz. Eliphas Lévi decía que el sabio no huye del mundo porque el mundo es el laboratorio de Dios. El Adepto trabaja en ese laboratorio con manos invisibles, convirtiendo el plomo del dolor en oro de comprensión. Su misión no termina mientras exista una chispa de sombra sin redimir, porque su fuego es eterno y su amor, inagotable.

La luz surge de las tinieblas: conclusión del camino

Toda obra iniciática es un viaje de retorno. No hacia un lugar, sino hacia un estado. Desde el primer instante en que el alma sintió el llamado del misterio, hasta este último punto de comprensión, ha caminado entre sombras y destellos, entre preguntas y revelaciones, buscando no una verdad impuesta, sino una presencia silenciosa que todo lo explique. Ese camino, que en el tiempo se llama estudio, en el alma se llama transformación. Eliphas Lévi enseñaba que el conocimiento verdadero no consiste en acumular ideas, sino en despertar la conciencia. Por eso, el fin del sendero no es saber más, sino ser más: más luz, más equilibrio, más amor.

El Baphomet ha acompañado esta travesía como guía y espejo. Al principio se presentó como un enigma temido, una figura velada por siglos de incomprensión. Poco a poco, bajo la mirada del iniciado, se fue despojando de su máscara y revelando su verdadera naturaleza. Ya no es el demonio de la superstición, ni el ídolo del error, sino el jeroglífico del alma reconciliada, el rostro de la sabiduría que une lo que el miedo separó. En su trono se sientan ahora las dos grandes certezas del mago: que todo es Uno y que ese Uno vive en todas las cosas.

El viaje a través del Baphomet es, en realidad, el viaje del hombre hacia sí mismo. Cada símbolo descifrado, cada sombra comprendida, cada miedo vencido, es una puerta abierta hacia el propio centro. Y al llegar allí, al corazón del misterio, el alma descubre que nunca estuvo fuera del templo: ella misma era el templo. El fuego que buscaba en el cielo ardía desde siempre en su interior. La antorcha del Baphomet, encendida entre sus cuernos, se convierte entonces en el fuego de la conciencia humana que, al iluminar su propia oscuridad, ilumina también el mundo.

Eliphas Lévi decía que la magia es la ciencia del equilibrio. Ese equilibrio es la clave final del camino. No consiste en abolir los contrarios, sino en reconciliarlos. La luz necesita de la sombra para ser vista, la sombra necesita de la luz para ser comprendida. En su unión, el universo se sostiene y la conciencia se expande. Así, el iniciado que ha aprendido a mirar las tinieblas sin temor descubre que ellas son el cuerpo de la luz, su envoltura, su matriz. La oscuridad no es ausencia, sino gestación. De su seno nace el resplandor eterno que da vida a los mundos.

La luz surge de las tinieblas porque ambas son una sola sustancia en distinto grado de vibración. Lo que el hombre llama noche es la luz que aún no ha aprendido a ver. Y así, todo dolor es semilla de comprensión, toda pérdida es llamada al despertar. En la alquimia del espíritu, nada se desperdicia: incluso el error se vuelve materia de sabiduría. Eliphas Lévi afirmaba que el infierno del ignorante es el laboratorio del sabio. El fuego que consume al uno, purifica al otro. La diferencia está en la conciencia. Donde hay comprensión, la sombra se disuelve; donde hay amor, el fuego se transforma en luz.

El Baphomet, en su serenidad inmutable, enseña esta verdad final. Su rostro, mitad animal y mitad divino, recuerda que el alma humana está llamada a reconciliar los cielos y los abismos. Su antorcha, suspendida sobre la cabeza, arde sin consumir porque simboliza la inteligencia iluminada por el amor. En su trono de piedra, las fuerzas opuestas se equilibran y reposan. Ya no hay guerra entre lo alto y lo bajo, entre el espíritu y la materia. Todo está contenido en el Uno, y el Uno vive en todo. Así termina la búsqueda: no con una huida, sino con un reconocimiento.

Eliphas Lévi decía que el sabio no teme la muerte porque ha comprendido que es una forma del cambio. La luz no muere cuando cae la noche, solo se transforma. De la misma manera, el iniciado no teme las pruebas del mundo, porque sabe que en cada una de ellas late una enseñanza. Su paz no proviene de la ausencia de conflicto, sino de la visión de la totalidad. En su mirada, todo se justifica, todo se integra, todo se vuelve armonía. El mundo deja de ser un lugar de exilio y se convierte en un templo donde la divinidad se revela en cada forma.

Al final del camino, el mago contempla el Baphomet por última vez. Ya no lo ve como objeto, sino como reflejo. Comprende que esa figura, con su fuego, sus alas y su calma, era la imagen de su propio ser despierto. Entonces el símbolo se disuelve, porque su función ha sido cumplida. Solo queda el fuego que arde dentro, el mismo fuego que al principio parecía externo. Y en ese fuego, el alma escucha el eco de la palabra eterna: *Solve et Coagula*. Disolver lo ilusorio, unir lo real. Esta es la fórmula del fin y del principio, la respiración de la creación.

Eliphas Lévi decía que la luz suprema no se alcanza ascendiendo al cielo, sino descendiendo al corazón. Allí, en el centro invisible del ser, la antorcha del Baphomet resplandece. Quien llega a ella no necesita más símbolos, porque se ha convertido en símbolo viviente. Su vida misma es el mandala del equilibrio, el espejo del universo reconciliado. Ya no busca la divinidad, la irradia. Ya no teme la sombra, la bendice. Porque ha comprendido la verdad última: que la luz no está separada de la oscuridad, ni el espíritu de la materia, ni Dios del hombre. Todo es Uno, y ese Uno es Amor.

Así termina el misterio del Baphomet. No como cierre, sino como revelación. La obra no concluye, se consagra. El fuego sigue ardiendo, la antorcha sigue encendida. En el silencio posterior a la comprensión, el alma descansa en la paz del equilibrio. Y mientras las estrellas giran, recordando eternamente la danza de los contrarios, la voz del antiguo maestro parece resonar en lo profundo del espíritu:

"La luz surge de las tinieblas, y las tinieblas son el velo de la luz.

El sabio no teme ninguna de las dos, porque sabe que ambas son Dios manifestándose a sí mismo."

Made in the USA
Coppell, TX
18 February 2026

71674729R00187